U0114458

蔣介石的功過

德使墨爾駐華回憶錄

著／墨爾 (Ernst Günther Mohr)　譯／張采欣

臺灣學生書局 印行

1.南京明陵塑像，攝於1934年

2.明陵一角

3.獨上長城

4.北平牌樓

5.西安城門

6.西安近郊帝王陵墓

7.落雨時節以轎代步的經驗，攝於1934年

8.上海以舟船爲生者

9.竹林山

10.上海夜景

登泰山

12.孔墓，攝於1934年

孔子第七十五代孫

14.北平喇嘛寺院內授課情況

15.北平喇嘛寺

16.北平夏宮內的石舟

17.北平紫禁城一角（左上）

18.洗刷佛像，北平（左下）

19.德國使節團內林蔭大道，攝於1
（右上）

20.北平德國使節團正門，攝於193
（中）

21.德使呈遞到任國書：第一排左邊
位起（由左向右）：德國駐華大
德曼，中華民國國府主席林森，
大使館參贊費雪，中華民國外交
汪精衛；第二排立於陶德曼大使
森國府主席之間者即本書作者（

22.同濟大學，教學大樓（右下）

23.熱河之旅

25.停靠香港的「堅決號」蒸汽機螺旋槳推進輪

26.以舟爲家的廣州居民，攝於1935年

27.廣州蛋民

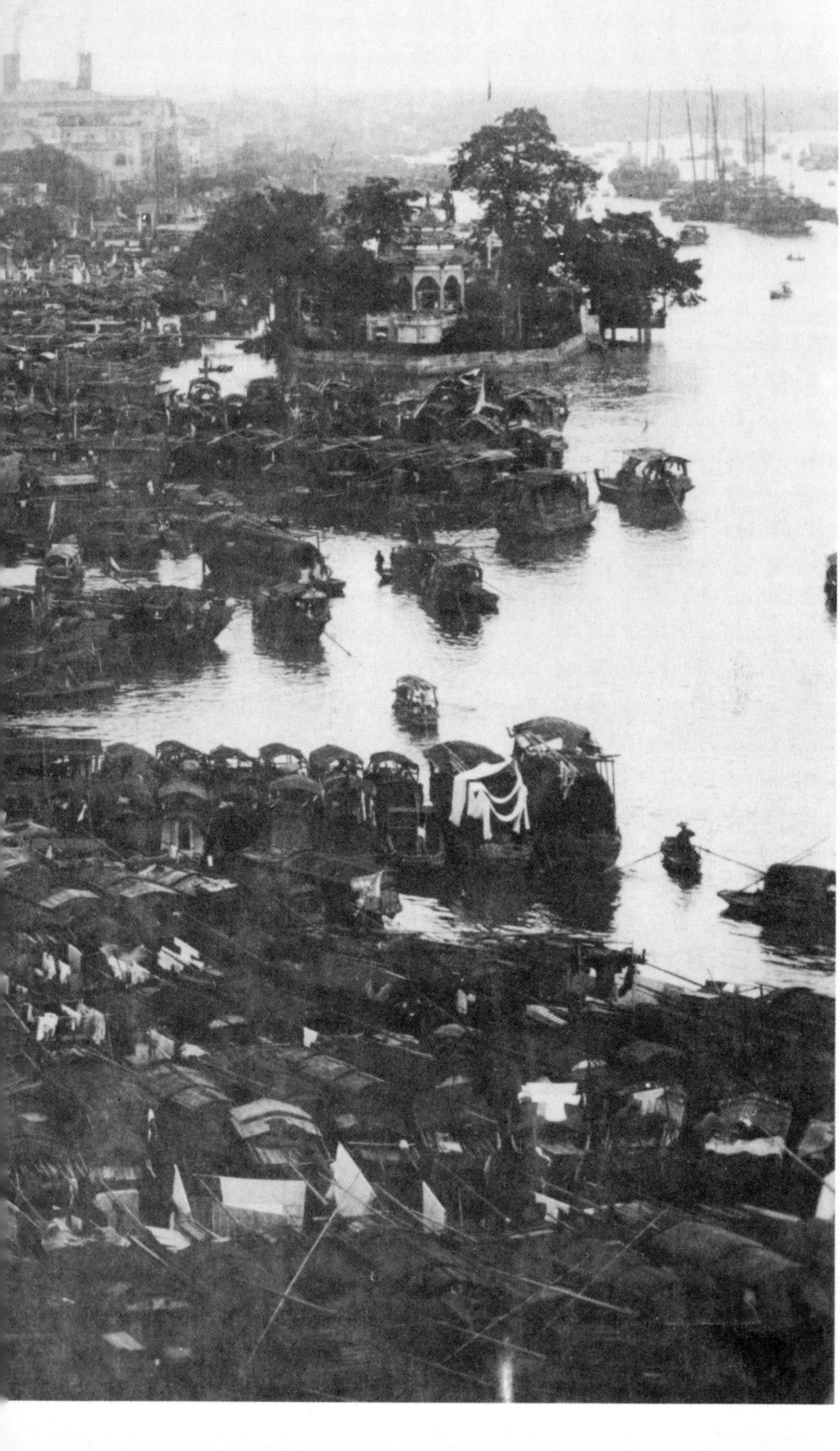

28.遊北戴河附近名勝

30.遊北戴河附近名勝

29.驅車普陀山下

31.遊北戴河附近名勝

32.售南京鴨的老農，南京

33.農夫把犁耕田

34.踏水車汲水灌溉稻田

36.北平圓明園拱橋

38.蔣介石委員長與
張學良將軍，攝
於1936年

39.法根豪森將軍，攝於1938年

40.漢斯・馮・塞克特上將，攝於1926年

41.蔣介石將軍，攝於1927年

42.孫逸仙，攝於1920年

43.南京中山陵

44.南京外交部大樓

45.停泊中國內河的美國驅逐艦,攝於1937年

46.中國國民革命軍砲兵與共軍交戰

47.移防北方，以攔截紅軍「長征」

48.「長征」中的毛澤東

49.共黨革命「三巨頭」：副總理周恩來，毛澤東，紅軍統帥朱德

50.日軍入侵熱河（右上）

51.日軍戰車過橋（右下）

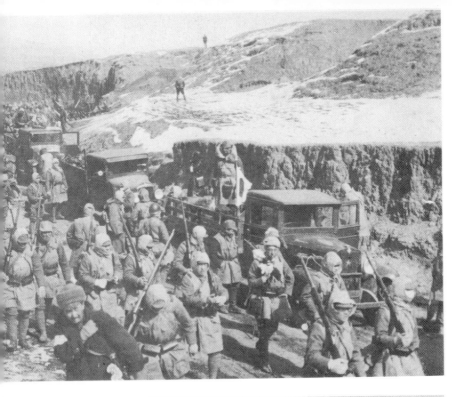

52.蔣介石與兩位結盟的地方掌權者

53.蔣介石與蔣宋美齡

本書作者介紹

　　西方有關中國二十世紀歷史的史料，大體集中於記載毛澤東本人與中國在毛及其接班人執政期間的發展過程。絕大多數史學家非但忽略了毛澤東接掌大陸政權，並非由零開始，乃是立基於其前身執政者建設中國之成果上的事實，甚而以完全傾向毛澤東及其意識型態之立足點，來抹殺框囿孫逸仙及蔣介石在中國現代史上之地位。其中對蔣介石之評價更是偏頗，詆蔣氏為軍事獨裁者，袒護資本家的反動者及法西斯主義者，意圖讓世人忘卻蔣氏對建設現代中國之貢獻。因此，在西方鮮有客觀的中國現代史史料。

　　艾因斯特・格因特・墨爾於1932至1937年期間以外交官身份任職於德國駐華使節團，得以由當時中國三大具代表性之城市觀察蔣介石的執政時期：其一是中國最大、最重要的「條約港」──上海；其二是中國歷代古都及國際外交使節團大本營──北平；其三是蔣介石政府所在地──南京。他以歷史見證人，視向西方揭示中國現代史之信實史料為不可推諉的責任。

　　1927至1937年期間，中國境內各地軍閥割據，共產黨復於南方建立基地。蔣介石多次北伐，終於統一分崩離析的中國，爾後更集合歸國學人之力，積極重建中國。在內有共黨作亂，外有日本侵略的雙重阻力下，蔣介石仍以破竹之勢，推動中國行政、法制、教育等制度的改革，將中國帶進一全新的時代。在中國現代化過程即將告成之時，中國不幸赤化，落入毛澤東手中。

除史實記載外，墨爾並以生花妙筆介紹中國人的生活習慣及在中國的寶貴經歷。書中並剖析第一次世界大戰後，德國在中國所扮演的角色，本書揉合個人經驗與政治分析，確實值得一讀。

本書作者曾就讀於慕尼黑、漢堡、倫敦及巴黎等地大學，專攻法學，於1929年進入德國外交部服務，在中國任職六年後，返回德國外交部，繼而派駐梅摩總領事館、海牙使節團、里約熱內盧大使館、唐剛總領事館。第二次世界大戰末期接掌德國外交部西班牙司，第二次世界大戰後被任命負責設址於德國司圖特佳市的和平事務辦事處。1949年成爲德國亞德奈爾總理的首批幕僚人員。戰後德國外交部成立之前，墨爾是同盟最高委員會聯絡處的要員，同時也是聯邦德國政府歐洲議會事務的負責人。1952至1955年期間任德國駐委內瑞拉使節，1955至1958年期間任德國外交部禮賓司司長，1958至1963年期間任德國駐瑞士大使，1963至1969年期間任德國駐阿根廷大使，卸任後服務於德國工業界。

本書內容簡介

國際間有關中國的著作，對先總統　蔣公在中國大陸執政時期一般僅以寥寥數語帶過，而對其評價大體亦爲貶詞。在國共相爭時期及毛澤東接掌大陸政權初期，共黨份子有計劃地破壞　蔣公形象，惡意詆毀，謂其不民主，稱其爲獨裁者，並批評其手下官員貪污腐敗，未進行當時刻不容緩的土地改革，違背了　孫中山總理的計劃。羅斯福時代，美國共黨份子在史迪威等傾共份子裡應外合之下，大事進行反蔣宣傳，使毛的詆毀技倆順利得逞。歐美有關中國著作也因此採一面倒立場，對　蔣公評論有失公允。而後，毛以巧妙手段代替明目張膽的攻訐，逐步將　蔣公之名自史書中刪去。因之世人有一錯誤理解，以爲中國現代史係始自毛澤東。而歐美史學家亦未予　蔣公以應得之重視，或一味採用偏頗之史料，烙　蔣公以"法斯西主義者"，"獨裁者"之印。

本書"蔣介石的功過——德使墨爾回憶錄"（Die unterschlagenen Jahre-China vor Mao Tse-tung）作者艾因斯特·格因特·墨爾大使於1932至1937年期間以德國外交部參議身份任職中國，親身體驗　蔣公於大陸執政時期，如何在當時中國分崩離析，內有軍閥割據，中國共黨份子滋亂破壞，外有日本謀華，從中阻撓，及國際共黨份子顛覆，極力赤化中國等諸多不利條件下，肩負世上無任何國家領袖能勝任的任務：將人口居世界第一位，幅員廣大，擁有數千年悠久的歷史傳統，對西方文化完全陌生，遭西方列強瓜分，幾乎淪爲半殖民地的中國建設成現代化國家。墨爾博士以客觀，不偏頗的歐洲人超然立場，將　蔣公率領國民革命軍掃蕩軍閥，完成中國統一；改革中國交通、財經、法律及教育制度；達成不平等條約的廢除；整頓中國軍隊，與佔盡優勢的日軍奮戰達八年之久等信史記載於書中，並申述　蔣公如何傾全力實現孫總理理念及其對現代中國的種種貢獻。

此外，作者並描述　蔣公洞悉蘇聯軍事顧問團以協助中國建軍之名，行顚覆赤化中國之實後，德國軍事顧問團於1928至1938期間協助中國整頓國民革命軍組織，並爲剿共行動提供意見；以及日本如何威脅利誘希特勒政府撤離駐華軍事顧問團，爲全面侵華舖路，恣逞帝國主義瀆武擴張行徑。

在最後一章節，作者闡述耶穌教會首次到中國傳教至中國政府對德宣戰期間（1622-1941），中德雙方在外交、經濟及軍事等方面的關係，對德國於1921年率先放棄在華治外法權，1928年率先承認南京國民政府，並於1935年率先將北平大使館遷往南京的始末以及中德雙方深厚淵源有詳細說明。

墨爾大使是一位時代證人，立場超然。此著作之問世無異使中共竄改中國現代史，日本修改教科書，試圖粉飾其侵略行徑的陰謀不得不見曝於陽光下。

蔣　序

　　寫當代歷史，或顧念私誼，或顧忌威勢，往往對當事人之可議行為，予以隱瞞、淡化；或根據道聽塗說，偏離事實，如此編撰之史，必然失眞。更有曲意奉承，製造假象，人而神化；或捕風捉影，虛構事實，蓄意貶抑的著作，亦不少見，此類史册，自是最無價值。可是二十世紀四〇年代以後，我國歷史却到處可看到無價值的史料。在國外看中國歷史，更可說無價值者充斥書肆與各圖書館，在目前知道眞象的人看來，自然會起反感和鄙視，但對後人則毫無疑問是以達到欺騙、誤導的目的。

　　民國十七年（1928）國民革命軍北伐後，終使中國十餘年割據局面獲得統一。但十餘年分崩離析，擁兵自重獨霸一方之觀念，以及清代官僚政治、貪污顢頇的風氣，牢不可破，對于世界潮流、知識蒙昧無知，只圖擅權享受，至於全體國人的生活，則漠不關心。在此一狀況下，中央政府政令推行的艱難，非當時目覩，殆難想象。民國廿六年（1937）在國力猶虛，日本軍閥見我有團結強大徵候，迅速發動侵略，一連八年抗戰，民勞國疲，遂為蘇俄強力支持之毛澤東集團所乘，而據有中國大陸。此一段艱辛歷史，正是以先總統　蔣中正先生為中心的時代。他以高瞻遠矚的眼光，與國人休戚相共的襟抱，打落牙齒和血吞的精神，忍辱負重，傳承儒家理念，堅持以　國父孫中山先生遺教為建國藍本，領導國人抗拒強鄰侵略；同時在「衆人皆醉我獨醒」環境下，悉力揭發共產主義爲禍世人的野心，肺腑忠言，却不爲世人所重視！致緣發幾次戰爭，生靈塗炭，難以數計，除歎人類浩刼外，夫復何言！對於如此世紀偉人，在國外書店與圖書館，却難見一公正、公平之評傳，有之亦僅寥寥數語帶過，甚至企圖將其自世界史册中除名。對某些人奉承神化，無疑這是有心者長期惡意詆毀、誣衊宣傳的結果。

近有德國人墨爾（ Ernst Günther Mohr ）著「蔣介石的功過——德使墨爾駐華回憶錄」（ Die Unterschlagenen Jahre ），作者曾在民國廿一——廿六年（ 1932-37 ），擔任德國駐華大使館參議，親眼看到當時中國的蔣委員長中正先生，在國力凋弊內憂外患交迫環境下，推動建設、改革，與改良社會風氣，以培養國力之實際作爲，因而能以客觀、平實的筆調，寫出我故總統蔣中正先生，在大陸時爲國家民族所作所爲的眞象，作者認爲「孫逸仙英年早逝，未及說明以何種方式，何種方法來實現其理念。蔣介石因此肩負一個世界尚無任何國家領袖能勝任之任務。……因此若以今日的眼光，來批評蔣介石的功過，甚至將其自史册除名，實有失公允，亦難脫惡意詆毀蔣氏之嫌。」並認爲以中國當時的條件，對　蔣先生的責難，殊失公正。

本書涉及的範圍很廣：從中國的古蹟、列強的侵凌、北伐、中共的坐大、中國現代化過程，以及德國在華軍事顧問團來龍去脈等，分項簡明介紹。對列強的侵略，予以否定與非議。對中國當時局勢的評析，如提到美國，「對中國大陸的赤化，應負起絕大部分的責任。」又如「日本侵略中國東北，給予中國共黨分子

——喘息良機。」「西安事變是東亞局勢轉捩點。」以及毛澤東
與國府談判時讓步,「純屬表面功夫,中共本質上根本未改變。
勢力且得以擴展。」都是很深入的見解。總之,本書作者閱歷既
多,搜羅資料亦廣,以輕鬆筆調,描述廿世紀五〇年代以前中國
的實況,雖根據資料亦稍有欠充分處,但可說是比較可信的史材。
我們認為本書足可駁斥以往有關此段歷史失眞、歪曲、荒誕的記
載。可作為中國現代簡史看,故可讀性極高,再經國立成功大學
張采欣教授,以流暢文筆譯成中文,造福國內讀者,緯國欽佩張
教授的眼光,將一本好書介紹給國人,更為正確國史增添一有力
證言。故樂為之序。

蔣 緯 國

民國八十三年六月十六日
黃埔建校建軍七十週年紀念

墨爾夫人序

先夫墨爾大使年輕時被派往中國擔任外交官，立即被這個廣大美麗的國家和其古老的文化所吸引；他對中國的迷戀歷經終生，日後並未因曾在其他國家居住過或擔任其他職位而或有稍減。為表達他對中國的熱愛，並將蔣介石先生在三十年代所完成的偉大工作公諸於世，他撰寫此書。

當此時期，蔣氏獻身國家重建工作；因他同時必須兩面作戰——對抗共黨和日本——所以祇獲得部份的成功。而蔣氏若未着手中國的現代化建設，毛澤東也不會有早期的成就。中國當時如能繼續建設，就可免除共產主義的禍害，這點從蔣介石先生後來建設臺灣的成功可得到證明。

我希望中國能在民主基礎上重獲統一，中華豐富文化再獲振興。

蔣介石先生當時致力中國的現代化建設，墨爾大使希望藉此書紀錄這段中國重建的歷程。

我衷心祝福中國有美好的未來。

瑪格麗特・墨爾

一九九三年十月

INTRODUCTION

As a young diplomat, my husband Ambassador Dr. E.G. Mohr, was transferred to China. He was immediately fascinated by this vast, beautiful country and its ancient culture. The attraction to China lasted throughout his entire life, unmitigated by any other country in which he subsequently lived as well as any other position which he ever held. He therfore began to write this book in order to express his love for this country as well as to demonstrate the great mission fulfilled by Chiang-Kai-Shek during the 1930s.

During this time Chiang devoted himself to the reconstruction of his country. Since he had to fight two fronts simultaneously - the Communists and the Japanese,- he only scored a partial success. However, without the reconstruction he begun, Mao-Tse-Tung would have not been successful early on. China would have been spared from Communism - as Chiang-Kai-Shek proved through the reconstruction of Taiwan.

I hope this country can be reunited again upon a democratic foundation and can return to discover its rich culture.

With this book, Ambassador Mohr attempts to portray the reconstruction of China. A task which was very dear to Chiang-Kai-Shek's heart.

My very best wishes for the future.

M. Mohr

譯 者 序

　　負笈德國期間，因涉獵圖書館系統所提供的中國現代史資料，或在聽取、閱讀有關中華民國締造初期至大陸赤化間的報告或論文時，每每因史料及引用資料的有失公允，顛倒是非，甚至荒誕不經而義憤填膺，無法信服。譯者本人並非狂熱愛國主義者，時時警惕自己，學術研究首重平正態度，切勿讓個人崇拜與不當的國家民族主義觀念動搖平正立場或混淆是非辨別。然而面對西方立足點偏頗的治史時，在適當時機，也自然要挺身而出，為中國歷史的真相辯護。

　　卸任德國大使墨爾博士於 1985 年以其親身經歷著成此書，將中國現代史的信史公諸於世，在德國引起極大迴響。此書出於立場超然的德國大使之手，可信度高，非但彌補西方此段史載的缺失，更可讓國人認識國內因種種政治考量而未公佈的史料。基此，譯者接受墨爾夫人之託，將此書譯成中文，期能使更多中文讀者也有探究歷史真相的機會。

　　在此特別要對好友——成大中文系副教授沈寶春先生在百忙中撥冗為譯文潤筆、中華戰略學會戰史組王契剛將軍細心閱讀譯文並提供許多寶貴意見與修正、中德文化經濟協會陳寧武先生以及成大中文研究所研究生黃聖旻在翻譯過程中的協助，表達由衷的謝忱。更懇請德文界及歷史界的專家、學者們不吝指正。

張采欣　中華民國八十三年二月

導　言

　　四人幫垮臺後，中國逐漸掀起竹幕。世界各地遊客紛至沓來，趕集似地湧入這一度幾乎完全閉關自守，與世隔絕的國家。在此之前——特別是第一次世界大戰後至第二次世界大戰爆發前的這段期間——人們想遊賞北京附近名勝古蹟，如熱河、明陵及長城等等，不但得煞費周章，且路途艱辛，阻礙重重。如今這些地點皆已成為各國旅遊業行程上不可或缺的一環。想想不久前，長城上仍鮮有遊客足跡。遊客處在如此靜謐蕭索的氣氛中，面對氣勢磅礴，人類少數偉大建築傑作之一的長城，那股驚心動魄，慴人心絃的震撼感實非筆墨所能形容。而今的長城，遊客如織，嘈雜的人聲及此起彼落的快門聲不絕於耳，昔日的氛圍早已煙消雲散。開放後，旅行社雖也提供重點式遊覽整個中國的活動，中國政府却仍重重設限，行程只能包括政府指定的旅遊點。

　　旅遊中國的熱潮使有關“新中國”的出版物如雨後春筍般地在世界各地大量應市。此現象其實不難理解，因為世人對毛澤東死後的中國深感興趣。他們思索着如：“持續了三十多年的毛澤東政權，是否只是中國悠久的四千年歷史中，一段司空見慣的小插曲而已？”“毛澤東死後，中國內部權力鬥爭結局將如何？”“新中國是否對西方開放？”“中國人是否能像日本人一樣，成功地推行‘東體西用’政策？”“聰明、勤奮的中國人將來若與日本人携手合作，是否會構成黃色威脅？”“蘇聯與赤色中國是

否會重修舊好？”等等問題。此諸多相互糾葛之問題目前雖無人
能解答，但其意義却攸關重大。畢竟擁有十億人口的中國乃世界
上人口最多之國，遙遙領先“僅”有五億人口的印度。而中國面
積僅次於擁有二億四千萬人口的蘇聯及二千四百萬人口的加拿
大，位居世界第三。理論上，今日的中國已是世界上超級強國之
一。著名的物理學家威廉・福克斯（Wilhelm Fucks）於1965 年出
版的“定義強權之公式”一書中，曾將物理學方法運用於世界經
濟領域上，並以人口、面積、天然資源及能源等因素為評估國力
之基準。以此數據，而預估中國在進行工業化的先決條件下，二
十一世紀中葉的經濟走勢必比美國或蘇聯強上十二倍，甚且比歐
洲強上一百倍。

　　誠然，歷史不純粹按物理公式發展。但福克斯教授的評估却
指出中國所擁有之潛力是相當驚人的。俾斯麥曾說：“無法估量
之潛能比有形因素更具份量。”中國便蘊含許多無法估量之潛
能。依我見，此正是他國無法相比之處。對西方世界而言，中國
一向是一神秘的國度，不斷有人嘗試揭開中國的神秘面紗。著名
的駐日特派記者莉莉・亞倍格（Lily Abegg）便曾以“東亞人的不
同思維方式”為題著書。此書名於我心有戚戚焉。信仰基督教的
林語堂先生在其有關生活哲學的著作中（如：吾國與吾民；啼笑
皆非及信仰之旅等等），亦曾闡述西方人與中國人於思維方式上
的根本差異。一些傑出漢學家，如法國馬哲爾・格納（Marcell
Granet）及傑克・格爾納（Jaques Gernet）；德國奧圖・法蘭克
（Otto Franke）及理查・威廉（Richard Wilhelm）等等，亦各自以
精闢入理之著作介紹中國，讓世人了解。研讀此等作品非但使人

受益匪淺，更促使人重新思考深植於西方思想中的傲慢與偏見。
然從事此類工作却非易事，除了得付出心血而外，熟諳中文更是
不可或缺的先決條件。

　　以今日觀之，清朝覆滅（一九一二年）至共產黨取得中國政
權（一九四九年）這段時期，僅爲歷史之過渡。而嚴格言之，此
段具歷史意義的過渡期於一九三七年日本侵略中國時便告終結。
當時我以新進外交官員身分正在中國工作。日本對華發動戰爭不
久，第二次世界大戰踵接著爆發。中國革命之父孫逸仙先生英年
早逝（一九二五年）後，蔣介石於一九二七年繼承其位，而成爲
此過渡期的靈魂人物。當時中國分崩離析，軍閥割據，中國共產
黨亦於中國南方建立其初期基地。一九二七年至一九三七年期間，
蔣介石先生以看似鬆散却堅靱的北伐軍成功地完成中國統一，並
延攬受過西方教育的新生代建設中國。

　　一九三二年至一九三七年間，我有幸在三個不同城市親身體
驗蔣介石統治下的中國。此三個城市爲：中國最大，最重要的
“條約港”——上海；中國歷代古都及外交使館區所在——北
平；以及蔣介石政府所在地——南京。它們各代表了中國當時的
情況。

　　歌德曾言：“置身於一時代中，無法尋得一客觀立足點來評斷
此時代。”時下有關中國書籍大抵評論“同一時代”之事，即毛
澤東時期及毛後時期。至於中國這段由清朝覆滅至共黨得權，長
達三十餘年之過渡歷程，却鮮有人作專題研究。尤其是蔣介石統
治期間此一重要階段對後代之影響也往往一筆帶過。毛澤東的奉
承者，如艾得格·斯諾（Edgar Snow），韓素音等等，若非以偏概

全且惡意地評其為資本主義、法西斯思想流毒，便是以浮誇共產黨的揚此抑彼方式掩蓋事實。這種記載歷史方式顯然違背了 "今日乃過去發展之延伸；欲了解今日，須認清過去" 的亙古真理。

　　因此，在計劃撰寫此書，記載蔣介石統治下之中國時，我深信：事隔五十年後，再回顧此段在世界史中被稱為 "殖民時代末期" 的歷史，自己應能提供一較客觀的史實。我不奢求自己如蘭克（Ranke）所言，"絲毫不差地提供史料"。畢竟，此為史學家之責，更是難以達到之理想。但我確信，親身的體驗，加上時間的距離，必能客觀地回顧，而對澄清歷史事實有所裨益。笛斯賴爾利（Disraeli）有句嘉言（其他國家元首，如俾斯麥等，亦曾提出類似之言。），縱使不免誇張，仍摘錄於此，以饗讀者："史料大體是不正確的；事情之真相一般在從政者的回憶錄中可尋。"

蔣 介 石 的 功 過

德使墨爾駐華回憶錄

目　　錄

派駐中國序曲

學習中文

　　一九二九年，接受爲期三年外交訓練並通過外交使節領事結訓考試後，我終於得以在斯特烈舍曼(Stresemann)外交部長任內，以參事身份進入德國外交部服務。當時我內心不禁自忖：我的第一個駐外職務將是什麼呢？與我同時進入德國外交部的二十九年次同事（按：此年次計有六百多名應徵，由中精選十名參事），大都爭取派駐明星大使館，如巴黎、倫敦、華盛頓或羅馬等，我則心儀遠東，尤其是素來嚮往的中國。

　　但，以參事身份派駐中國的希望却幾近渺茫。原則上德國外交部只派遣熟諳中文的年輕人前往中國，因當時精通中文乃派駐中國幾個領事館不可或缺的先決條件；而且一位參事若因精通中文而被派往中國，即得有畢生常駐中國的心理準備。儘管我渴望前往遠東，然而我對政治事務興趣極其廣泛，不甘於在外交部服務期間僅停留或侷限在中國。除此層考量而外，文字語言的障礙亦尚未克服。

　　而柏林地鐵却以奇妙的方式協助我逐步達成願望。我每天搭乘地鐵往返巴伐利亞廣場與威廉路之間。路上，總有一位先生與我同行。整段車程上，此君總是專注地閱讀中文資料，因而格外引起我的注意。很顯然地，他精通此一神秘語言。由外貌研判，他並非中國人，却像極了“中國菩薩”：頗具份量的肚子，平頭，略呈黃色的肌膚，細長的眼睛及特長的耳垂在在呈現“菩薩”特徵。事後始知，他是德國外交部中國部門負責人，曾長住中國達三十多年之久。長期居留多少在他身上留下了痕迹。在進一步交往後，他告訴我，斯特烈舍曼部長甚至於一次任命駐中國新使節場合中，誤認其爲中國人，而詢問他何以練得造詣如此高的德文呢！斯特烈舍曼部長的誤解實不值得驚訝，因其時位於威廉路七十五號長廊末端的中國部門，在當時德國外交事務不居特別重要地位，一般戲稱之爲“睡眠中的軍隊”。在世界經濟危機籠罩，失業率偏高及納粹主義抬頭的動盪局勢中，誰會注意中國呢？

　　結識此位中國部門負責人，使得我希冀被派駐中國的意願益形強烈。然而文字語言障礙仍待克服。我這位朋友乃商請人事部門開特例，僅要求我在柏林大學東方學院接受短期語言訓練。我於是請了半年假，接受爲期六個月的密集中文課程。

　　我個人認爲中文是世界諸多語言中，最難學習者。特藉此篇幅作一簡略介紹。中文最難學習之處在於：中文每一字皆獨立存在，是一單音節或獨立音節的語言。就某些論點而言，歐洲語言中，以英文最接近中文。衆所周知，在英文中，單音節字母可組成一長串之句子，例如：

　　　　“I go through the world on my own feet.”

中文約有四百二十個音。同一音可代表諸多不同意義之字，例如“chu”可因不同聲調而表示〈豬〉，〈竹〉，〈主〉或〈住〉。此乃因北方中文——亦即官方語言，清朝時代稱官話——計有

一、二、三及四聲。上述例子"chu"若以第一聲發出，即表示
〈豬〉；第二聲為〈竹〉；第三聲為〈主〉；第四聲則表示〈住〉。
外籍傳教士若發錯"chu"的聲調，後果將不堪想像。為掌握正
確聲調，須有敏銳的聽覺及長期的苦練。我學中文時，每天得聽
上數小時的錄音機，以期學得正確聲調。此學習經驗實讓我畢生
難忘。

學中文的第二難處在中文文法與德語文法迴異。中文非但無
冠詞，且亦無詞格與動詞時態變化，同一字可為動詞，亦可作名
詞、形容詞或介系詞。例如："shang"表示〈上〉。〈上〉可
當名詞用，表〈最高者〉；〈上馬〉一詞中，〈上〉乃動詞；而
〈馬上〉的〈上〉則為介系詞。中文字的位置於句子結構中，對
句法具有決定性的影響。欲了解中文，得先具備聯想力及組織力。
思想不敏銳，不善於運用連鎖性想像力者無法閱讀中文。由此可
見中國人聯想力發達，遠超過歐洲人。至於中文句法結構，則更
是複雜。欲在此詳盡說明，恐離題太遠。

學習中文難處之三在於每字皆獨立存在。中文無字母，一字
一義，類似古埃及文，皆淵源自象形。發展至今，部分中文字仍
保有演變過的象形痕迹，如〈人〉是由兩撇組成，表行走者雙足。
〈山〉則由一橫三豎組成。諸如此類簡單字形可相互組合，造出
其他新字。新組成之字，有些字形簡易，涵義却深遠，例如〈安〉
係由〈宀〉及〈女〉組合而成；〈好〉則由〈女〉及〈子〉組合
而成。但絕大多數中文字却極其複雜，尤以會意字為然。部分字
甚至筆劃繁複達二十五劃以上。中文字計有五萬字之多。一般學
者需認識二萬字左右，而普通人則至少得認識一千五百字左右，

始不被視爲文盲。

此一繁複文字系統，使中國文化教育側重文字及對文、哲學、文獻典籍的深入掌握。教育另一重點則在力求書寫的完美，書法是其中重要一環；書寫字體愈美，愈受他人敬重。

由於文字系統導致教育偏重文學、美學之訓練，求知也因而退居次要地位，不十分受重視。中國人雖比歐洲人更早發明瓷器、火藥、指南針、印刷術及其他許多東西，却忽略了自然科學，導致中國首次與白種人接觸時，科技瞠乎其後。

儘管如此，中國文字的貢獻不可磨滅。若無文字，中國歷史演變過程必然不同。由於中國方言無數，方言中又分八大完全不同的語族，幅員遼濶的中國若無統一的文字，必然像歐洲一般，分裂成許多國家。也由於書寫文字的統一，縱使方言各異，每位識字的中國人皆能閱讀中國文字。因此中文乃維繫中國於不墜之樑柱。因之口語雖隨歷史發展而不斷演變，現代中國人却仍可閱讀古籍，中國傳統也因此得以延續不斷。孔子是西元前五百年左右的歷史人物，其思想至今仍爲中國文化主流，原因即在此。對中國語文的介紹，就在此告一段落。

前往中國

克服語言障礙後，一九三二年我終於獲派遣至德國駐上海總領事館任職。所幸當年科技不似今日發達，德國與中國之間尚無飛航聯繫。反觀時下外交使節人員，可謂是從原辦公桌被"瞬息彈射"到地球另一端，即開始展開對新環境的摸索與新職務的了解。但多數人由於公務繁忙，對當地情況之認識也僅止於浮泛層面。

何其幸運地，我是搭乘北德羅依得（Lloyd）公司的克布廉茲（Coblenz）號客貨兩用蒸汽輪由日內瓦出發，前往中國，所以能以徐緩速度漸漸駛入那神奇的遠東世界。我刻意稱遠東為〈神奇的世界〉，是因為這片英人稱之為〈東方之矛〉的大地，當時尚未接觸到將一切鎔鑄成模式統一，風格闕如的現代科技，也尚未受到蝗群般的旅遊團及觀光客的破壞，仍保有它天然純厚之美。葡萄牙、英國、法國、荷蘭、美國，甚至日本等帝國主義國家雖曾切蛋糕似地瓜分了遠東，但殖民國家尚未損及東亞舊文化的本質核心，僅改變殖民地港口及行政樞紐城市的面貌，因此當時我所見到的遠東依舊保有純樸的天然美。

今日，我們回顧殖民時代白人種種令人髮指的行徑，猶感心有餘悸。開發中國家一向認為工業國家應以開發援助來負起彌補往日罪行的道義責任。很諷刺的是，蘇聯竟是要求補償的最大控訴人，而它同時也是世上唯一僅存的殖民國。在蘇聯十五個加盟共和國中，有十四個共和國係由俄羅斯併吞，而淪為形同殖民地的附庸國。若謂殖民國強佔他國領土並非出於本身利益，那實是荒謬之說詞。令人遺憾的是，殖民時代歷史，有諸多章節很難公諸於世。而且每一殖民國對此段歷史應或多或少負起責任。憑心而論，殖民主義也絕非只給被殖民國家帶來禍害。由許多角度而言，可肯定殖民主義也給被殖民國帶來福祉。無庸置疑地，在此之前亞非洲人民仍過着原始生活。殖民主義非但結束了殘酷的部落鬥爭，亦解決了瘟疫、飢荒、基本建設落後等問題，更革除了許多可怕的迷信及駭人聽聞的陋俗，例如印度焚燒寡婦的習俗。吾人很難想像，假如聯合國一百二十個尚處於開發中之會員國皆未曾接觸過白種人，今日將是何等面貌？畢竟殖民國也為這些國家建立了文明基本架構及行政基礎。

前往中國的航程，大致沿着英國在幾世紀以來為維繫其帝國（尤其是東方之珠——印度）之不墜，所設立的據點而前進。這些據點起自直布羅陀海峽，經馬爾他島、埃及、蘇彝士運河、亞丁港、可倫坡及新加坡而抵香港。其中最重要一站——亦即其關鍵樞紐——則是控制蘇彝士運河的埃及。英法兩國為爭奪埃及，曾爭執幾世紀之久。早在一七九九年，拿破崙即懂得經由埃及打擊英國生命中樞。開設蘇彝士運河也是法國人——即菲廸納·德·勒瑟伯(Ferdinad de Lesseps)的傑作。塞得港可見紀念菲廸納的紀念碑。只是，此碑早已荒蕪，僅剩底座。一九〇四年英法兩國終於達成恩坦·克廸亞羅協議，結束多年爭端。依此協議，英國擁有統治埃及之權，而摩洛哥則劃歸法國勢力範圍。以故在我前往中國行程中，途經埃及時，埃及名義上是王國，實則為英國屬地，由英國駐開羅最高指揮官管轄。

　　塞得港是埃及第一停靠站。但港口絲毫不具東方自然之美，因為蘇彝士運河完全由人工構築而成。克布廉茲輪駛進印度洋海域前，得先在此港補充煤源。塞得港在我記憶中僅存的印象則是那些衣衫襤褸、炭灰滿身的碼頭工人，大聲吆喝着將擁有〈黑鑽石〉美譽的煤，經由搖搖晃晃的跳板拖至蒸汽輪甲板上。其所得工資却低廉得不足以糊口，任何操作機器的工資都要比碼頭工人的酬勞來得高些。這是我第一眼所見到的東方，而它却只展現了陰暗的一面。由塞得港我們進入蘇彝士運河。此運河的通航，使人類長久以來的夢想得以實現。西元前五百年，波斯國王大流士（Darius）及後來的阿拉伯人都曾計劃打通地中海與紅海之間的狹窄地峽。直到一八六九年這條全長一百六十公里，寬達一百公尺的運河始正式通航。從此，往印度航線再也不須繞道非洲，距離因而縮短了八千公里。蘇彝士運河兩旁的阿拉伯人村落、駱駝商隊、覆滿塵土的棕櫚樹時而可見，再加上風光獨特的墨綠色地帶以及遠山的美景，在在都令人難以忘懷。世界上再無其他運河的景色是如此特殊，即使巴拿馬運河亦望塵莫及。為讓反向行駛的輪船通過，克布廉茲號汽輪經常得停泊等候，因此前進十分緩慢。駛過蘇彝士運河終點站——蘇彝士港——後，汽輪隨而進入蘇彝士灣。東側可見西奈半島，有些旅客正以望遠鏡眺望在薄霧籠罩中的傑別爾‧慕撒（Dschebel Musa）山。此山有二千五百公尺高，摩西曾在此領受十誡。接着我們駛進紅海。紅海彷彿遭天譴，為世人所遺棄；兩岸景色荒蕪寂寞；南端則酷熱如煉獄般，以致於殖民時代經常航經此地的荷蘭人稱其為"魔鬼的銅鍋爐"。隨後東側可見當時仍神秘無比的葉門。葉門曾由充滿着濃厚傳奇色彩、威權十足的莎芭女王（Saba）統治。而風靡全球的摩卡咖啡，即在此跨出它征服世界的步履。（此咖啡是以葉門摩卡港為名。）義大利殖民地艾瑞特列亞（Eritrea）位於紅海另一岸，港口名為瑪梭亞（Massaua），沿岸十分貧瘠。因此義大利曾企圖征服亞伯西尼恩（Abessinien），却在一八九六年亞都亞（Adua）之役中全軍覆沒，只得侷促在艾瑞特利亞一隅。穿過回歸線後，我們進入熱帶地區，駛經淚門巴俄曼得伯（Bab-el-Mandab）港。此港係由英國亞丁艦艇基地管轄。我們未停泊亞丁，而改在法屬吉布地（Dschibuti）港靠岸。

　　吉布地雖只是一髒亂小港，却是法屬索馬利亞首都。吉布地除控制進出紅海的運輸外，更是和亞伯西尼恩首都阿廸斯·阿貝巴（Addis Abeba）間長達七百公里距離中，唯一一條鐵路的起點。吉布地雖具法國省級行政地位，却因位於通往遠東主要航線上，而雜湊着許多不同種族，有來自法國不同殖民地的黑人，有控制當地貿易的阿拉伯人及印度人，有欲搭乘火車前往阿廸斯·阿貝巴的亞伯西尼恩人，也有歐洲人，如幾近控制所有咖啡館的希臘人，法國商人及絕大多數是舊有外籍軍團成員的德國人。在歐洲人群中，當然也含括殖民者本身，即法國軍隊及駐港軍艦上的水手。命運的波瀾將各色人等冲向非洲的沙灘。此一熙來攘往景象十分獨特且吸引人。唯一美中不足者是，有為數頗多的社會寄生蟲——成群乞討的小孩。他們嘈雜地尾隨着稀少的遊客，非得由黑人警察用塑膠警棍驅趕才會一哄而散。此等經歷對初抵此地的觀光客而言，不言而喻是極不愉快的，東方黑暗的一面也在此表露無遺。

　　由今日世局看來，印度洋可謂是深具戰略性的政治氣象臺。航經印度洋，除索克特拉（Socotra）島（目前乃美國在印度洋上最重要的艦隊基地）而外，放眼僅見偶而露出水面的鯊魚及一條鯨魚。此段行程堪稱整個航線上最單調的！

　　十天後，船抵達錫蘭可倫坡港，亦即印度人所稱的印度貝之珠。在此停留兩天，竟帶給我雙重的喜悅：一者是體驗到日後我停留多年的熱帶世界及其神秘之美；其次則為與大學時代朋友布呂克麥爾（Brücklmeier）重逢。他鄉遇久別故友，使我無比高興。此友係德國駐可倫坡領事，管轄地區包括整個英屬錫蘭。因天高皇帝遠，以故吾友逍遙宛若一小國國王。其官邸和所有歐洲人在熱帶地區建造的房子一樣，既寬敞舒適又富麗堂皇。室內擺設着他在巴格達及德黑蘭任職期間所收集的地毯與古董，並有五位印度籍僕人細心地侍候着他，生活愜意極了。他萬未料及，不久德國却出現一個因七月二十日事件（譯者按：指一九四四年七月二十日斯島芬別格（Stauffenberg）將軍謀殺希特勒計劃）而將他送上絞刑臺的政權。可倫坡與我們曾停靠過的塞得港和吉布地港截然不同，尚保留着荷人殖民時代之風貌。（早在一八一五年荷人已將錫蘭移交給英國。）當地人極其可愛，光明磊落，舉止堂堂正正，與非洲港口地痞流氓糾纏不休的情景不可同日而語。錫蘭人特別出眾，尤以錫蘭婦女為然，堪稱世上最漂亮的女性。我依依不捨地與這迷人小島及故友道別。吾友也顯得特別感傷。在此熱帶地區縱使生活儼若王侯，但畢竟與世隔絕。對他而言，他鄉遇故友是不可多得的。

　　在可倫坡，有幸目睹荷蘭統治時期的歷史遺跡。接下來的航程，即荷屬印度，今日的印尼，則讓我們體驗了活生生的荷蘭殖民國。輪船在蘇門答臘別拉萬（Belawan）小港停靠多天。我對荷屬印度留下極美好的印象，特別值得一提的是，我們曾走訪附近若干小島，例如風景幽美如畫的棉蘭（Medan）島。印尼群島由二千多個小島組成，居民絕大多數是信奉回教的馬來——波里尼西亞種人；早在十七世紀初即由荷蘭人所征服。為便於想像荷蘭殖民地擴張之廣度，在此以歐洲地理位置相較：東起荷屬奎亞那，西至蘇門答臘極右端，相當於荷蘭海岸迄北美洲東海岸距離。荷蘭人總稱其殖民屬國為英素林德（Insulinde），係荷蘭財富來源，亦為荷蘭寶庫。人們戲稱荷屬印度是在荷蘭狗身上搖尾乞憐的印度尾巴。希特勒發動第二次世界大戰，致使荷蘭失去此一寶庫，無怪乎荷蘭人對德國人一直耿耿於懷。

此地島嶼富饒肥沃，與錫蘭不相上下。荷蘭人在此大事開闢農場，並栽種各種熱帶經濟作物，如稻米、橡膠、可可、甘蔗、胡椒、茶及咖啡等等。印尼經濟即根植於荷人長期殖民經營之基礎上。若非荷人辛勤開墾，軟弱且不十分勤快的印尼人今日能否擁有如此多元化的經濟，仍有待商榷。

船長收到一封電報，指示克布廉茲號停靠在馬來西亞檳榔嶼。此站原不在航程計劃中，但因其享有"東南亞至美之島"令譽，為行程增色不少。此一可比擬天堂的島嶼當時歸屬英國所有，英人稱之為"蜜月島嶼"。英國人慣於給一些景色特別幽美，位於生氣勃勃的熱帶自然中，有寬濶白色沙灘，處處可見充滿異國色彩的蘭花、花葱樹及爬藤的海灣命名，而名稱總是極富詩意，如"情人嶼"，"夜光灣"等等。直至今日，檳榔嶼仍是生活於熱帶地區歐洲人眼中的夢幻仙境。島上旅館建築在高山上，唯有借助高山齒輪火車才能到達。島嶼上有許多佛教寺廟，部分規模十分宏偉。我對其中一處聖地至今印象依舊鮮明。此聖地有二百五十隻神龜及二百五十隻神鯉，神獸年齡據說已達百歲以上。另外，中國教派的蛇廟亦令我畢生難忘。廟內光線幽暗，入廟者只能隱隱約約見到神像輪廓。島鼻煙霧使人略覺昏沉。許久才漸漸地看清攀在牆上及雕像上的巨蛇。這些巨蛇顯然被烟氣薰得比訪客還昏沈，醉醺醺般睡着，幾乎是紋風不動。其中有一條巨蟒被關在籠子裏，更是一動也不動的。前來膜拜的中國香客連叩了數次頭後，便丟下幾個錢幣到牠的腹部。這些錢幣即用來購買"聖蛇"所享用的美餐。

新加坡與平和如天堂般的檳榔嶼成強烈的對比，它位於馬來半島最南端，是大英帝國最大的艦隊基地，當時軍備密度可能居世界之冠。新加坡原為惡名昭彰的海盜巢，一八一九年英國斯坦姆福·列弗斯公爵(Sir Stamford Raffles)在此成立了東印度公司貿易站。他察覺前往東南亞的貿易航線皆須取道麻六甲海峽。而新加坡則控制着遠東航運進出此海峽的交通，正如直布羅陀控制地中海航運的進出一般。基於這層戰略考量，日本勢力漸強時，英國也加強對新加坡的建設，使之成為東方的超級直布羅陀。當時新加坡有艦隊駐紮，港口及船塢設備完善，豐富的油藏可供英國海軍使用，不虞匱乏；此外並有廣闊的機場，給人一種攻之不破，海事堡壘的印象。再者，新加坡具有一天然優勢：海底的暗礁使潛艇毫無用武之地。在地勢上，它却有一致命傷：新加坡係由一條七公里長的堤岸與陸地相連接，若從陸地襲擊便可輕而易舉地取下。第二次世界大戰時，日本人即以此戰略征服新加坡。

　　今日，新加坡（"獅城"之意）是一自主、欣欣向榮的城邦。此一缺乏自然資源，擁有不及二百萬人口的彈丸之地，之所以能成為全球第四大海港，最大的貨物集散中心，並與香港併稱亞洲最重要的銀行中心，完全歸功於它的特殊地理位置及自由經濟政策。它正介於歐洲、日本、中東及澳洲四個時區的中心點。而此中心地理位置使新加坡享有地利之便，因為國際銀行外滙市場業務二十四小時運行，正需要一具有此地理優勢的城市作為運轉中心。

　　我雖早已耳聞整個東南亞地區遍佈華人，却未料及分佈情況竟如此普遍。在新加坡終於親身體驗了華人的勢力。荷屬印度（今日的印尼）及檳榔嶼雖也有不少華人，但新加坡華人的比例則高得驚人。除英國人所擁有的企業外，小自小店東，大至鉅富銀行家全為中國人的天下，他們掌控着新加坡的商業及交通。中國人原佔新加坡總人口的百分之七十，今則高達百分之八十五。在許多方面，中國人早已取代馬來族原住民的地位了。

　　中國人在西自緬甸東到菲律賓的廣大地區內，經濟地位雖不如在新加坡一般高，却也扮演着舉足輕重的角色。世界第二次大戰日本統治期間，東南亞華人雖遭遇諸多重大挫折與壓迫，但今日他們不僅仍保有領導地位，且勢力範圍更形擴張。

　　海外華人較白人殖民勢力更早進入東南亞地區。多種不同因素促使中國人離鄉背井（大體而言，長期兵亂，飢荒及水患係主要因素）。根據歷史記載，早在漢朝末年（西元二二一年）即有中國商人遷居蘇門答臘；十五、十六世紀的中國移民則比較特殊，大部分是回佛教發源地體驗佛法的信徒。在本世紀初，英國人招募工人前往馬來半島錫礦場、橡膠園工作，使得大批華人移出中國。新近興起的移民潮泰半是唾棄毛澤東政權的難民。

華人在其落腳的新國度並未接受當地文化的移轉，而顯得格格不入，宛如陌生人，非但不受歡迎，甚至遭當地人憎恨，嚴重時更爆發排華運動。在大部分東南亞國家，如馬來西亞，華人不准擁有田地，導致華人湧向城市，從事手工業及貿易經商。華人天生擅長作生意，加上勤勞及靈活的經營頭腦，很快地便在旣不勤快，又不聰明的原住民中脫穎而出，凌駕其上。

多世紀以來，海外華人勢力長立於不墜之地，實相當令人驚訝。事實上，海外華人生存條件十分惡劣。他們大多來自中國不同省份，彼此間有時也無法完全溝通，旣無維繫大衆的共同宗教，亦無保護勢力可爲靠山。從舊帝制時代到蔣介石主政及共黨政權，中國未有當權者曾對他們表示過關懷。但華人依然凝聚在一起，且心繫故國。其中最主要的原因在於中國人的民族優越感；強烈的家族觀念以及統一的文字亦爲個中關鍵。尤其是文字的統一使不同方言得以溝通傳達，不致成爲貿易往來之障礙。在我旅經東南亞時，分佈於東南亞的海外華人數字不詳。唯據今日統計，其數字約在一百六十萬之譜，其中尙且不包括香港的四百萬華人！

海外華人在經濟上表現卓越，因而成爲日本以外，東南亞的最大經濟勢力。東南亞的華人勢力甚至被稱爲中華人民共和國與中華民國之外的第三個中國。而這股勢力的樞紐就在新加坡。華人在新加坡組織政府，設立華文中小學及大學，並以新加坡爲商業中心。若非海外華人，新加坡、香港、泰國及馬來西亞恐難以在東南亞創下最高成長率的經濟奇蹟。

　　過了新加坡——英國海權的最佳代表——後，下一停靠站是氣息迥異的菲律賓首都——馬尼拉。早在英國海權尚未鞏固，專事海上掠奪時，菲律賓已在西班牙人的統治下經過了三百餘年。西班牙於菲律普二世（Philipps II）——“菲律賓”命名之由來——在位時，佔領了此一群島。直至一八九八年，西班牙與美國爭戰，西班牙失利，轉由美國接管。美國統治菲律賓群島約三十載，積極建設，貢獻良多，因之菲島首都馬尼拉已完全美國化。寬濶的商業街道，宏偉高聳的辦公、銀行大樓及樹木修剪整齊的海岸行道在使人有置身美國的錯覺。西班牙勢力則僅侷限於因特拉•莫洛斯（Intra Muros）區。此區居民仍以西班牙語溝通，中老年人仍穿著西班牙服飾。美國人以自由作風管理菲島。曾有一位島民告訴我，菲國人民雖致力於獨立（一九四六年菲國宣佈獨立），但也了解，若無美軍防衛保護，菲國當時絕無力抵抗覬覦菲島已久的日本人。整體而言，菲民對自身的命運尚感滿意。

　　船進入菲島內陸時，處處可見內地居民仍過着原始生活，與繁華的馬尼拉簡直成天壤之別。美國對菲律賓基本建設及衞生方面儘管貢獻良多，但菲島係由七千個左右的小島組成，欲使整個菲律賓完全達現代化，絕非一蹴可就的工作。直至今日，菲國仍未達到此目標。停留在菲律賓期間，我清楚地體驗到英國與西班牙殖民作風的差異。英國純以攫取經濟利益為目的而征服殖民地，對當地居民大體採不加聞問的態度。反觀西班牙，則極力收攏當地民心，並採取征服國土與傳教佈施雙管齊下政策，整個南美洲因之完全接受天主教信仰，菲律賓當然亦不例外。美國雖接掌菲

律賓政權達半個世紀之久，而周圍鄰近國家又信仰其他宗教，菲
國至今却仍爲東南亞天主教重鎮。

接着，船停靠在香港，我們再度進入英國的勢力範圍。有人稱
香港爲世界最美麗的港口，即使里約熱內盧或雪梨亦難望其項背。
我當時若身爲評審委員，也會毫不猶豫地將最高榮譽頒予香港。
時至今日，香港旖旎自然美景早已蕩然無存，面對當年評斷，似
乎有重新考慮之必要。昔日眺望那群島環峙的巨崖，尖山上錯落
有致的小別墅以及尖山下的維多利亞港，實爲一至高享受。而今
的香港，處處高樓聳立，摩天大樓時而高達三十多層，使遊客望
之却步。當年風貌純樸，極富倫敦嚴謹氣氛的英國屬地，現今已
搖身一變，成爲世界級的貿易及工業大城。英國租借香港是殖民
霸權歷史上的一大污點，西方列強加諸於中國的蠻橫政策皆肇始
於此。今日吾人欲了解中國十九、二十世紀歷史，首需了解租借
香港的前因後果。

衆所周知，直至十九世紀，中國仍自詡爲世界中心，視其他
種族，尤其是"洋鬼子"爲蠻夷之邦。中國人出售茶、瓷器、絲、
錦緞及傢俱給其他民族，却對他國產品絲毫不感興趣。中國當時
尚能自給自足，一向不接受他國派遣使節。外國商人僅能在廣東
港口與中國政府指定的中國商人從事貿易活動。十九世紀初，東
印度公司負責英國貿易業務。由於中國幾乎完全不向西方國家採
購產品，銀元只由印度湧向中國，而很少反向流通。當時東印度
公司擁有印度鴉片專賣權。儘管中國政府嚴禁人民吸食鴉片，但
此惡習暗底下仍頗爲普及。東印度公司以強硬且有系統的方式走
私鴉片入中國，以期平衡兩國間的貿易逆差。英國人無所不用其

極，甚至在廣州灣一隱密小島上設立海上倉庫，以供配有火炮的快速鴉片帆船卸貨，接着再利用小舟將鴉片走私入中國陸地。一八〇〇年每年走私兩千箱，一八三〇年已驟增至每年兩萬六千箱，情況日益猖獗。鴉片走私所得不但已佔英國政府在印度總收入的六分之一，且銀元流向也因之逆轉。銀元大量流失漸漸危及中國經濟。更嚴重的是，吸食鴉片惡習在整個中國蔓延開來。一八三九年，清皇終於派遣林則徐前往廣東，以中國戰船遏止走私，並切斷香港英國人的水源糧食供應，以迫使英國人屈服。此制裁措施的確收到預期成效，英人退讓，被迫將一九三八／三九年總收成的二萬箱鴉片交予林則徐。林則徐於是下令焚燬。然而，東印度公司却未因此罷休。當時英國外相帕莫斯敦（Palmerston）承諾由印度派遣秘密戰艦，突破中國封鎖。此計劃於英國傳開後，許多英國人認爲英國政府嚴禁本國人民吸食鴉片，却爲貿易利益而強令中國人染上此一惡習，甚且不惜開戰，實有違良心。下議院爲此引發激烈辯論。日後成爲英國首相的威廉・格拉斯敦（William Gladstone）曾發表激烈演說，極力反對。他認爲此一不公不義的宣戰理由歷史上前所未見，此戰役將使英國萬世蒙羞。這位偉大的自由主義派政治家的呼籲却未獲廻響，英國下議院以九票之差的多數，通過派遣艦隊決議案。

在“鴉片戰爭”中，中國絲毫無力抵擋英國船堅炮利的攻擊。英國艦隊由一艘戰艇率領，所向披靡地自長江口直驅南京。（相當諷刺的是，此艘戰艇名爲“正義女神”號。）一八四二年，中英簽訂南京條約，中國割讓香港，並開放五個通商口岸，其中包括廣州及上海。中國人視鴉片戰爭及南京條約爲奇恥大辱，亦深覺不得民心的滿清政府無能。一八五〇年，太平天國在南京（譯者按：應是廣西）起義，此亂持續至一八六五年，可謂是中國史上流血最多的事件，計有二千萬人喪生。中國內部動盪不安，給英國再度侵略的良機。一八五六年，英國發動第二次鴉片戰爭。不甘落後的法國也跟進，共同侵略中國。一八五八年，在天津條約中，中國割讓香港對岸的九龍半島，開放十一個通商港口，並允許外國派遣駐北京使節。此外，英法兩國更苛刻地要求清廷允許鴉片自由進口。中國以各種藉口廻避條約的無理要求。一八六〇年，英法兩國再次派遣一萬七千大軍前往北京，大肆燒殺刼掠，恣其野蠻行徑。位於北平附近的夏宮是當時中國皇帝的驕傲，也是中國藝術史上的絕世瑰寶，却在此次英法聯軍戰役中慘遭焚毀。中國完全潰敗；一八六〇年簽訂北京條約，中國不僅接受天津條約所列一切條款，償付巨額賠款，並答應法國拿破崙三世所提，許天主教傳教士至中國傳教之要求。隨後，美、蘇、日等列強亦不甘示弱，紛紛藉機向中國索求租借地，中國無力抵禦，除允諾所求外，別無他策。

南京、天津、北京三條約對中國近代史影響至鉅。中國拒絕承認這些不平等條約，並視之為國恥；而依照條約所開放的通商口岸，更被視為眼中釘，肉中刺。

上面所述，即英國租借香港的歷史始末。我們言歸正傳。一般所稱的香港，除英人在兩次鴉片戰爭中所掠奪的香港島（包括維多利亞港）及對岸的九龍半島外，並包括與九龍半島交界，計有二百三十六個小島的"新界"。這些小島大部分無人居住。一八九八年大英帝國租界香港九十九年。第二次世界大戰後，新界及九龍憑藉中國大陸逃往香港難民的低廉勞工之助，除港口業務發展蓬勃外，亦躍居消費品製造工業中心。"香港製造"的廉價產品曾使西方工業國家飽受競爭壓力。目前，整個香港有四百萬中國人及一小部分英國人。

航程最後一站是停靠在"福爾摩沙"島──今日的臺灣。臺灣是西方殖民時期在東亞一個十分特殊的小島。一五九〇年，葡萄牙水手航經此島時，便深深為流霞般的殷紅色山崖及沿海富饒碧綠的平原所吸引，故而稱之為"福爾摩沙"（即美麗之島）。至於"臺灣"本指平臺之島，這個名稱更富詩情畫意。十九世紀六〇年代，日本開啓接受西方文化之門，全盤模仿之餘，對西方殖民國的帝國主義行徑也如法泡製。當時滿清政府相當腐敗，形同紙老虎；又因鄰近日本，正是日本發揮侵略野心的最佳目標。一八九四／九五年中日甲午戰爭中，中國戰敗。中日簽訂馬關(譯者按：一名下關）條約，日本佔取福爾摩沙島。

趁着克布廉茲號停靠基隆時，我抽空前往首都臺北。此行使我親眼見到日本在短暫的統治期間，為臺灣的開發所作的諸多貢獻。臺灣有中央山脈貫穿全島，最高峰達四千公尺，為臺灣東西部分水嶺。臺灣的地理特徵是西部肥沃，東部多山。當時山區崎嶇難行，住有原始部落。據聞這些部族嗜獵人首。我可不願上海領事館有一位無頭參事，故而放棄進一步到島內探險的念頭。中國共產黨取得大陸政權後，蔣介石於一九四九年率軍退守臺灣，矢志以臺灣為基地，收復大陸。但壯志未酬便於一九七五年辭世。現任總統蔣經國承繼父志，繼續堅持在臺灣的中華民國是中國唯一的合法政權。但國際現實情況却對臺灣不利。中共地位逐漸鞏固，僅有少數國家承認臺灣。一九七二年聯合國甚至接納中共而排擠臺灣。當時蔣介石領導臺灣上下莊敬自強，採自由經濟體制，經濟以驚人速度持續成長；此外，並進行土地改革，使耕者有其田，帶動工業起飛，創出斐然成績。今日臺灣生活水準已高居大陸之上。日本、新加坡、香港、南韓及臺灣的經驗，在在是自由經濟優於共產經濟的最佳明證。

上　海

十里洋場

　　在蔚藍的中國海航行了一天之後，迎接我們的却是污黃如泥的黃浦江。黃浦江是長江支流之一，由長江大水挾帶巨量污泥入海。上海距離海口約一百公里，最初輪船沿着平坦而翠綠的海岸線往上溯行（這段風景像極德國艾伯河景色），愈近上海，航運愈繁忙，放眼望去盡是英美日戰艦；來自世界各國的客貨輪、蓬桅樣式特異的中國帆船、河輪及渡船亦穿梭其間，間或鳩集一些舢板船和竹筏。最後我們在上海舉世聞名的岸道碼頭靠岸。由於先前我曾瀏覽過上海摩天大樓、銀行、大飯店及俱樂部的照片介紹，所以雖是初至此地，却並不感到陌生。若非街頭典型東亞式的熙來攘往景象，簡直令人有身置美國港埠的錯覺。初踏上上海最繁華的街道——南京路時，讓我瞠目結舌，大開眼界。上海實在是一個令人眼花撩亂的城市，既雜亂無章，令人厭惡，却又難以言喻地迷人可愛。在這裏，巨富與赤貧形成強烈對比；高級旅館、最時髦的百貨公司與凋蔽的小屋比隣而立；無軌電車擠滿人潮；各色人等群集在上海街頭：有乘坐澗綽轎車，由白俄彪型大漢護衞着的中國人；有糾纏着旅客的可憐乞丐及成群鵠候、動作敏捷的黃包車夫；有背扶重物，以韻律有致的喊叫聲請人讓路的

苦力；有氣質優雅，顯然是趕着赴宴或前往俱樂部的歐洲人及面
容姣好，身着叉開及臀旗袍的中國女人；也有英國、義大利、日
本及美國水手。整個上海混亂得令人無法想像。但混亂只是第一
眼印象而已。英國以高大、蓄長鬚並纏着頭巾的印度錫克人擔任
警察，負責維持上海秩序。這些警察有時雖不免流於殘酷，但却
一本正經，極具威嚴。

　　上海市的行政管理也是亂中有序。上海並非殖民地，而是一
享有治外法權，即列強按照上述"不平等條約"租借九十九年的
租借地，包括法國租界區，由英美租界發展而來的國際租界區，
及中國老城部分。法國租界區具有典型租借地的特色，直屬法國總
領事館管轄。國際租界區由上海市政自治委員會管理。此機構由
九位外籍商人及五位中國商人組成，是不支薪的義務性質委員會。
而中國老城則是上海最小的一部分。在此三個地區周圍並發展出
一環狀的"大上海"區。"大上海"位於發展快速的工業區內，
直屬上海市市長管轄。鴉片戰爭時，上海只是位於黃浦江爛泥岸
邊，一個又小又髒的港口。百年後（一九四九年中共接收中國大
陸時，租約即告終止），上海已發展成擁有數百萬人口，亞洲最
大港，世界第四大港的城市。上海人的生活水準遠遠超過中國其
他地區，再加上擁有殖民國王爺般的享受特權，使上海人備感自
豪、滿意。上海居民不僅享有治外法權，不須納稅（低額的基本
稅除外），更因中國幣值十分不穩定而佔盡工資低廉之利，只要
花些許錢即可雇用僕役及苦力。

　　上海與英國其他殖民地一樣，以各式各類俱樂部為生活中心。
英國"上海俱樂部"更是其中之佼佼者，以擁有世界最長的吧枱

而著稱。上海的宴會和雞尾酒會永不停歇；並有網球場、高爾夫球場、跑馬場及豪華飯店。無數娛樂場所所提供的夜生活儘管無比膚淺，却也使得在上海的生活變得舒適而愜意。

大貿易公司的負責人——代辦——在上海是權威人士。大貿易公司各自形成類似財閥的貿易勢力圈。大體而言，代辦們都十分精明能幹，且又受人敬重，却不了解中國，對中國的認識有時甚至極其荒謬離譜。在其心目中，中國只是個進出口貿易市場罷了。代辦們縱不熟諳中文，亦不曾走訪中國內地，却對某個省份是否有戰亂，某某將軍是否得勢極感興趣。此地買賣透過所謂"買辦"（Compradores，源自葡萄牙文）而進行。也因為這層關係，使得買辦在貿易公司中居舉足輕重之地位。然而，此層關係却未能改善他們的社交地位。在上海，外國人和中國人生活在兩個截然不同的世界裏。中國人不准進入上海俱樂部及其他大部分國家的俱樂部，也不得參加賽馬及其他運動類活動。某些商店甚至不准中國人搭乘電梯！已成為老上海的德國人曾告訴我，以前在公園入口處，甚至掛着《中國人和狗不准進入》的牌子。

在上海，小職員、侍從及苦力與外國人溝通的語言是所謂的《洋涇濱英語》。這種中式英語帶有濃厚的中國口音，聽起來極逗趣。中國著名作家林語堂先生曾尖刻地表示，鑑於西方文化日漸衰頹，《洋涇濱英語》將來一定成為世界語言。

對代辦們而言，中國人雖屬次等人，在生意上却能與之密切合作。即使雙方之間容或有一層隔閡，却也發展出一種共生關係。這也是上海另一奇特的現象。善於經商的中國人也認清：有列強停靠在黃埔江的戰艦保護，以及國際上海分公司的法令基礎，作

生意幾乎毫無風險。因此，從清朝皇制解體至中國革命期間，中
國大量資金湧向上海。上海街道放眼望去儘是中文招牌，寫着大
紅字，隨風飄搖的布條，以及掛在商店前的吵雜擴音器。這些外
在現象在在顯示中國人仍掌握上海大部分的經濟活動。因此關於
某家人擁有多少財富，某家族擁有多少百貨公司、銀行、輪船公
司、紡織廠及其他企業等等消息時而可聞。中華民國國父孫逸仙
先生及蔣介石先生兩位夫人的娘家——宋家——即是一例。我將
在其他篇幅裏再詳述有關宋家的故事。

　　上海雖與其他通商口岸，如廣州、漢口一樣，有如光線吸引
飛蛾般地吸引着中國人，但中國人內心深處却視外國租界地的存
在爲國恥，也是中國痛恨外國人的根源所在。中國人形容上海爲
“中國的寄生蟲”，因爲它“本身不具生產價值，只有媒介價
值”；甚至斥其爲“中國顏面的腫瘤”。中共的宣傳及擁護中共
的外籍人士，如視毛澤東爲“救世主”的美籍艾得格·斯諾更是
極盡所能地對資本主義的上海大事撻伐。誠然，上海除正當的外
國生意人外，不可否認地，它也暗藏不法組織，有利用中國貨幣
不穩定而大發橫財（當然也有輸家）的投機者，有控制鴉片走私
的黑市商人，也有浪蕩江湖的冒險人物。當然上海也有其殘酷貧
窮的一面，例如兇殘程度毫不遜於芝加哥的地下組織；爲逃避布
爾什維克主義政權而自西伯利亞越過中國東北至上海避難，命運
悽慘的白俄難民；無以數計的鴉片窟、賭場及色情場所。總而言
之，上海使人陷溺墮落的社會，世上幾無一城市能望其項背。紐
約時代雜誌的一位記者曾作如下描述：“在上海，人可以像獅子
一般地辛勤工作，像馬一般地喝得爛醉如泥，也可以像雄雞一般

盡情地愛。"

上海的德國人

　　儘管上述記者的比喻十分標新立異，然而歷史命運坎坷的德國人的確像獅子般地勤奮工作。第一次世界大戰時，盟軍將德國人驅離上海，掠奪德國人所有財產；懸掛在公園進出口的牌子甚至改成："德國人、中國人和狗不准進入"，其受憎恨程度由此可見一斑。一些摸清了中國人行為方式的德國人，則將財產交給買辦，但不收任何收據，俟重回上海時再悉數取回。當然他們得冒著這些中國買辦可能捲款潛逃的風險。不過愛面子的中國人大多不會這麼做。而且他們更了解，要求白紙黑字的收據，對中國買辦而言是一大恥辱。重返上海的德國人，一切皆得重頭再起。凡爾賽和約中明文規定，取消德國的治外法權，致使許多德國商人從此得接受中國法律管轄，因而對未來憂心忡忡。但中國國民代表大會對政府所簽訂的凡爾賽和約並未加以批准；德國帝國政府也未堅持中國恢復德國人原有的權利。相反地，他們明智地決定放棄德國人在中國的所有特殊待遇；因為德國認清治外法權特權終究要遭取消。此舉導致外國人享有的，不合時代精神的治外法權結構受到動搖。德國人因此獲得中國人的信任。在我派駐中國期間，德國人受到中國人無比的喜愛，實應歸功於當初的睿智決定。

　　上海的德國人在極短的時間內又重建起第一次世界大戰期間被摧毀的勢力範圍。我抵達上海時，德國人已在各國人士之間再度

樹立舉足輕重之地位，上海德人區也發展成東亞最大德人區。第
一次世界大戰期間，規模宏偉的德國俱樂部因位於法國租界內而
遭法人“併吞”，戰後法人並未歸還。德國人只得在所謂的“庭
院俱樂部區”重新建立一規模較小的娛樂中心。所幸德國租界的
三大支柱——基督教教堂，聞名的威廉大帝學校及全東亞設備最
現代化之一的保羅醫院，因位於各國代表處區域內，而得以完整
無損。

　　駐上海期間，我幾乎坐擁了天時地利人和之便。當時德國領
事呂特・馮・克倫堡（Rüth von Collenberg）男爵正返鄉渡假，請
我和另外一對夫婦住進座落總領事館內的官邸。這眞是天賜之福，
使我這麼一位資歷最淺的外交使節團參事得以享受富麗堂皇的官
邸及總領事侍從的服侍。德國駐上海總領事館是一英國殖民地式
宏偉建築，與美、日、蘇總領事館同位於黃埔江岸。由此可眺望
上海百萬人口大城及人聲鼎沸的港口。夜晚在寬敞的官邸陽臺乘
涼，上海市的燈海及閃爍的招牌夜景盡收眼底；當夜裏也從不停
歇的車喧聲從遠處傳來時，享受沁涼兼含點鹹味的海風襲面吹拂，
即使是因生活而焦頭爛額的上海居民，也會爲此景所深深感動。

日本進兵上海

　　在我抵達上海前若干星期，上海發生了史上著名，震驚全球
的“上海事件”。此事件肇因於日本南滿洲國火車上所發生的一
起爆炸案。一般認爲此爆炸案係由日本人一手編導。一向覬覦中
國東北豐富地下資源的日本企圖以此爲藉口而侵佔中國東北。中

國向國聯組織求援，而此一龐大組織却以一貫虛應故事的態度來
處理，僅成立一調查委員會。委員會主席是英國李頓（Lytton）
勳爵，德國舊任東非省長斯耐（Schnee）則為該會成員之一。日本
對此絲毫不加理會，復於一九三二年二月十八日宣佈東北獨立，
成立所謂的"滿洲國"，迎接曾在一九○八年至一九一二年期間以
童稚之齡統治中國的末代皇帝溥儀復位。中國除向國聯提出抗議
外，並進行抵制日貨。國聯的調查工作不痛不癢，但中國的抵制
行動却讓日本難以招架。為切斷中國的抵制封鎖，日本派兵進入
上海。出乎日本人意料之外地，中國軍隊竟頑強抵抗。在雙方激
烈交戰下，上海北郊遭夷為平地。國聯隨後發表聲明，譴責日
本行徑。日本心有未甘地自上海撤軍，並旋即宣佈退出國聯。許
多歷史學家及政治家一致認為，一九三一年與三二年數月之間所
發生的事件，在世界史上具有深重的歷史意義。美國國務卿克杜
耳•赫爾（Cordull Hull）曾於一九四三年一月表示，一九三一年
至三二年間日本突襲中國東北，一九三五年墨索里尼進兵亞貝斯
尼恩，一九三六年希特勒佔領德國萊茵區，一九三八年佔領奧地
利，同年捷克境內發生種族危機，一九三九年希特勒佔領捷克，
進軍波蘭這一連串事件是第二次世界大戰的序曲。

　　一九二五年的暴民作亂，使上海癱瘓數月；一九二七年蔣介
石軍隊進入華人區，各國為維護其使領館及租界區的安全，派軍
隊駐進上海。這些事件上海人仍歷歷在目，因此"上海事件"爆
發時，上海人驚慌不已，深恐歷史再度重演。共產主義信徒安德
烈•馬羅（André Malraux）在當時很活躍，他一向強調"藝術與
事實合一"的理念，然本身未經歷"上海事件"的他，却以此事

件爲背景，發表了處女作"人權情況"。書中他以共產主義觀點，用理性與感性兼具的方法來描述此事件。

　　一九二五及一九二七的事件，使上海人餘悸猶存，並深恐遭其他中國人的痛恨，再加上共產黨的宣傳，且日本人曾幫上海人免於受到暴民之攻擊及中國軍隊的掠奪，這種種因素造成許多上海人支持日本。此跡象讓有識之士深深體察到上海無異於火藥庫，一觸即發。五年後，即一九三七年，此見獲得證實。是年日本展開了全面侵華行動，華人社會勢力因此崩潰，國際上海也終於壽終正寢。不過，上海瓦解前情勢儘管危急，一切仍然繼續運轉。

　　德國總領事在返德前曾指示我接管文化部門。純粹的領事工作雖不單調，却非吾之興趣所在。因此我欣然接受新的職務，而得以打入上海知識分子圈，結識了林語堂、賽珍珠、艾麗絲・提斯達・侯伯特（Alice Tisdale Hobart）及茅盾等著名作家。林語堂曾發表許多充滿哲理，解析中國的著作（如"吾國與吾民"等等），至今仍令人百看不厭；賽珍珠以"大地"一書而享譽全球；艾麗絲的"中國希望之源"曾暢銷一時；而茅盾則是"子夜"的作者，曾在中共政權下擔任多年的作家聯盟主席。文化工作的另一重要意義是使我的工作環境不再侷限於上海，而能更廣泛，更直接地接觸到中國文化，例如位於吳淞江的同濟大學。

同濟大學

　　同濟大學的成立經過充滿戲劇性。一八九五年中日甲午戰爭中國失利，一九〇〇年義和團起義失敗，使中國人深覺必須放棄閉關自守政策，否則全中國將淪爲西方列強殖民地。改革派要求滿清政府模仿日本，對西方開放。經多年爭議，清廷終於在一九〇五年取消不合時宜的科舉制度，並採行歐洲模式的中小學及大學制度。一年後，德國德亞協會成立一文化委員會，以配合中國教育制度之變革。此委員會在極短暫時間內向德國工商界募得二百多萬德國金幣。一九〇七年，以此募款在上海附近設立了醫學院、工程學院及德國語言學校；德國人更捐贈實物（單是德國出版界即捐贈價值達五萬德國金幣的醫學圖書），使這三所學院設備達到一流水準。第一次世界大戰前數星期，即一九一四年六月二日，整個校區正式落成。當時有二千名貴賓參加落成典禮，其中包括許多中國中央及省級部門的官員、政界人士及學者。

德國學校雖座落於華人區內，却緊鄰法國租界。一九一七年三月初，中國在盟軍施壓下加入對德戰爭。幾天後一支由六十位彪悍法國警察組成的隊伍，手持刺刀，強制遣送德國學校的師生回家，並關閉學校。中國對此漠視完 整主權的暴力行爲極爲憤怒，却無能爲力。爲了讓德國在文化方面所紮下的珍貴基礎，至少得以暫時持續存在，中國成立了同濟委員會。中國政府並同意暫時在置閒地點繼續進行教學，在戰爭期間仍照常給付德國教師薪津。中國一直認爲戰後能將學校歸還給德國，但事與願違，凡爾賽和約將整個校區劃歸法國。不過，同濟委員會並未因此而氣餒。經過多方奔走，北平教育部及上海所在的江蘇省政府終於在一九二〇年（據中國史料是在民國八年）同意在離上海半小時火車路程的吳淞江畔再設立一所學校。儘管戰後德國境內景況窘困，但德國工商界仍慷慨解囊，傾力支持建校計劃。我接管德國總領事館文化部門負責人的職務時，擁有醫學、工程及德語三大部門的德國大學，已完全上了軌道。唯一差別是，此大學歸中國政府管轄，校長是一位中國的知名學者。

　　對同濟大學的詳盡介紹，使我們得以略窺當年西方列強在中國採行的文化政策。由此亦可見，早在第一次世界大戰前，即有列強援助開發中國。但此種開發援助不等同於今日的方式與內涵，其旨趣乃在及時培養下一代政經領導階層兼文化傳播。因此，西方列強妒忌德國，導致法國在第一次世界大戰期間強行霸佔德國學校的行徑。而美國由於經費充足，又有遍佈全中國的無數教會機構，可以明目張膽地進行文化傳播，故而在培養中國新生代教育方面，一向遙遙領先他國。中國人很實際，並不重視形上學的信念；大量的中國人湧入美國教會學校，並非出於信仰熱忱，而是為了學習英語。自東印度公司時代起，英語便成為東亞地區貿易用語。英美文化也因此影響中國十分深遠。尤其是一九一二年香港成立一所向各國開放的大學後，其影響日趨顯著，其他國家更是望塵莫及。德國在第一次世界大戰戰敗後，因財務困難，無法與他國競爭。然而德國醫學、化學及科技一向為世人所稱道，前往德國深造的中國人仍不乏其數。

　　由西方教會學校及外國學校培養中國年輕人的教育當然也有缺點。新生代的中國人對西方文化的認識往往止於膚淺層面，對中國傳統文化本身亦感陌生。此等年輕人在中國接受西方教育後，繼而前往歐美國家深造。學成後，以"歸國學人"身份返回中國，不但舉止衣著洋化，更甚者則鄙棄自身的文化及同胞，視為"落伍"。儘管"不中不西"的情形相當普遍，但不容置疑地，受過西方教育而兼俱中西文化優點的中國人仍不乏其人。

德國"科隆號"巡洋艦訪問上海記

德國"科隆號"巡洋艦抵達上海作正式訪問,使得德國總領事館的例行公事停頓數週。由於人員配備有限,我得暫時擱置繁忙的文化部門工作,爲"科隆號"爲期二週的停留,策劃準備事宜。

前往陽光之鄉——青島

爲了與巡洋艦指揮官商議訪問事宜,我搭乘在東亞極富盛名的英國 P & O「牛島與東方」輪船公司蒸汽輪,前往"科隆號"所停泊的青島。離開悶熱的上海,在涼爽的海上航行,眞是一大享受。然而船上氣氛並不十分愉快,一者英國味十足,再者饍食奇差無比。難怪上海流傳著一句話:"即使海鳥也不繞著 P & O 汽輪飛翔,連它們都知道輪上飲食差勁透了!"汽輪沿著荒涼而單調的中國海岸線航行,景色乏善可陳。然而一進入青島港,景緻完全改觀,壯麗而又懾人心魄。眼前的德國城市像海市蜃樓般,突然矗立在一大片廣漠的樹林之前。這在缺乏森林的中國而言,實在相當罕見。理查・卡茲(Richard Katz)不久前受烏爾思坦(Ullstein)出版社之託,遊歷東亞,並以《閃爍的遠東》一書記載其旅遊經歷。此書至今仍值得閱讀,書中有一句話正足以表達我當時內心深刻的感觸:"南起廈門,至目前爲止的中國都很尋常。但是當郵輪駛經北緯36度（大約與直布羅陀海峽同緯度)時，紅色木板屋頂的淺色別墅在中國海岸線出現時，一切都活潑起來了！我簡直不敢相信眼前所見的一切會是眞的；有白色沙灘，稀疏樹林，渡假場所，咖啡亭閣以及一家海邊旅館。從望遠鏡可清楚看到旅館三樓掛著"濱海旅館"的招牌。"福洛瑟斯"（Flos-sels）咖啡亭閣緊鄰著旅館。我倚靠著船舷的欄杆眺望，却不敢相信眼前的景像。接著入目的是身著泳裝的渡假旅客和正砌著沙堡的小孩。我訝異極了，這簡直是像……。"

親切的德國領事允許我在"科隆號"未靠岸前，到青島市內逛逛。青島市因位於外海的青島而得名。德國接管青島雖僅短短的十六年（西元一八九八至一九一四年），但在青島，給我的感覺却如置身於二十世紀初的德國城市。理查‧卡茲曾說："青島的德國風味保留完好，使青島市內的中國人力車及手推車顯得格格不入。"此話一點也不誇張。青島市有雄偉的威廉大帝式總督府，紅磚砌成的古皇宮式郵局，純樸的德式鄉村火車站，高聳的基督教教堂尖塔，以及來客絡繹不絕的國際俱樂部（原德國俱樂部）。俱樂部內還可看到壁爐上由彩石拼嵌而成的展翅老鷹圖案，玻璃上也畫著漢撒同盟城市的市徽。海灘上的情景也令我畢生難忘。不同國籍人士滙集在此，其中大部分是婦人帶著小孩到海灘戲水，以避開城內的酷暑。當時帝制德國曾耗資五千四百萬德國金幣，開闢青島與濟南間的鐵路線，工程十分艱鉅；並在青島港修築當時亞洲最長的防波堤，此一貢獻深爲各國人士稱道。熱愛森林的德國人更在嶗山種植大片闊葉林，使沿途僅有幾個貧窮小漁村的沙丘海灘線搖身一變，成爲整個遠東地區最漂亮的一段風景線。參觀這些地點後，我向領事稱許德國人的卓越貢獻。他默默拿起桌上一本書說："您知道凡爾賽和約對德國殖民政策所作的綜合性照會評語為何嗎？您聽著：在德國統治歷史中，往昔及今日德國政府在其殖民地所採行的全球掠奪性貿易政策，使同盟國無法將其原殖民地歸還德國，亦無法賦予德國以教育民衆的責任。"領事繼續說道："在海外表現優異的德國人對此詆毀當然十分憤怒。凡爾賽和約顛倒是非的行徑及愚蠢無理的要求，使威瑪共和的納粹主義得以抬頭。"他接著以曾任威瑪共和首相布律尼（Brüning）助理職務——伯烈拉頓·卡斯（Prälaten Kaas）的話來結束這段充滿感性的談話："希特勒是凡爾賽和約的產物。"

巡洋艦結束訪問，混亂與忙碌告一段落後，我本此次談話，著手詳細研讀有關德國在帝制時代取得青島的歷史。昔日帝國主義時代的種種事件一一浮現在眼前。最後，我得到一個結論：佔領膠州灣是十九世紀末列強執行殖民政策及其殖民政策與其他世界政策間之關係的最佳寫照。

德國租借青島的歷史背景

故事始於一八九四年日本侵略中國，中日甲午戰爭的爆發。戰事持續未久，中日雙方即於一八九五年簽訂馬關條約。中國除給付鉅額賠款外，並割讓臺灣、澎湖及擁有旅順、大連兩大港的遼東半島，附帶承認韓國獨立。三十年前尚處於落後階段的日本，因此一戰役而震驚全球；同時世界各國亦看清中國只是一隻紙老虎的事實。當時俄國計劃將西伯利亞鐵路經中國東北延伸至可控制黃海的不凍港——旅順。中俄雙方正在洽商此事之際，日本突然出面破壞，使俄國十分不悅。俄國在甲午戰爭中支持中國，並抗議日本佔領遼東半島；更運用外交手腕，促使法、德兩國共同抗議日本行徑。法、德兩國在中國東北雖無特殊政治利益，却不尋常地攜手合作，採取一致的外交步驟，向日本政府抗議。法國之所以答應合作，是爲表示重視幾年前英、俄雙方所簽訂之友好協定；而德國則努力引導俄國勢力向東亞發展，以減輕俄國在德國東境所造成的壓力，因而參與共同行動，造成所謂的 "三國干涉" 事件。相反地，樂於見到強大俄國將其注意力集中於東亞的英國，却一意孤行而支持日本。日本政府深知無力對付德法蘇三國聯手力量而不得不暫時屈服，放棄遼東半島。俄國因此次對中國的支持，獲得諸多利益。一八九六年中俄達成秘密協定，沙皇帝俄獲允修築途經中國東北，連繫旅順港的鐵路；三國協盟亦給德國帶來好處。據說尼古拉沙皇在彼得堡與威廉皇帝打網球時，曾向後者允諾，俄國不反對德國在黃海派駐艦隊。一九〇四／〇五年日俄戰爭中，日本戰勝，英國因支持日本而獲利。

　　在外巡弋的艦隊需要煤源補給站，因此艦隊基地是殖民帝國不可或缺的基本設施。長久以來，德國一直希望在東亞闢建一基地，在地點的選擇上却始終無法達成共識。著名的德國地理學家及中國研究專家馮・利希特侯分（von Lichthofen）男爵多年來一向屬意膠州灣，因其適合航運，且其腹地——山東半島更富藏煤礦。一八九六／九七年間曾任德國東亞中型艦隊隊長的提爾皮茲（Tirpitz）也認爲膠州灣是合適的地點。威廉皇帝原計劃以武力強佔膠州灣，却因宰相侯恩洛爾——席林斯福爾斯特（Hohenlohe-

Schillingsfürst) 侯爵極力反對而作罷。

威廉皇帝向來自命爲遠東基督教聖杯的守護者，視中國人爲"黃禍"，甚至請人按其構想畫了一幅畫——畫中菩薩坐在浮於水平面上的皇帝寶座中；腰繫火劍，長著天使翅膀的奇格菲(Siegfried)則立於此畫中心。若以今日眼光衡量，此畫極其粗俗。一八九七年十一月一日萬聖節，天主教聖言會傳教組織山東分會遭中國暴民襲擊，二名傳教士於焉喪生。此事件正是上天賜予威廉皇帝的大好藉口。十一月五日消息傳至柏林，德皇大爲震怒。當時甫卸下德國駐羅馬大使職務，接管外交部次長工作的畢洛夫（Bülow）男爵曾在其回憶錄中引用德皇給他的電報來敍述德皇震怒的情景："德皇以無比憤怒的語氣再三指控中國異教徒，並重申捍衛十字架，保護神職人員及傳福音者的義務與決心。最後，他要求德國巡洋中隊進攻膠州灣，懲罰罪魁禍首。"德國東亞中型艦隊指揮馮·廸德利克斯（von Diedrichs）海軍少將接到佔領膠州灣及青島的電報命令，於一八九七年十一月十四日駛抵膠州灣。當時膠州灣只有幾個貧窮小漁村，而駐紮該灣的中國軍隊又是一群無作戰能力的傭兵。軍隊指揮不明德艦來意不善，以爲前來訪問而引以爲榮，竟以儀隊迎接；當他察明德軍意圖時，大驚失色。德軍並未要求中國軍隊繳械，只命令其留下子彈。東亞艦隊順利登陸膠州灣，德皇尚感不足，再派遣一支配備著三艘坦克戰艦的特殊中型艦隊遠征中國。艦隊由皇弟亨利（Heinrich）王子指揮。臨行前兄弟兩人作了一段慷慨激昂的對話。德皇對亨利王子說："讓對方見識見識鐵甲般的拳頭！"亨利答道："不論對方是否願意，我都要把聖上的基督教福音宣揚至海外。"但在航行東亞途中，艦隊機件出問題，只得以纜索拖回。

德皇接著又派使節馮·海金（von Heyking）男爵前往北平，與中國政府談判設立青島艦隊基地事宜（馮·海金並非因此次談判而名垂青史的，而是因其夫人發表了十九世紀末二十世紀初的最暢銷書"未寄出的情書"而聞名國際。）。爲保留中國顏面，德國未以一般方式強佔膠州灣。一八九八年三月八日中德雙方簽訂爲期九十九年的租借合約。中國允諾五百五十平方公里的膠州灣受德方保護，在青島只設艦隊基地。然此基地不受德國外交部殖民部門管轄，而屬帝國海軍局職權範圍。此外，德國並取得在山東省建築鐵路，開採煤鐵礦等經濟特權。

德國佔領膠州灣後，列強不甘示弱，紛紛起而仿效，強奪中國土地。一向以中國權益保護者自居的俄國也露出了眞面目，於一八九八年三月佔領擁有旅順、大連兩港的遼東半島；英國強奪位於山東半島北部，面對旅順港的威海衞基地，並趁機將香港佔領區擴張至大陸內地，假藉防衞理由而強行租借新界九十九年。已侵佔舊中國版圖的緬甸、柬埔寨、安南及寮國等巨幅領土的法國更是不甘落後，強取位於中國南方的廣州灣軍事基地。義大利本欲分一杯羹，要求中國給予浙江省三門灣，却因在甫結束的義大利——亞伯西尼恩一役中失利，威望掃地而未得逞。一八九八年美國因爭奪菲律賓群島而與西班牙交戰，一八九九年即援用"門戶開放"原則，要求同享列強在中國取得的一切權利。接二連三的強佔與租借事件，使中國威望喪失殆盡。列強更暗中盤算，計劃各擁勢力範圍，以瓜分中國。因西伯利亞鐵路延伸至中國東北，而已掌握此地區的俄國意圖瓜分長城以北，包括北平、天津的領土；英國則自稱擁有書面確認，領有上海與重慶間長江流域之土地權；法國覬覦雲南、廣西及廣東等省；德國則視山東半島至黃河北灣爲其應得之勢力範圍。此一異想天開的瓜分計劃却因一八九八年爆發英法爭奪法索達危機、日俄戰爭及摩洛哥危機接踵而至，世界政情因之產生轉變而未得逞。

以今日眼光觀之，由德國佔領膠州灣所引發的一系列列強爭奪中國領土事件，實屬海盜行爲。當時各國却視之爲正當的強權政策。列強相互爭奪勢力範圍時　往往因利益分配不均而發生衝突，却從未對此政策作過道義上的譴責。時代背景影響人們想法之深刻由此可見一斑。

膠州灣在德國政治上具有象徵意義。德軍佔領膠州灣之際，第一份成立艦隊法案也無巧不成書地提交給帝國國會。此法案係威廉二世推展其艦隊政策的序曲。威廉二世一改俾斯麥重在守成的大陸政策，而採向外發展的世界政策。而推行此世界政策的先決條件則在擁有艦隊。威廉二世曾自誇："吾人之未來繫於海上！""水神的權杖掌握在吾人手中！""艦隊未提升至與軍隊同等地位前，我絕不罷休！"英國當然不樂見德國的雄心與企圖。支持威廉二世海權政策者有一八九七年升爲帝制德國海軍局參謀長的馮·提爾皮茲海軍上將以及同年被任命爲外交部次長的畢洛夫。一八九七年十二月七日畢洛夫發表上任演說時，曾爲艦隊成立法案及德國佔領膠州灣，設立青島基地辯護。他以"我們無意致他人於陰影之下，却有權要求擁有一塊陽光普照的土地。"結束該演說。此鏗鏘有力的結尾成了名言，並被收錄入畢希曼（Büchmann）所編輯的"名言佳句集"中。德國租借青島因時間上與德國提出艦隊成立法案不謀而合，故成為帝制德國艦隊政策的里程碑。

此陽光之鄉却命運多舛。一九一四年世界大戰甫爆發，日本即進兵山東半島，圍困青島。八週後，青島落入日本手中。當時死亡人數達一千八百人，受傷人數達四千人。凡爾賽和約將德國艦隊基地及所有特權皆劃歸日本所有。第一次世界大戰與盟軍並肩作戰的中國強烈抗議此種侮辱，中國國民大會並拒絕批准凡爾賽和約。在一九二二年華盛頓協定談判中，中國堅持日本歸還山東半島並放棄所有特權。中國立場最後終獲確認，使膠州灣前後只落入日本手中八年。我抵達青島時，此地已由中國治理十數載。

青島一度是德國人最鍾愛的殖民地，也是威廉二世所成立之艦隊威勢的象徵。代表帝制德國海軍的“科隆號”小艦隊即將在此靠岸。凡爾賽和約規定德國只能擁有六艘一萬噸以下之中型戰艦及六艘小型巡洋艦。不過，“科隆號”巡洋艦雖小，却配備有當時最完善的裝備。一些內行的英國海軍人士認為此艘“袖珍型戰艦”是技術上一大神奇傑作。

我搭乘“科隆號”返回上海，親身體驗了士兵們在海上進行炮台、瞭望台操作，魚雷射擊與防空等演習，以及此科技傑作的實際運轉情況。艦上輕鬆活潑，毫不嚴肅死板的氣氛，以及官兵間的和諧關係，讓我留下極深刻的印象。全艦成員皆為一時之選（這實應歸功於凡爾賽和約強制德國採行的募兵制。）。上海人對德國水手紀律的評價很高，非他國水手所能比擬；每天皆有醉臥路邊的美國水手，在紀律上更是無法與之同日而語。據聞，美國“岸上巡邏隊”每晚將爛醉如泥的水手帶回艦上，集體在甲板上接受毒打懲罰。

　　"科隆號"蒞臨上海訪問，使此間德僑欣喜若狂。他們像科隆人慶祝嘉年華會般地狂歡狂飲，德國貿易公司的業務也幾乎完全停頓。德僑家庭競相邀請水手們到家中作客。歡迎活動不斷，水手們馬不停蹄地四處參觀拜會。上海市市長、上海富紳、英國海軍軍官俱樂部、國際空軍退役戰士俱樂部等皆設宴接待。"科隆號"也在艦上舉辦一巨型宴會，邀請各國前線退役戰士及上海所有德僑參加，盛況非凡。

竹林假期

　　"科隆號"離開上海，德僑因思念故土而流露出的熱烈情緒也漸漸平息後，我偷得浮生半日閒，前往上海附近，松林茂盛的莫干山渡假。往昔唯享有"尋幽專家"美譽的傳教士在盛暑時節上莫干山避暑。後來上海富豪陸續在山上蓋鄉間別墅，莫干山始逐漸成爲休閒渡假勝地。一家著名的漢堡中國分公司負責人在山上擁有"山謐舍"，善意提供給我渡假之用，以消除"科隆號"數日訪問所帶來的疲憊。我欣然接受此邀請，藉以避開上海市內煉獄般的酷熱（冷氣機雖非革命性的發明，但却解決歐洲人在熱帶生活的一大困擾，可惜當時尙無此設備。）。

　　涼爽的"山謐舍"位於一不見盡頭的陡峭石階末端。我乘轎上山（此種登山方式實已失去運動意義，在中國却很普遍。），剛開始極不適應，就像初抵中國無法接受乘坐人力車一樣，手脚俐落的車夫拉車讓我有使牛喚馬的感覺；坐在轎子裏，一前一後的轎夫氣喘如牛，汗流夾背，我宛若一奴隸主子，深感不人道。轎夫若將所抬轎子推下山，我一點也不會訝異。但他們却從無此念。其報酬微薄得可憐，出於惻隱之心我主動提高報酬。接過錢時，他們笑了，不知是高興，還是取笑我是個不懂行情的門外漢。中國人的同情心和德國人不同。儘管中國人也懂西方傳教士所訓誡的愛人如己，却無法深植內心；根深蒂固的儒家思想所教誨的是家族之間無條件的絕對互助，出了家族之外則另當別論。

"山謐舍"是以德國巴伐利亞式建築風格建造而成,座落於幽靜的竹林內。此次渡假使我深深地愛上了竹子。竹子典雅、高尚;竹葉常青;竹身修長而光潔細緻,堪稱自然界中最美的植物。其他樹木相形之下像是個粗漢。中空有節的竹子尚有多種用途,可用以搭屋、築橋、作傢俱,可作管子、容器。竹筍含糖份,可食可入藥。據說將竹子磨成細粉末,摻入飯中,食後竹粉末會附著在腸子內,形成倒鉤,過些時日,人即魂歸西天,這是剷除異己,殺人不見血的秘方。

在竹林內的愜意假期因同事捎來我將被調往北平的信而告一段落。儘管山上空氣清新宜人,儘管"山謐舍"有網球場、游泳池等設備,既舒適又熱忱,我仍因這則令人興奮的消息而提早結束竹林假期,前往杭州。杭州是中國南方最珍貴的文化古都,位於莫干山附近。中國有句俗話"上有天堂,下有蘇杭"(蘇州是江蘇省一個都市,風景如畫。)。中國人嚮往杭州,就像歐洲人夢想有生之日能到威尼斯或佛羅倫斯一遊之心境。

杭州——南宋首都

十二、三世紀時,南宋(西元九六〇至一二七九年)曾建都杭州。愛好藝術的宋徽宗將杭州擴建為輝煌的大都會。若非馬可波羅(西元一二五四至一三二四年)曾到杭州遊歷,並以充滿仰慕之情的文筆將其經歷記載下來,後人恐無法得知當年杭州盛況。馬可波羅認為杭州是世界上最高貴、最富裕的城市。不管是城市的大小,人口的多寡,宮殿、廟寺及樓臺的輝煌燦爛,或公園、渠道及街道的規模，義大利無一城市能望其項背；此外，杭州街道的整潔亦是義大利城市所無法比擬的。

杭州位於遠近馳名、四面青山環繞的西湖湖畔，風景如詩如畫。西湖與錢塘江相通，而錢塘江又東流入海，故西湖隨著潮汐而漲退。杭州以絲茶聞名，杭州絲是中國最好的絲；杭州茶以龍井泉水沏泡，香醇無比。此外，杭州也因奇妙的自然景觀而聞名：晝夜等長時，會由海裏湧出達二十公尺高，宛若城牆的怒潮。此奇觀每年吸引成千上萬旅客前往觀賞。

杭州的絲、茶及怒潮若與充滿整個杭州的羅曼蒂克氣氛相較，則遜色許多。街道巷尾處處可聞的傳奇、童話及故事，歐洲人對此雖了解不多，但中國人則一代傳一代，耳熟能詳。中國人生活與歷史的聯繫雖遠比西方人深，但對歷史古蹟却絲毫不加維護，世世代代任其荒蕪頹敗。尤其是蔣介石執政期間，中國人更無歐洲人所謂的維護文物古蹟的觀念。但話又說回來，蔣介石因中國內亂不息，肩負著更重要的任務，實無餘力顧及古蹟的維護。令我訝異，也十分矛盾的現象是，中國共產黨政權儘管否定中國傳統，切斷歷史聯繫，著眼未來，却著手維護文化遺產，加強古物的挖掘，這可由其提供給世界各國作巡廻展覽的中國出土古文物看出端倪。

杭州給我的第一印象是任憑文物頹壞，髒亂而失修。但杭州是一充滿生氣魅力的城市，街道遊客川流不息，絲綢店舖顧客雲集；有人啜飲品嚐龍井茶，走訪佛寺道觀，參觀"杭州三英雄"古跡；也有人泛舟於荷花滿塘的西湖上，流覽詩人畫家一再吟詠作畫的杭州美景。

　　雖然處處人潮，但在杭州，遊客却不似今日的旅行團成員般，既無主見亦乏主動參與地隨著人潮波動。杭州各處名勝古蹟皆如此動人心絃，使遊客沈醉其中。舉例來說：紀念"杭州三英雄"之一的岳飛墓便是遊客必到之處。該墓位於一個小公園內，公園小徑中陳列著岳飛、岳飛夫人及其家屬的雕像。離此不遠另有二座銅像，臉孔經刻意醜化過，而將下半部埋於土中，並用鐵線纏繞著。遊客虔誠地向岳飛墓膜拜之後，接著到小銅像處，對著銅像吐口水，丟石頭，並以棍棒敲打。我甚至親眼看到一個小男孩對著銅像撒尿，來表達憎惡之情。這眞是世上罕見呀！我幸運地在茶館裏結識了一位能說南方方言及國語的大學生，他告訴我岳飛乃宋朝一位大將軍。十三世紀後期蒙古人（金）在忽必烈（金兀朮）領導下南侵中國，直逼長江。幸有岳飛率兵，將蒙古（金）人驅趕至黃河附近。其時宋高宗却突下詔召回岳飛，並以違逆聖旨而加以處死。此得歸咎弄臣秦檜奸計，蒙蔽宋高宗耳目，誣陷了岳飛。遊客所唾棄的銅像正是秦檜夫婦。雖事隔七百年，人們仍未忘記此一惡行。中國人這麼作是有道理的。蒙古人後來越過長江，征服中國南方，並以軍事獨裁統治中國近九十年（西元一二八〇至一三六八年）。

　　爲弄臣惡人立銅像的構思很獨特。爲何後人只知紀念英雄而忽略惡人的醜行呢？歐洲史上因其罪行而應立惡人碑的人物實在不可勝數。

　　杭州之行讓我初次眞正接觸到中國文化。此處既無歐洲人，也聽不到上海不雅的洋涇濱英語，完全得靠自己。在柏林所學的中國知識，如今終於派上用場，令我感到十分自豪。至此我才了解中國人思考方式，生活方式的不同，其本質的和善，以及自己深入了解中國文化獲益有多大。

由杭州回來，上海面目全非。在我遠行期間，颱風肆虐浙江沿岸。黃埔江水位上升，使"聯合"俱樂部多日來積水盈尺。然而颱風却也驅散了上海惱人又黏濕的燠熱。居民一反盛夏時睏倦、疲憊且緊張的神態，而變得神采奕奕，精神抖擻。見面時習慣握手的德國人——這點與英國人完全不同——在濕熱季節裏，腰帶上總繫著一條小手絹，便利握手前把手擦乾，這時也將"註冊商標"擱在家中。皮膚晒成古銅色的婦女和小孩子們也從青島、北戴河及日本海水浴場回到上海來。整個城市剎時像脫胎換骨似的。這時是上海最宜人的季節，運動不再是件累人的差事，週末亦可泛舟遊運河。此景像好似荷蘭——船夫緩緩撐篙，船悠閒地滑過如詩如畫的小村莊。週末郊遊最美好的事，莫過於在世代以來散落在田野間的古老墓丘旁野餐。（中國人不用墳場，墓地由地理師擇定。）

在此宜人季節，生活愜意之際，我終於接獲派駐北平的命令。北平是當時最令人嚮往的駐外單位之一。我對此雖感到無比的欣喜，却也捨不得離開上海。上海眞是當年世上獨一無二的城市，它的特殊筆墨難以貼切形容。它位於中國國土上，却不代表中國；它不是殖民地，却充滿殖民地風情；它不是一個國家，無國家元首、國會，也無政府官員的管理，行政上却有條不紊；上海因醜陋的鴉片戰爭而誕生，由藉藉無名之地躍升為亞洲最大港；上海到處充滿對比與和諧，堪稱商賈國度，頗有老威尼斯之風；它也是一個國際大城，其開放、兼容的世界主義特性，世上無任何城市可資比擬。

　　就某些角度而言，上海是人類人文精神文明的傑作。然一如所有人類的創作總不免有瑕疵，上海同時也是一個容易令人沈淪的城市。我帶著依依不捨之情，揮別上海。

北　平

　　"墨爾先生將住進雪茄盒。"陶德曼（Trautmann）使節在答覆北平總領事館的詢問時，作了以上的決定。"雪茄盒"是指位於德國使節團官邸僻靜角落的一個小屋，專門用來安頓團中年資最淺的成員。幾十年後，我參觀杜塞多夫市歌德博物館時意外發現博物館所陳列的歌德式庭院小屋，不管是大小或空間安排，皆和"雪茄盒"一模一樣；唯一不同的是僕人房間由浴室所取代。這到底純屬巧合？抑或建築師是位歌德迷？

德國外交使節館

　　德國外交使節館官邸規模宏偉，與他國使節館同位於外交使節區內。一九○○年夏天，義和團起義，其攻擊對象之一即是外交使節區，曾遭包圍達四週之久。駐紮在天津的外國艦隊倉促組成一支國際遠征軍，及時解救遭圍困的使節、家眷及二千名左右走避於此的中國基督徒。德國使節馮・克特勒（von Ketteler）不計個人生死，於義和團包圍期間毅然肩負起調解任務，不料在前往外交部途中遭義和團暴民謀殺身亡。威廉皇帝隨即派陸軍元帥瓦得西（Waldersee）伯爵率領一支獨立的遠征軍前往中國。然而遠征軍抵達北平時，外交人員已經獲救。瓦得西伯爵也因此被人誇張地戲稱為"世界元帥"。當軍隊在不來梅港登艦，準備出發時，威廉皇帝曾發表一篇離譜的致詞：

> 就像一千年前匈奴在阿提拉的率領
>
> 下贏得了使他們仍然據以保持
>
> 歷史傳統的榮譽一樣，希望你
>
> 們在中國耀武揚威，讓德國人
>
> 也同樣聲名遠播，流傳千年，
>
> 使任何一位中國人再也不敢斜
>
> 眼看任何一位德國人！

當年的外交部次長畢洛夫伯爵雖曾指示官方記錄刪去此句荒腔走
調的狂言，但一位當時攀登上港口倉庫屋頂採訪此消息的記者卻
已記錄下此段話，並發表於"不來梅訊"上。德皇欠缺周密考慮
之言因此曝光，遠征軍也因此在歷史上留名。國際輿論對"匈奴人"
一詞反應特別激烈，從此英國人每於德英雙方關係緊張時（尤其
是兩次大戰期間），即以"匈奴人"稱呼德國人，迄今不變。

　　義和團事變敉平後，列強在一九〇一年的辛丑議定書中要求
在位於北平中心的使節區四週築起保護圍牆，且使節區不再屬北
平市管轄，而形成一享有治外法權的特區。區內只有外交使節團，
幾家外國銀行及商店，中國人不准居住其中（中國職員除外）。
此外，各國外交使節團並成立警衛制度；警衛人員住在特殊營區
內。礙於凡爾賽和約規定，德國使節團卻無法享有此特權，而只
由官邸大門兩側的大理石獅子日夜守護著。

　　通過德國使館官邸堂皇的紅漆大門後，眼前展開了一條兩

旁古樹參天的林蔭大道，它位於一有專人細心照顧的公園內。公園寬闊，左側是官邸，是一排小別墅型的平房建築；右側是使館辦公室。使館成員的住家則分散在公園裏，職等愈高，房子愈大。前面描述的“雪茄盒”則旣小又隱蔽。公園正中央，矗立著一紀念遇害德國使節馮・克特勒的十字架。林蔭大道末端有一馬槽，每位使館成員及文書工作人員各擁有一至二匹馬。馬是蒙古種馬，馬鬃蓬亂，中型身軀，體性却強靭。成吉思汗便是以此種馬南征北討歐亞兩洲。

“雪茄盒”

分配給我的“雪茄盒”是用“帝國傢俱”佈置而成，不甚富有美感。我在古董店集中的古董區以實惠價格購買一些古董及地毯，按自己喜好來佈置，所以很快即適應新居。但最讓我生活舒適的，則是前任專員留下來的傭人：總管是一位正直、不苟言笑、經驗豐富的老先生，一九〇〇年即進入使館服務，說著一口可愛的洋涇濱德語。自我介紹時，他對我深深地叩頭，使我目瞪口呆，不知所措。另一位是臨時湊數的僕人，不久即遭我遣走。此外，還有一位精通德國烹飪的廚子；一位馬童，負責照料我後來才擁有的馬匹；一位負責粗活，另一位照顧車子的苦力；再加上一位負責洗衣服的女僕。此等用人的排場對一年輕人而言實在奢侈。使館方面却不以為然，理由是傭人各司其職：僕人無法負責苦力工作，苦力無法作馬童工作，而馬童則無法洗車。傭人們及其家眷住在“雪茄盒”後面的一個傭人住宅裏，並自行料理自己。當時中國幣值持續貶跌，所有佣人的總工資只比德國一位好佣人高出一些。但工資並非佣人們的唯一收入。他們主要靠“油水”過日子，即幫“主子”採購馬飼料、買菜時，抽取其中一部分費用。至於“油水”到底多少，沒有任何外國主子知曉，僅知可分“淨油水”以及“髒油水”兩種；後者純粹欺騙行為（我在北平期間卻從未經歷過此事），前者則是相約成俗，合法的抽取。此外，從年輕專員身上所抽取的“油水”一定有別於使節。中國佣人這種作法實在別富道義。其中年紀最長的僕人往往肥腰胖肚，可見其生活富裕，同時亦表示其身份地位（中國人絕不會將錢存放在一位乾乾瘦瘦的銀行家所開的銀行裏）。“油水”的秘密是德國女主人之間永遠談不完的話題。一位使館成員夫人甫從德國史瓦本邦來到北平，不甘接受此一不成文規定，毅然採取行動對付“欺騙行為”，親自出馬買菜。結局很慘：這位夫人因做了原由僕人負責的低賤工作而顏面盡失；其僕傭們也因女主人丟人現眼而臉上無光；再者僕人很快便探聽出這位夫人向誰買菜，聰明的菜販也早就將僕人該抽取的“油水”加入菜價內了。

在使館的職務

我以新進專員身份負責使節的私人秘書工作。由於時有館員借調至其他領事館代理職務，我亦得隨時負起其他部門工作。使節的私人秘書主要處理使節的所有社交活動，例如書信往來，外交公函，祝賀，弔唁及演講詞的撰寫；宴會與會議席位及外交禮賓事宜的安排等等。這些繁文縟節係外交例行公事中不可或缺的一環，每位新進人員皆必須學習，以期充分掌握個中技巧。非外交界人士總不屑於這些禮節，視之爲冗繁而不切實際。依我個人猜想，大概是因爲人們對此諸多禮節無法駕輕就熟，才持此卑視態度。一般人對一件事若無法掌握，最佳手段便是渺視它。我的職務不只局限於使館內 "芝麻綠豆大" 的小事，我同時身爲新聞發言人。此工作可平衡外交禮賓事宜，却必須充分掌握複雜多變的中國現況，以便每日向使節作簡報。使節團的一等口譯官每天提供給我中文剪報。此外尚有英文報紙，例如天津的 "全國日報"，及許多外國新聞社刊物也可提供消息。駐北平的外籍記者更是寶貴的資訊來源，例如與瑞士烏爾斯坦（Ullstein）報，日後也代表 "新蘇黎士報"（Neue Züricher Zeitung） 的特派記者華特•伯斯哈特（Walter Bosshard） 及德國通訊社特派記者赫伯特•米勒（Herbert Müller）以及其他國家使館工作人員的交往，對我助益良多。由於圈子小，彼此往來密切，融洽無比。新進人員有時甚至互相交換閱讀簡報稿，之後再呈給使節。

使節偶而下達特殊任務，派我至中國內地處理事務，這也是我的職務中最吸引人的一面。下一章節我將就一些有趣的特殊任務，加以描述。

特殊任務

蒙古之行

一九三五年六月，大使派我前往蒙古邊界上的張家口處理一貿易政策事務。途經景色單調的中國北方低地平原，接著進入花崗岩壁陡峭，峽谷風景如畫的南口山脈。南口山脈是中國北方低地平原與蒙古間的分界線。火車經過南口關隧道後，再行駛九個小時始抵達張家口。這段鐵路所經之地崎嶇難行，是中國人不藉外資外力自己築成的第一條鐵路，結構極具魄力。中國人對此成就頗為自豪，更以幾十年的時間將這段鐵路逐步擴建至蒙古，全程約一千七百公里長。隨著鐵路的擴建，中國農民佔下原由蒙古人墾殖的草原和田地，而將游牧的蒙古人逐漸趕向塞外。中國人利用鐵路的開通，像十九世紀北美及加拿大的開發一般，逐步將蒙古土地據為己有。

張家口是前往蒙古內陸及南部必經之地，十七世紀初由滿清所征服。外蒙及北蒙則在一世紀後始納入中國版圖。中國皇朝傾頹時，外蒙在俄軍支助下，於一九一二年宣布獨立。俄國一向覬覦外蒙，因外蒙是貝加爾湖與中國間最理想的緩衝區，退可防衛西伯利亞鐵路的核心路段不受攻擊，進可由此進犯中國北方。第一次世界大戰後及俄國布爾什維克革命期間，中國曾企圖收回外蒙。當時白俄男爵烏格恩——斯坦別格（Ungern-Sternberg）及其義勇軍退守外蒙，再度驅走中國人。布爾什維克主義者勢力鞏固後，於一九二一年重回政治舞臺，剷除烏格恩——斯坦別格將軍及其黨羽，並協助其一手扶植的蒙古人民革命黨奪取外蒙政權，從此外蒙落入俄國手中。一九二四年中俄雙方簽約，俄國承認中國對外蒙之主權；惟俄國非但未遵守承諾，甚至利用共產主義宣傳，滲透內蒙。

我抵達張家口時，當地政局正處於一觸即發的緊張狀態中。是時日本建立僞滿洲國，控制中國東北，並企圖侵佔內蒙，以期在中國與蘇聯之間建起保衞滿洲國的護闌。當時內蒙政情不穩，互相敵對的蒙古王侯、喇嘛及中國政府各自爲政，異常紊亂，給日本下手良機。軟弱的中國政府連遷居蒙古的漢人也無力保護。蒙古人則處境矛盾，他們旣痛恨以蠶食方式併吞土地的中國人，又因信仰喇嘛教而不願與無神論的共產主義有任何瓜葛，日本人則野心勃勃地窺伺著。無奈的蒙古人只能逃避現實，標榜蒙古光榮歷史地宣告：“成吉思汗將以他種形象再世，使韃靼人統治下的和平世界再現。”

張家口是一典型的邊界城。當地蒙古人大抵穿著皮靴，長袖袍型裙裝，戴皮帽。一身傳統打扮使得他們在眾多的中國人群中易於辨認。據聞貪婪的中國商人經常從生活在草原上的蒙古人身上騙取重利。在張家口我遍尋不著一家像樣的旅館；所幸德國渥斯特瓦克(Wostwag)公司負責人善意收留我。蘇聯一向不允許其他歐洲勢力進入此一地區，而渥斯特瓦克公司却獨得外蒙貿易代理權，以蓬勃業務幾乎完全控制了整個蒙古的貿易，誠屬不易。此公司

自蒙古輸出馬匹（當時張家口約有兩千隻蒙古種馬匹）、綿羊、
駱駝、羊毛、毛皮及特殊藥材等；並輸入中國茶葉、瓷器、蒙古
婦女穿戴所需之銀飾、棉布及各種日本廉價產品。由下列例子，
便可窺見此公司營業規模之一斑：僅在上半年，爲了運輸公司貨
品，商隊就動用了一萬六千隻駱駝。儘管如此，此公司的貿易却
採取道地的東方模式。例如：不久前，爲生意之需，公司曾在上
海找到一輛最大型別克轎車，送給一位蒙古侯爵，更以價值兩千
德國金幣的收音機贈予幾位喇嘛。公司方面告訴我，這項投資是
錯誤的，因爲喇嘛們一聽收音機發出聲響，認爲此木箱乃邪異之
物，紛紛用石頭砸，直到收音機不作聲始罷休。我不知他們是否
在開玩笑，但此事也絕非不可能，因爲此地就像大西部一般荒野，
對文明完全陌生。依我所見，此地唯一的樂趣，除了賺錢外，就
是喝酒了。

公司負責人爲了讓我認識蒙古，以全新汽車送我到兩百公里
外的內地參觀，途經優美又壯麗的山脈及草原高地，之後便進入
戈壁沙漠。

在張家口的短暫停留，雖只能以管窺天般地認識遼濶的蒙古
國度，但至少我對連中國人也感到陌生的蒙古有了粗略的了解。
蒙古在當時國際政治上爲兵家必爭之地，此塊遼濶的草原形同俄
國堡壘，在中蘇衝突中將具重要戰略意義。

一項艱鉅的使命

西安位於中國西北方，是陝西省省會。德國大使派我前往該

地處理一項特殊事務，因而有機會搭乘德中歐亞航空公司勇克斯
—52型飛機。歐亞航空公司甫成立，是中國的一大成就，主要由
德方提供經營計劃及財務支援。該公司擬在整個中國建立航線網。
中方雖一再要求由中國人擔任飛航任務，公司成立初期却完全由
德國駕駛負責飛航。在地勤組織未臻完善，中方未償清購置飛機
債務之前，德方不可能輕易地將造價昂貴的飛機交給中國自行管
理。

　　飛機飛越中國聖地，也是中華文化搖籃的黃河流域。史前時
代，由中亞吹來的沙經風雨及洪水作用，而在黃河支流——白河
與秦嶺之間形成黃土（是一種由沙、黏土及石英塵土混合而成的
土）。根據傳說，中國史前的帝王們曾在此建國，而早期幾位帝
王的陵寢也在此。由飛機上往下望，巨大的陵寢宛如小丘。中國
農民兩千年來小心翼翼地耕作，絲毫不敢損及陵寢。共產政權統
治期間，中國考古學者才開始挖掘陵墓。在舉世矚目的出土寶物
中，包括六千具秦始皇（西元前二五九～二一〇年）陪葬俑。秦
俑由陶土製成，人身等高，將士栩栩如生。近幾年秦俑在世界各
地巡迴展出，使世人有機會一睹古物風采。

　　由機艙往下望，一望無際，起伏崎嶇的黃土高原景色，像是
一曲黃色的偉大交響樂章。中國文化發源地的顏色，成為中國的
正色，真是其來有自；而中國人自視為黃帝子孫，亦有其淵源。
身處黃種中國人的發源地，實是一特殊的經驗。二十世紀的中國
黃帝——毛澤東——在長征後，退據於此地的黃土窰洞裏，並由
此奪下整個中國，使中國文化發源地在隨後的幾十年內又再度成
為中國的 "聖地"。這實是一大巧合！克勞斯 · 梅涅特（Klaus

Mehnert）在看過毛澤東一九三八～一九四三年這五年期 間的老
巢——延安——之後曾寫道："由西安往北,一直深入陝西山區,
這段十小時的車程給我一往聖地朝聖的感受。無數中國人前往延
安朝聖,許多人不辭辛勞從遠地徒步而來……。延安一事一物皆
已成為傳奇……。我在延安收集的風景明信片紀念冊,因之名為
〈延安——革命的聖地〉。"

中國史上許多朝代曾建都西安,在唐朝（西元六一八～九〇
六年）達極盛時期。成吉思汗之孫忽必烈建都北平後,西安漸漸
失去重要性,而今只為陝西省省會,徒留著宏偉城門、城牆及鐘
樓、大小雁塔以及其他古建築,似乎在述說著西安輝煌的歷史。

西安之行的任務是尋訪一位擔任林務顧問的德國人。我在中
國工作期間,南京政府為加速中國邁向現代化的腳步,聘用各國
顧問。其中一位是德國巴伐利亞林務廳廳長F.先生。F.君請求大
使派人至西安聽取他所遭遇的困境。

南京政府聘用林務專家前往西安黃土地帶工作的理由顯而易
見。在中國歷史上,黃河曾多次氾濫成災。夏天雨季時,河水以
驚人速度從山上沖向光禿禿的黃土地區,挾帶大量泥沙,造成淤
積。淤積情況尤以下游為甚,有一千公里以上的河段必須修築堤岸
加以保護,某些河段的堤岸甚至高達十公尺以上。歷代中國人試
著以巨型堤岸來治理黃河水患。但水壩經常決裂,使得廣大地區
的居民因而飽受洪澇之苦。一九三三年八月黃河再次決堤,三大
省份慘遭洪水肆虐,一萬八千人喪生,四百萬人無家可歸。據文
獻記載,黃河在過去二千年中決堤達一千八百二十八次,並造成
飢荒。三十年代中國人對一八五一年大水災的記憶仍十分深刻。

當時黃河改道，在山東南部的出海口向北移了五百公里，致使數百萬居民喪生。

根本解決黃河水患唯一可行之道是在它流經的黃土地區種植具水土保持功能的樹木。由於此計劃工程浩大，故聘請這位巴伐利亞林務專家前來西安坐鎮，協助推行初步實驗。F.君基於人道考慮，接下此一任務。他是一位理想主義者，盼以個人微薄貢獻，解除中華民族畏懼洪澇的夢魘。身為專家，他洞悉此項艱巨計劃在幾十年後始能達到預期成效，而他的工作也只不過是杯水車薪罷了！當我見到他時，他心灰意懶。在多次通宵達旦的長談中，他傾吐內心困擾。據他描述，他全力投入工作中，中國政府也配給他尚稱充足的工作人員。但培植幼林的實驗却全告失敗。原因是樹苗才長成幼木，立即被附近農民盜伐得一乾二淨，充當柴火燒了。在光禿禿的黃土地區，木材很珍貴。百姓却不了解植林意義，保護設施和守衛制度全都失靈，因為守護人員不是自身盜伐幼木，即是接受賄賂。這位林業專家在西安遭受挫折，與南京的中國籍上司關係又弄得十分惡劣。南京方面由一些歸國學人管事。很明顯的，這些人寄望F.君在西安的工作能創神蹟，胡亂下達不合理的命令，試圖以高傲的態度，來掩飾面對歐洲專家的自卑感。南京方面雖答應給F.君經費，有時却連薪水也無法如期支付，雙方因而經常發生磨擦，使得這位林業專家身心俱疲。F.君周圍多是中國人，西安幾位歐洲人的涵養又無法與其相提並論，雙方亦無來往。這些因素使他日益憎恨中國。再者，他過份看重自己的任務，視之為畢生一大使命。長期的合約又使他無法抽身。

當時年少的我，實在無法給一位身處困境的長者提供任何建議。我答應他，由使館出面向南京交涉。但此事頗棘手，畢竟這位林務廳廳長，並不在今日所謂開發援助計劃項目下前往中國工作；德國政府對此造林計劃也未提供任何經濟援助，頂多只參與工作人員的選拔；若對中國政府採取外交措施，可能造成負面影響。中國人對外國人極其敏感，很可能視之爲干涉中國內政。儘管如此，我仍答應F.君，和大使商量後，透過德國在南京辦事處與中方商討此事。

此外，我勸他不需過分看重這項任務，也不必有擔負重大使命的想法。南京政府勢力尚未鞏固，無法掌握中國西北，因此造林計劃在短期內亦難以完成。俟中央政府穩定後，始能提供必要支援，然而近期內無法期待。我理智地勸他擺脫排斥中國人的觀念，排斥中國人只會使他完全孤立；同時勸他試著深入了解中國文化；對歐洲人而言，中國文化也蘊藏著許多珍貴的寶藏。我很清楚應由北平使館提供給他建議比較合適，但這位林務專家仍萬分感激我長途跋涉，前來西安與他長談。他很高興終於有一位能彼此溝通的人可以傾訴。

與大使商量後，南京辦事處受託與中方交涉。至於此事是否處理，以及如何處理，我不得而知。這位獨居中國內陸的孤寂友人既未給我任何音信，也未兌現他曾答應到北平拜訪我的諾言。

有一天傳來了他自殺的消息。

四川之行

我和北平的一位大學教授交情甚篤。一日，此君突然被任命爲成都大學校長。德方與此大學素無聯繫，使館因此派我前往四川省會成都（四川省是中國最西邊的省份，界鄰西藏）。此行主要任務是希望藉著提供給該大學學生獎學金、德語課程及捐贈德文書籍等等措施，而與該所大學建立關係。

我搭乘歐亞航空公司飛機，飛過西安、秦嶺前往成都。此一甫通航的航線，對中國而言，別具劃時代意義。有史以來，東西走向的秦嶺一直像一道門閂般，將中國西南部及北部分隔開。一年前，乘馬騾所拖的拉車，取道秦嶺的軍用道路，仍需費時兩個月，始能抵達成都。通航後，則只需三個小時。

西安以南的黃土地區，由於當地農民害怕秦嶺山賊掠奪，村落型態十分特殊。粘土蓋成的小屋彼此緊鄰著，四週再以巨牆圍繞。這種小堡壘般的建築散佈各處，給人荒涼的感覺。這是居民爲求生存必須與盜賊、飢荒（幾千年來的水土流失，使黃土地區唯有雨季才能耕種；數月無雨更是尋常之事。）搏鬥的明證。

飛機不久即越過一望無際的中國西北。爲了飛越秦嶺山脈，配備有三個發動機的勇克斯型機須爬升到三千五百公尺上空。當天天氣晴朗，秦嶺的壯麗盡收眼底。太白山是秦嶺山脈的最高峰，高四千公尺。駕駛員很得意地說："歐亞號機飛行高度達四千公尺以上，因此在霧中也能飛行。"這位駕駛員曾飛過柏林—蘇黎士—義大利航線。比起飛越秦嶺，此航線的飛行誠易如反掌。

越過山脈後，眼前呈現出令人永難忘懷的景色。平原遼濶的四川省美如伊甸園，稻田連綿不斷，處處可見農夫正忙著插秧，以原始腳踏水車將水引向高處；或忙著以水牛犁鬆收成過的麥田（每年三播），準備種稻。和荒涼的黃土地帶相較，四川就像一幅充滿祥和喜樂的圖畫。

四川境內有四條河流——長江及其三條支流，幾個世紀以來被譽為中國的天府之國。有人稱四川是世界人口最稠密、土地最肥沃的地方，這得歸功於一千多年前李冰父子所築的都江堰運河灌溉系統。著名的地理學者馮‧利希特侯分男爵百年前曾在其"記中國之旅"一書中寫道："吾人無法想像在四週盡是崇山峻嶺，深處內陸，且與鄰近省份隔絕的四川省，生命竟是如此蓬勃，文化如此之高。蒙古人於十三世紀征服中國時，曾將四川夷為平地，並大規模屠殺四川居民。"

在我走訪四川前幾年，四川百姓再次遭受悲慘命運的試煉。清朝覆亡後，軍閥割據中國。富庶的天府之國吸引無數軍閥，在此擁地自肥，壓榨農民。有些軍閥甚至強迫百姓預繳稅金，預繳期最高曾達三十二年。四川內亂長達二十多年，無數生靈塗炭。

但亂事只要平息幾年，一切生機隨即復甦。這正是中國神秘之處。儒家思想深植農民內心，環境再惡劣，生活再困頓，皆不足影響其守護世代相襲的耕作田園的傳統。這也正是中華歷史文化綿延不斷的原因。

成都有兩位外籍人士（傳教士不在計算之列）：一位法國人及一位義大利人。我帶著給他們的介紹信，而在義大利籍的卡巴利爾（Cabalierer）先生處下榻。長期居住中國內陸的外國人，在物質生活不虞匱乏的情況下，皆能放任地發展自己的個性，而各具獨特風格。在中國內地旅行時，若梅瑟特‧茅涵（Somerset Maugham）筆下的這類人物經常浮現在我眼前。法籍醫生貝喬姆（Béchamps）博士就是一位"思想特立的紳士"。為脫離歐洲文

明，他周遊世界各國，曾長期居住非洲內陸及印度。十年前來到
成都，在成都市外蓋了一座宮殿式別墅，有公園、化驗室、游泳
池，並有三輛供訪客使用的汽車。爲避免當地官員及軍閥的騷擾，
他設法取得了法國榮譽領事頭銜，並宣稱此生再也不回到瘋人院
似的歐洲。他飼養許多動物，有猴子、鸚鵡及十九隻不同品種的
狗。他最寵愛的一隻狗獨享一間備有粉紅色純絲絨被子的房間。
此房緊鄰著鴉片房（他有吸食鴉片習慣，但極節制）。除了實驗
及偶而免費爲中國人——尤其是漂亮的中國女人——治療外，並
潛心研究佛學。他虔誠禮佛、茹素，並遵守戒律；而且博學多聞，
有法國人慣有的健談和風趣等特性。儘管如此，他對中國人的看
法却荒謬至極。他認爲中國人的道德遠不如塞內加爾人；對傳教
士更批評得體無完膚。有趣的是，他給人的整體印象却是：爲了
炫耀而滔滔不絕地高談闊論，已頗有東亞人之風。

　　另一位是接待我的卡巴利爾先生，他是四川省郵政局局長。
在我服務中國期間，外國人協助中國建立郵政管理制度，許多重
要地區的郵政局局長皆由外籍人士擔任。除了郵政之外，海運關
稅及鹽務行政亦掌握在外國人手中。而此三項業務也是當時能順
利運作的僅有行政制度。卡巴利爾先生年紀雖長，却仍充滿生趣。
成都生活單調而缺乏變化，他想盡各種方法排遣。然命運多舛，
上天安排他到中國最內地的成都工作；賜給他兩個兒子，一個陣
亡，另一個則死於肺結核；太太不願在中國忍受乏味無趣的日子，
離他而去。這位可憐的老先生因而孤寂地在成都獨渡晚年。他和
許多生活在中國內陸的外國人一樣，離群索居，對中國人亦乏好
感。他與貝喬姆博士雖個性迥異，却共同認爲中國人是上帝所創

造最狡詐、最不道德的民族。因此，只要有歐洲人前來成都，他就緊抓不放，殷勤接待。對他而言，任一國籍的歐洲人都意味著故鄉，即使訪客停留數週，也提供住宿。無訪客時，他便扭開收音機，盼望能接收到"羅馬之音"。他有一個房間擺滿了最新型的收音機，但却很少能收到故鄉之音。

抵達成都後，我隨即走訪成都大學校長。他是一位典型的現代中國人，曾留學美國，却深受儒家傳統影響。我在北平結識他時，他是北平一所大學的教授，並不特別傑出，靠關係而被擢升爲四川成都大學校長。四川省政府支付給他的薪水極其優渥，但他却利用職權，將原有的教授、秘書及職員全數解聘，而以北平的親朋好友取而代之。這位教授雖受過西方文明洗禮，却仍擺脫不了中國人一人得道，雞犬升天、濫用內親友朋的惡習。

撇開這些不談，他可說是一位親切、個性開放的學者。儘管他是美國式作風，却能採納我們的建議，讓我圓滿達成四川之行的任務，對大使有所交待。

登佛敎聖山——峨嵋山

前往四川之前，我徵得大使首肯，在成都公務處理完後，到附近峨嵋山渡假。我深知往後很難再有機會來膜拜中國佛教的最大聖地。

在此簡略介紹峨嵋山的意義：中國人對土地的感情無其他民族可相比擬，落葉歸根的觀念濃厚，更視大地爲力量與精神的泉源。亘古以來的敬山態度——尤其是對名山大嶽——便是與大地水乳交融的表現。中國有五大名山，各分佈於東、西、南、北及中部，中國人稱之爲 "聖山"。他們認爲在高山頂峰，了無俗世雜念，更接近天及神明。每年有數百萬中國人翻山越嶺，到山上廟宇朝拜。西元四世紀，佛教傳入中國，揉合中國傳統後，又樹立四座聖山，使中國境內聖山達九座之多。九乃智慧之象徵，老子道德經即以九爲基礎，計有九九八十一句慧言。

中國佛教聖山中，以峨嵋山最高，也最神聖。相傳騎坐白象的普賢菩薩曾在此山散落於巨樹高林裏的六十座寺廟中靜坐冥思，故被封爲聖山。而其最高峰則高達三千三百公尺，計有十二萬級階梯。

我和一位在貝喬姆博士處結識的年輕英國人一齊上峨嵋山。從成都至峨嵋山下尚有一段距離。貝喬姆提供汽車代步，讓我們免去許多旅途的困頓。爲配合四川特殊地理情況，此輛汽車特別改裝過，有露宿床舖，儲水容器及活動式鋼板等配備。四川農民爲灌溉稻田，四處掘渠。碰上此情況，此鋼板便可快速卸下，充當小橋。抵達一小村落後，道路變成小田埂，汽車無法再通行。我們在此住了一宿，第二天坐轎子上山。司機則留在村子裏等候。

我們來到小村落時，已是傍晚時分。時値春天，氣候宜人，很像德國夏天的黃昏。我提議到附近散散步。我們小心翼翼地走在田埂上，唯恐迷路，無法回到村子。農夫們並不理會陌生人來訪，或以水牛拖著木犁犁田，或彎腰插秧。水牛在及膝的水田中遲緩地前進——這眞是一幅和平安祥，毫不造作不安的圖畫。我不禁自問，這些大地之子雖然貧困，必須爲生存而艱苦奮鬥，然而是不是比永遠爲追逐世間假相幸福而永不知足的歐洲人更快樂

呢？與我同行的英國人也有同感，引用哲學家貝爾特蘭‧羅素
（Bertrand Russell）因見到中國農夫耕作，有感而發之言來表達其內
心感觸。"寧爲農夫，不爲美國百萬富翁。"幸福的泉源是知足，
中國傳統深植農民心中，使其穩重而祥和。反觀歐洲人，因缺乏
維繫精神的中心思想，內心永不得寧靜。不過話又說回來，由眼
前的寧靜來判斷人幸福與否，也許並不適當。記得尼采曾說過：
"你們應心存感激！人類發展至今，最大成就莫過於可以不必再
生活於時刻畏懼猛獸、野蠻人、魔鬼及惡夢的恐懼之中。"這番
話應是西方文明的最佳辯護。依我淺見，除此之外，瘟疫及黑死
病的絕跡也是人類的成就之一。登峨嵋山雖不似想像中艱難，却
也夠吃力的。峨嵋山雖高，却像原始叢林一般，到處皆是奇樹異
木。有一種灌木尤其奇特，樹枝無葉，樹皮上覆蓋著一層白色薄
膜，給人陰森恐怖之感。

　　沿路我們在寺廟裏寄住三宿，最後一夜則在峨嵋山頂渡過。
由此可遠眺西藏雪山，其中以崑崙山景緻最吸引人。

　　峨嵋山充滿肅穆虔敬氣氛，絡繹不絕的朝聖者喃喃地上香祝
禱，下榻的香客彼此熱絡的寒喧，廻盪在蒼鬱的樹林裏。由此眺
望，四川紅土平原盡收眼底——這種種體驗，使我們忘却攀登峨
嵋山的疲憊。帶著充實而愉悅的心情，我們回到山下小村落。

北平市

　　現在讓我來談談我的新工作地點——北平。北平無法以三言
兩語道盡，單是舉世無雙的建築就值得大書特書。北平位於中國
北部平原上，西面約二十公里外是一山脈，冬天爲皓雪所覆蓋。
此地原爲一巨型軍隊營區，呈正方型，四週由十三公尺高，三十
六公里長的城牆保護著；城牆寬得足夠讓四輛馬車並列奔馳。全
市計有十三座堡壘式的宏偉城門，高聳於城牆之上。川流不息的
行人、騎馬者、人力車、轎子、運載車、兩輪馬車及駱駝商隊行
經城門，有如穿過針眼般地擁擠。北平四週由城牆圍成一正方形；
一道東西橫跨的城牆將北平市一分爲二：北區——即所謂的韃靼
人區，征服中國的蒙古人及滿人聚居在此——及中國人居住的南
區。韃靼人區的核心是四週築有深廣護城河及紅色城牆的京城，
其內即是皇帝居住的紫禁城。紫禁城四週亦由城牆保護著。至於
由層層護牆包圍的外國使節團區在北平市內亦佔有特殊的一隅。
北平是南北走向的棋盤式結構，最大的特色是狹窄卻各具風情的
矩陣形胡同。中國人習慣以東西南北向表示左右，因此我得學著
適應，才能與僕人溝通，指揮移動桌椅。

　　城牆重重的北平，處處皆是無價的寶藏。韃靼人區內的京城，
更是世所罕見的文化古蹟。其中，天壇的和諧氣氛，在在使具美
學素養的訪客讚嘆不已。中國人認爲天壇是大地的中心點，天子
每年在此祭天。在北平也幾乎可見到東亞各種宗教信仰的建築，

有孔廟、道觀、佛寺、喇嘛廟、清眞寺，也有教堂。政府並未妥
善維護這些曠世古蹟，甚至任其荒廢、頹敗。這也難怪，百年來
中國內亂不休，中國北方遭日本嚴重威脅。蔣介石爲防止日本侵
佔中國古物，曾下令將最具價值的國寶裝成六千箱，運往中國南
方。一九四九年蔣介石退守臺灣時，原封未動的六千箱古物也隨
之轉運臺灣，使世人在臺北國立故宮博物館，得以見到中國珍貴
寶藏。

　　北平無其他通商口岸繁忙的商業氣息，正因此一冷清寂寥氣
氛，使人更能眞切地感受思古幽情，外國人則宛如置身夢境一
般。

　　毛澤東執政以來，大事摧毀古建築，昔日北平風貌因此式微。
原爲北平最大特徵的偉岸城牆如今大部分遭到拆除命運。即使美
侖美奐的城門也難逃鋤尖的刼數，使北京在中國北方平原上黯然
失色。取而代之的是處處可見的莫斯科式灰暗色調，醜陋單調的
建築、辦公大樓、黨部大樓及群衆遊行大道。天安門是少數倖存
的城門之一，位於天安門廣場北面。廣場四週有人民大會堂、博
物館及紀念一九七六年逝世的毛澤東紀念館。北京今日是中國命
脈所繫，大體上已現代化，部分更已工業化。昔日的迷人街道，
如今盡是脚踏車潮。有人以“螞蟻群”來比喻此擁擠的人潮，似
乎並不誇張。在北平倖存的古蹟中，凡具有宗教意義的，皆已了
無生氣，名存實亡了。昔日孔廟內有一朱紅色、供春秋祭孔用的
漆板，並列有各朝代著名儒家學者名碑，如今孔廟內已空無一物。
當年香客絡繹不絕的喇嘛廟，已不再舉行喇嘛教儀式；吸引遊客的
年度盛事——驅魔舞祭，也遭禁止。舊日的外國使節特區更遭到

遷址命運。今日的各國大使館在北京城外，位於機場附近的特別劃定區內。原德國大使官邸已改爲中國國家賓館。守護德國使館的兩隻大理石獅，則被移至東德大使館，神情哀傷。

今日遊覽北京，依然可見到中國帝王時代所遺留下來的輝煌歷史，如紫禁城、京城、天壇、夏宮、明陵及其他許多古蹟：但北平時代的氣勢，外交使節人員及外國人士往昔在北平的生活情況，却已無迹可尋。

使館區內的外交人員天地

一九二八年，國民政府以遠在北平一千里外的南京爲中華民國首都。但各國却仍將大使館留在北平，而只在南京設立辦事處。這眞是荒謬。蔣介石並將北京易名爲北平；事實上中國北方因日本在東北興風作浪，根本無和平可言。

各國外交人員對此却很滿意，因爲遠離中國政府所在地，即意味著遠離世界政治的氣象臺，工作負擔也相對著減輕。使節團特區復以高牆隔離中國人，不至受到干擾。他們的社交中心是"北平俱樂部"；此俱樂部深具英國古典風格，因此門上理所當然地懸掛著 "祇准紳士進入"（For Gentlemen Only）的牌子。俱樂部內並設有游泳池及網球場。丹妮艾勒·瓦瑞（Daniele Varé）所著的 "外交人員的天堂" 以及安·比琍菊（Ann Bridge）所著的"北平野餐"兩書，曾詳盡地描述了當時外交人員在北平的逍遙生活。喜愛中國藝品者更可在北平西南方的古董區巷道內選購古董，爲其生活增色不少。中國這永不涸絕的文化泉源，在數千年的歷史中創造了無以計數的絕世珍品。在古董區裏有琳瑯滿目的瓷器、錦緞、絲質刺繡品、玉器、象牙製品、銅器、畫軸、銅製及木製佛像、菩薩、羅漢及地毯等等。其中當然也有低級藝品及現代的舊貨。因此，購買古董需要經驗與靈感。有時曠世珍品藏在昏暗角落，沾滿灰塵，連古董商也不識貨。由於藝品種類繁多，必須選擇專精某一項目，才懂得如何與古董商議價，並購得上品。我雖心儀中國舊瓷器，但外交人員的"遊牧式"生活却不適合此項雅好。況且打包瓷器需要極度的耐心及特別的技巧，並非每個人都能像中國人一樣，以一層又一層的稻草包裝，即使從高樓上掉下來也不怕破損；古銅器則價格高昂，唯大使級薪水能負擔，因此無法列入收集對象。權宜之後，我決定專事收集地毯。對此決定，我終身未後悔。中國人與西方人一樣，很早即使用桌椅，因此地毯並非典型中國藝術。有人認為桌、椅及櫃子，是由古羅馬帝國經絲路傳入中國。這種猜測不無道理。其他東方民族都是坐在墊席或地毯上，桌子則是茶几型矮桌。中國人後來雖也編織地毯，却以模仿古絲織品圖案為主，且大部分作裝飾之用。我選擇產自中亞，即新疆省，薩馬爾干或甘肅的地毯。我收集地毯的消息不脛而走。下班回到"雪茄盒"時，經常有一群地毯商守候在門口。我的僕侍及其他使節團成員的僕侍們圍繞著他們品論地毯，並模仿我以水沾指來鑑定色澤；若因此而脫色，即表示該地毯是新的，是以當時尚未臻完美的苯胺色料製造的。若不脫色，地毯即通過第一關鑑定。僕侍們當然希望他們的"主子"購買地毯，好照慣例抽取"油水"。我在北平期間，"雪茄盒"已成為一小型地毯博物館，吸引不少愛好者前來參觀。第二次世界大戰却摧毀了這些收集，僅一小部分倖免於難。

　　當時外交人員生活如此逍遙自在，實非今日所能想像，加上中國北方的大陸型乾燥氣候，使當地起居更加舒適。初秋與初夏之間的天空一片蔚藍，只偶而有冷鋒來襲及大風沙。北平風沙來自戈壁沙漠，有時很煩人，尤讓女性特別感到困擾。七月雨季開始，溫度不遜於熱帶地區。外交人員多無法忍受這種濕熱，因此六月底九月初期間，使節團的活動一向移往北戴河辦事處。離辦事處二十公里處有一海水浴場，全長達五千多公里的中國長城由此拔地而起，綿延於中國西北山脈中。

避暑勝地——北戴河

　　傳教士對北戴河的發現貢獻至大；神職人員們顯然也認為氣候涼爽之地更宜於傳福音。他們選擇中國風景最幽美，氣候最宜人的地點為傳教中心，設立避暑勝地，其他外國人士也起而效尤，湧向該處避暑。中國許多大城市附近的避暑勝地多因此誕生，如上海附近的莫干山，漢口附近的牯嶺休憩中心，以及北平、天津附近的北戴河等。（去夏我便在莫干山上的"山謐居"避暑。）說北戴河位於北平附近並不準確。從北平至北戴河，搭乘中途不靠站的快車，也得花上十個鐘頭的時間，上午八點至下午六點。當然比起遼闊中國，這點距離算不了什麼，可說是小巫見大巫。

　　北戴河東臨海水蔚藍的黃海，海灘寬闊，附近別墅林立，經驗豐富的環球旅遊者稱之為世上最美的海灘。北戴河四週有蒼鬱的山脈環繞，山上林蔭小道也宜於散步。此一幽美環境得歸功於

德國人。第一次世界大戰之前，駐紮在北平與天津的德軍前往北
戴河避暑，並在該地種植松樹。待松樹逐漸長成茂密的松林，北
戴河即別具特色。青島情況亦然。青島及北戴河距歐洲十分遙遠，
却因德軍而成為著名的渡假勝地，至今仍為中國人最喜愛的海水
浴場，細想實在很有趣。

列強派駐中國的使館各自擁有海灘及土地。使館成員即在
該地小別墅下榻；大使則擁有官邸。使館在北戴河的工作量通
常侷限於最低限度，一般例行公事由留在北平值勤的人員負責處
理。須由使節親自處理者，始轉呈北戴河。除了處理日常信件，
每天早上陪使節騎馬，與其他國家外交人員的妻女打網球，計劃
郊遊諸事之外，我便倘佯於北戴河海灘上。以下特摘錄當年日記，
藉以描述當時郊遊的情景。

北戴河，一九三四年七月廿八日

上週日我們前往北戴河附近的山海關郊遊。山海關是中國靠
海的一個小城，因長城肇始於此而聞名。舊時，長城直接銜接著
海，今日海與長城之間則隔著一片冲積地，昔日雄偉之勢不再。

約一小時的火車行程後，我們抵達了山海關。剛踏進這個風
沙滾滾的城鎮，大批吆喝不停的趕騾人就立即圍上來，不是把騾鞭
強塞到我們手中，便是塞入口袋中。按此地慣例，拿了騾鞭即須
租騾。三餐難濟的趕騾人好不容易逮到歐洲人來訪的機會，當然
希望大賺一筆。我們用盡了所有中國惡毒的粗話，及歐洲人的防
衛術，仍無法擺脫糾纏，只好三十六計，走為上策，趕緊抱頭鼠
竄，逃到附近一家鐵路旅館避難。這旅館實際上是一家由希臘人

經營的酒館。我們找了一位中國人代爲租騾；他拿起鞭子，對空抽擊，趕騾人瞬時靜了下來，他則從中挑選幾隻情況較好的騾子。這似乎是典型的中國交易方式，對我們而言，却非愉快的經驗。

騎騾行走四小時後，我們終於到達目的地——一座位於高山上，緊鄰長城的寺院。這種駱駝商隊式的登山方法（我們一行七位歐洲人——包括德國使節夫人，北平一位二十八歲的德籍神父及其他使館成員——此外還有侍從及趕騾人。），實在很有趣；不過路途却也有些困頓；除了須渡河外，崎嶇山間小徑也只有騾子能勝任。騾子的耐心與靈巧眞令人讚嘆不已。我個人認爲騾子比馬聰明多了。

在寺院用過豐盛的早餐後，年輕的同行者徒步穿越茂密的灌木叢，踩著鵝卵石來到河谷游泳。河谷傍著山崖，上有一崖洞，只能靠梯子攀爬進出。洞內住著一位隱士。我們在河谷等候其他乘騾下山的同伴。中午休息幾個小時後再度上路，三個小時後又回到山海關。在鐵路旅館稍事休息，接著乘人力車到海邊。在一個小時的行程中，車夫馬不停蹄地拉車。一到海邊，我們如釋重負地跳入海裏戲水。

午夜十二點，我們回到北戴河。雖然疲憊，心情却很愉快。

在北戴河我以使節副官的身份過著舒適逍遙的生活。雖然因工作需要而得回到北平，但我並未因此而感遺憾。夏天的北平幾乎是死寂的。但因留守北平的外交人員不多，彼此的關係也更加親近，我也因而結識了不少知己良友。

北平上空的烏雲

　　一九三三年希特勒奪取政權，使北平的德國人也不免憂心忡忡。但他國外交人員對此並不十分關切。歐洲畢竟偏遠，他們只關心美國民主黨羅斯福當選總統，及其上任後（羅斯福與希特勒同時上任）是否履行競選時所立下的承諾:為美國人民推行新政。德國人本身對德國政局的變化並不十分悲觀，一般認為希特勒只不過是一段不愉快的小插曲，不會持久（洛姆政變試圖推翻希特勒即是一最佳證明）。歷史經驗也告訴我們："革命總是吞噬自己的子女。"但這些想法却未全部應驗在希特勒身上。外交部所持原則是：儘可能與德國法西斯政權保持距離，堅守自身立場，而等候風暴過境。由於德國信件須經檢查，德僑很難洞悉國內實況。一九三三年梵蒂岡與德國簽訂協定；一九三四年義、德、英、法簽訂四強公約；同年希特勒又與波蘭簽訂互不侵犯條約；一九三五年英國承認希特勒政權為合法政府，而與其簽訂艦隊協定，給予德國組織海軍之權，此支海軍相當於英國海軍百分之三十五的威力。

　　接著希特勒政權勢力便逐步伸入外交圈。所謂"黨內外國組織"在世界各重要據點設立地區小組，直屬駐該國辦事處負責人管轄。希特勒執政期間，地區小組形同德國駐外單位的洪水猛獸。外國組織負責人伯勒（Bohle）以次長身份駐進外交部後，外國地區小組更變本加厲。外國地區小組組長從此嚴格監視駐外單位的所有成員，隨時呈報柏林總部，使人人談虎色變。

上海地區小組核心成員是一群遭公司解聘的年輕小伙子。其首起英雄事蹟是拆卸上海總領事館門牌及德國紅—黑—黃色國旗。總領事館所存國旗用罄之後，代理總領事事務的貝連特（Behrendt）領事雇用一位畫家，每日在旗桿上畫上國旗顏色。此權宜之計雖然不錯，但終非長久之計。北平的德國人圈子很小，只有德亞銀行、德國醫院及一所小規模德國學校的職員，一位德國神父，一位藥劑師以及幾位德商。而德國俱樂部也不大，因此彼此之間皆熟識。

一日，突然出現一位陌生的德國人，自稱在北平作馬匹生意，馬則購自蒙古。不久即傳說這位來路不明的德國人，是北平新任地區小組組長。事實上因爲北平德僑圈子小，監視工作很難進行。因此這位組長即要脅使館內所有成員，上自使節下至最小職員，都加入希特勒政黨，否則就得走路。陶德曼大使是自由派人士，爲擺脫騷擾，將所有成員登記入黨。如此一來，地區小組便歸大使管轄，騷擾也從此中止。這位身份不明的老兄不久便消聲匿跡，從此未再露臉。據我猜測，他也了解自己的所作所爲，無聊至極。有人則認爲他居心叵測。後來柏林方面下令停止吸收黨員，整個事情便無限期擱置，此風波也暫告停息。

北平的呼喚

希特勒執政期間有不少德國人走避北平。使館不分血統，一視同仁地接待。其中一位是魄勞特（Plaut），原是沃爾伏（Wolff）電報公司代表，因血統關係遭革職。我與他交情甚篤。陶德曼先

生以魄勞特居住中國多年，對中國認識豐富爲由，動用預備基金
資助他。他對中國藝術涉獵頗深，從此便以藝品買賣爲業，也成
爲我收集古董的最佳顧問。

　　人們認爲北平像黏膠，不僅吸引德國移民，也使各色各樣人
士嚮往不已。除了各國外交人員之外，尚有爲數頗多的外國人，
視北平爲其精神故鄉，並在此長期居留，如畫家、詩人、小說家、
收藏家、記者以及厭倦西方文明的“出世者”。其中幾位在北平
的大學講學，例如著名漢學家理查·威廉（Richard Wilhelm）之子
（此君紹承父志，日後亦成爲著名漢學家）及理希諾斯基（Lich-
nowsky）女伯爵；後者是第一次世界大戰前後德國駐倫敦大使之
女，在北平講述亞理士多德。另一位著名的德國“出世者”是溫
謙茲·琿豪仁（Vincenz Hundhausen），原在柏林從事律師工作，爲
處理一宗遺產案件而到北平，却深深爲北平的氣韻所吸引，放棄
原職，隱居在北平城牆外一人造“小島”上，潛心翻譯中國小說
及詩詞，偶而邀請友朋前往他遍植白楊木的“小島”上作客。一
般社交圈中罕見的名士派人物也在其訪客之列。

　　琿豪仁老死中國，是少數未因共產政權而離開中國的怪傑之
一。中共沒收其財產，只留下頹舊的房舍供他使用。印度大使潘
尼卡（Panikkar）於一九四八年至一九五二年期間出使中國，歷經
國民黨及共產黨政權。在“出使兩個中國的大使”一書中，潘尼
卡如此描述琿豪仁：

　　他雖獨自生活，意志却很堅強，思路也十分清晰。雖已七十
　　五高齡，却仍神采奕奕；一百九十公分的高壯身軀，依然挺

直不屈，絲毫不失普魯士之風。獅子般的頭及冷靜的神色，
睥睨塵世。廚房僕人只工作半天，他將基本需求降至最低限
度，知足而安祥。一日下午我登門拜訪。據他敘述已有八個
星期無人前來造訪。房舍破舊不堪，樓梯和屋頂隨時可能倒
塌。屋內堆滿數千本德、俄、法、英及中文書籍，連轉身都
不容易。其中還有完整的首版伏爾泰全集和德國古典作家全
集，部分甚至是精裝本。除此之外，尚有歐洲及中國詩詞、
戲劇以及哲學方面的書籍。屋內雖髒亂，但與琿豪仁先生交
談總讓我感到耳目一新。他是智慧的化身，畢生與偏見和迷
信對抗，從容而客觀。他自己釀酒，身著長袍，吃中國菜，
對世界上的一切都不感興趣。

美國記者艾得格‧斯諾眞不愧是一位名記者，在中國共產黨
被逐出中國南方，於西北另建新據點時，他就從北平冒著極大危
險與中國共產黨搭上線。當時誰也未料到共產專政有朝一日會在
北平登基。那時讓各國外交人員不安的，旣非共產黨，也非日本
人，而是不斷施加壓力，要求各大使館遷至其政府所在地——南
京的蔣介石委員長。各國外交單位以蔣介石政權尙未鞏固，不應冒
然遷往南京；且南京因太平天國之亂（一八五○～一八六四年）
全遭破壞，當時正在復建之中，無力完全安頓外交人員爲藉口，一
再搪塞本國政府，致使遷館計劃延宕多年。南京位於長江流域，
氣候濕熱，基本建設落後。過慣北平舒適生活的外交人員，自然
無意遷往該地。 "苦幹踏實的德國人" 一向不重視生活的舒適，
排除眾議，而將一九三五年與其他使節團同時升格的大使館遷往

南京，而以北平爲聯絡處。此舉雖引起公憤，然其他國家也別無選擇，只得跟著遷館。

德國大使館成立一工作小組，由使館參議費雪（Fischer）先生負責主持，前往南京籌備遷館事宜，我也是小組成員之一。北平及北戴河的日子儘管逍遙如神仙，但我也希望認識中國最新、最眞實的一面，因此樂意調往南京。上海是外國人的中國，北平是歷史的中國，而南京則是當時中國的政治中心。此外，我捫心自忖，使節團愜意的日子總有譜下句點的一天，成員也遲早要被調往領事館。領事館內工作儘管變化多端而不致於單調，却因照顧德僑的任務而失色不少。儘管德僑中也不乏親切可愛者，但絕大多數却與文化脫了節——他們既對周遭的中國文化保持距離，也與歐洲的精神連繫斷了線——這應驗了侯洛茲（Horaz）的話：“橫渡大洋者事實上只是天空易位，精神則不變。”

大體而言，德國其他領事館與上海總領事館事務大同小異。天津總領事館即是一例。任職北平時，我經常到天津出差。該地生活亦稱便利舒適，其中最值得一提的是國際俱樂部，各種豪華設備應有盡有：大型舞廳、每日演出的高水準演奏團體、各式酒吧、大型游泳池、三十個網球場、高爾夫球場以及長達數公里的馬道。總之，外國人在中國境內的運動休閒所需，在此應有盡有。冬天最受歡迎的活動是乘冰橇遊運河。遊客坐在冰橇上（就像坐沙發一樣），苦力站在冰橇後面撐篙。這種遊河方式非常浪漫，若能携伴同遊，更是一大享受。乘客以毛毯裹身，一點都不覺得冷。

儘管各領事館皆有其吸引人之處，我却選擇南京，希望藉此深入認識中國的政治狀況。

　　爲讓讀者對多彩多姿的中國有更進一步的了解，我想在下一章節敍述我的中國南方之旅及熱河之行。

暢 遊 中 國

南方之旅

遊孔子故居

我外出已一星期了。行程皆按計劃進行。由北平出發，我首先前往陝西省省會西安拜會該地領事S.先生。可憐的S.先生在此任職已逾十載。西安雖是個大城市，但位居中國內陸，偏遠而單調。唯一可堪慰藉的是領事館美侖美奐，庭院寬敞。S.夫婦在鄉間成長，年輕時學會庭園藝術；此嗜好在西安得以發揮，爲生活增色不少。

此外，我在西安並與波茲坦卸任行政首長W.傑尼科(W. Jae-nicke)會晤。我是在北平期間結識了傑尼科，他是威瑪共和時代三十四位普魯士行政首長中最傑出的人物。三十八歲即擔任布列斯勞（Breslau）行政首長。一九一九年至一九三〇年期間負責斯列吉恩（Schlesien）行政首長工作。當時凡爾賽和約要求威瑪共和國割讓斯列吉恩部分領土，鄰界波蘭的下斯列吉恩地區也連帶受到威脅，情況十分艱難。一九三〇年傑尼科接掌威瑪共和國末期最棘手的行政區——波茲坦——首長一職；一九三三年受國聯組織之託前往中國，擔任蔣介石"中國行政改革"的顧問。

　　我抵達西安時，傑尼科正向陝西省省主席提出全盤更新舊有省政結構的計劃；原有行政系統已完全混亂無章。傑尼科博學多聞，待人親切。

　　三月八日星期五，傑尼科夫婦和我一行三人前往兗州拜訪一數十年來由苦行僧教派傳教士主持的傳教團。兗州是津浦鐵路線上的一個小城。在典型的中國城市裡看到一座漂亮的西式天主教教堂，這感受很奇特。傳教士在教堂四週蓋了許多建築，有一所可容納數百名中國兒童的學校、印刷廠及北德西伐利亞式農莊等等。兗州是苦行僧教派在山東省的主教公署所在及傳教中心。山東約有一百五十名苦行僧教派傳教士，其中四十人在兗州。我們走訪了赫寧豪斯（Henninghaus）主教——一位蓄著白色長鬚，幽默而又令人崇敬的長者——並轉達了使節的問候。主教在兗州已逾五十年，當中只返歐兩次。所有傳教士皆終身留在兗州，已適應中國的日子。在修道院內傳教士們宛如置身故鄉，過著讓某些歐洲人羨慕的寧靜生活。傳教士們各有不同嗜好。其中一位特別親切的傳教士精通攝影，擁有最新的攝影器材及書籍；他的房間也充當暗房，擺設典雅，真可作為拍攝浮士德房間之用。

　　和中國其他地區一樣，山東省的傳教工作成效也不大。但天主教教會並未因此而氣餒或急躁。傳教團照顧的中國小孩，大多數是女孩，被父母拋棄，置於傳教團門口。依照中國人的傳統觀念，只有男性能祭祖繼承。中國女性若無法生下男嬰傳宗接代，得忍受社會的責備。被現實所逼而不得不拋棄女嬰的母親相信：在傳教團內孩子會受到照料；而傳教士們不費吹灰之力便能獲得信徒，亦欣然接納棄嬰。兗州附近有一痲瘋醫療中心，由三位修女負責照顧病患。修女們大多出於自願，終生在此獻身於此工作。其中一位在中心工作已達十五年之久，從未被感染。這些傳教士的奉獻精神實在讓我敬佩不已。

次日清晨，我們前往曲阜參觀孔廟。曲阜為孔子故居。整個孔子紀念區佔地約有紫禁城大小。孔子墓則在曲阜縣城外，孔家及嫡傳後代仍居住在曲阜（孔子卒於西元前四七九年）。

透過傑尼科的人際關係，我們蒙孔子第七十五代孫的接見。此君當年十六歲；接見儀式全按中國古禮進行，包括許多禮節及茶道，並得不停地打躬作揖。我們只與負責教育、照顧此君的人員交談，孔本身則完全聽任安排。為登泰山，當天下午我們繼續前往泰安。泰山是中國著名聖山，泰安則位於泰山下，是一未受歐洲文化影響的中國古城。此行收穫良多。

泰　山

星期一我們攀登一千六百公尺高，由平原拔地而起的泰山。上山有一座寺廟，視野遼濶，景致優美。事實上此行不能稱之為“攀登”，因為我們和大部分的中國人一樣，是坐轎上山，而未接受約有六千六百級階梯的挑戰。轎夫在六小時的路途中，很少歇脚，令我嘖嘖稱奇。而且轎夫們需索不多，對上山六小時，下山三小時只折合三個德國金幣的酬勞已很滿意。攀登泰山的遊客絡繹不絕，沿途乞丐成群，非畸型卽病弱，讓人不忍卒睹。山上並有大小寺廟存放珍貴文物，碑林更是不計其數。此次經歷在我心中留下極深刻的印象。

當天我搭乘夜車前往青島。"科隆號"巡洋艦來訪時我已來過此地。當地濃郁的德國風味在在令我感到新奇。由建築風格，德商公司招牌及潔淨的公共設施都可看出德國交還青島雖已有二十年之久，其影響及精神却仍持久不斷。青島在第一次世界大戰後仍繼續發展。第一次世界大戰期間及戰後幾年，日本人曾佔領青島；為保持其現況，並投入許多心血及金錢。日後中國人也努力保護德國人留下的珍貴遺產。中國人對祖先所遺留的文化寶藏一向不重視維護；但若讓人笑話無力管理歐洲人留下的文化成果，却會感到顏面無光。

由青島轉往香港

"庫爾莫蘭"（Kulmerland）輪上，一九三五年三月十九日

週日晚上我上了德國汽輪"庫爾莫蘭"輪，如果不下船，便可回到漢堡。多年以來我首次重返德國人圈子中；在船上聽的是德語，吃的是德國食物，喝的是德國啤酒，反而覺得有些奇特。我這也才體會到德國食物多不易消化，很難在短短幾天內調適。

在上海的二日停留，再度給我留下深刻的印象。上海實在是一與衆不同的城市。在停留期間我拜訪了許多朋友。貝連特領事（新任總領事一直未抵上海）接見了我，並邀請所有朋友作陪，讓我感動不已。

在汽輪上我閱讀安比琍菊的"北平野餐"。很奇妙地，此書讓我想念起北平。這實在不是很可喜的現象，因為一般人對北平

的認識只止於各國外交人員集聚一堂的生活；而我在北平的生活
圈子主要也只侷限於此。不過，北平的社交生活雖膚淺，却能結
識各國人士，彼此交情匪淺，實也受益良多。對我的職務而言，
這點具有重要意義。"北平野餐"本身的文學價值儘管不高，但
我對書中所描述的一景一物和許多人物皆如數家珍般地熟悉，因
此讀起來倍感津津有味。

葡萄牙殖民地——澳門

澳門，一九三五年三月二十三日

　　我為澳門所深深吸引，捨不得馬上離開，當下決定多停留幾
日。我走訪了德國駐香港領事G.先生，和他一起在香港德國俱樂
部用午餐。香港的美是世界港都中數一數二的，我再度為它所懾
服。英國人在碧綠的山上建房子和別墅，遠遠望去像是玩具盒，
整個景致無比迷人。香港乃英國屬地，因此香港領事不屬北平使
節團管轄，而直隸倫敦大使館。倫敦大使館本身事務繁冗，無暇
顧及香港，G.先生也因而宛若一小國國王，可獨立自主地管理香
港。

　　英國人一向擅長將美好之地變成單調而乏味的城市。倫敦對
單身漢而言已經夠索然無味了，香港則有過之而無不及。晚上一
過十一點，香港立即變成一座死寂墳場（當然還有燈光），人們
上床就寢，旅館打烊，想喝點威士忌的人則更可憐了。而對英國
人而言，香港是一天堂，不僅有各式各樣的運動設備可供選擇，

而報紙更以最大篇幅報導足球賽。有關歐洲緊張情勢的新聞，則變成不痛不癢的小道消息。香港和新加坡一樣，同是典型舊式英國殖民城市，缺乏精神層面的生活，舒適感只侷限於家庭小圈子中；再加上消費奇高無比，因此我在當天即起程離開，搭乘中式小汽輪前往澳門。

澳門和香港截然不同，曾經歷無數世界歷史演變，既有趣又可愛，在十六世紀（一五五七年）由葡萄牙人所開發，是歐洲人登陸中國的第一個城市，至今仍保有中古世紀葡萄牙小城市的風味。藍天碧海，迷人的海邊小徑，千年古樹，古老教堂，凹凸不平的石板路，窄小街道及階梯式巷道使人彷彿置身於地中海海岸的小城般，是一十足的歌劇院式小城。

澳門今日仍是葡萄牙屬地，充滿濃厚的葡萄牙氣息，同時也是研究民族學的天堂。數百年來，葡萄牙人揚棄種族歧視，與中國人、菲律賓人、中南半島人、來自葡屬非洲各殖民地的黑人以及印度人通婚，各種混血都有。葡萄牙政府以黑人組成警察部隊，以高頭大馬，纏裹著頭巾的印度人來擔任交通警察。澳門位於珠江口，是昔日歐洲與中國的貿易中心。俟珠江上游的廣州開放通商後，澳門便失去競爭能力，命運轉趨黯淡。尤其是蒸汽輪發明後，澳門因港口水淺，在航運交通上的重要性終被香港所取代。葡萄牙人似乎也後繼乏力，而漸漸失去貿易主導權。一度有著輝煌歷史，到處矗立菲南多塑像及紀念碑的澳門，如今只空餘觀光價值。

澳門賴以維生的行業，在中國其他地區卻是禁忌，尤其是賭博——澳門可謂是中國的蒙地卡羅。中國人喜愛賭博，視澳門為賭客天堂。四處林立的賭場，儘管形式非常簡陋，卻仍然高朋滿座。賭博方式很簡單：賭客圍著一張長桌，莊主坐在盡頭，面前堆了四百個籌碼。遊戲一開始，莊主抓起一把籌碼，置鐘形罩杯下，賭客分別在一、二、三或四數字上下賭注。賭注下完後，莊主每回從杯下取出四個籌碼，視最後所剩是一、二、三或四枚而決定贏家，回報是賭金的兩倍。

除了賭博之外，澳門更以販賣鴉片為主。輸入中國的鴉片有四分之一是經由澳門上岸。中國雖明文規定，禁止吸食鴉片，但卻無人理會。參觀澳門儲藏鴉片的洞穴雖有趣，但因鴉片的鎮定及麻醉功效，却不至於覺得興奮。我們參觀時，實在無法想像中國百姓會因吸食鴉片而健康完全受損。事實上，若不禁止吸食，鴉片的誘惑力反而可能大減。

同時，澳門也是東亞販賣少女的重鎮；不過交易當然不是明目張膽地進行。

在澳門，歐洲與中國文化和諧洽地揉成一體。唯獨中國人愛放鞭炮，連串的炮聲宛如機關槍掃射，不絕於耳，使歐洲人很不習慣。歐洲人一般只在除夕夜十二點整，新年開始之際燃放煙火，無法理解中國人這種習俗，尤其中國鞭炮只聞其聲（有時甚至長達數分鐘），却不見高空美麗的煙火，真不知樂趣何在？北平居民也只在春節期間燃放鞭炮；而澳門青年却一年到頭，隨時隨地皆樂此不疲。澳門是中國鞭炮最大製造地，也許這些年輕人是偷取家中加工製造的鞭炮，或者是家人將有瑕疵的淘汰品拿給小孩玩。

澳門天氣轉壞，日內並無好轉的可能，因此我於當日起程，轉往廣州。

廣　州

廣州，一九三五年三月三十日

　　在廣州，我受到德國總領事Ａ.先生的殷勤接待。他住在市郊一幢漂亮的現代化房子裏。短短幾年內，廣州變化很大；古色古香的中國式巷道已遭拆除，取而代之的是醜陋無比的現代化道路——歐洲文明在此又建一“奇功”——整個廣州市因此變得不中不西。大多數廣州居民麕集在數千艘船上，以船爲家，生老病死皆不離開船舶。我們不難想像其衛生情況有多惡劣！甚至有人傳說，中國婦女若生了女嬰而不想撫養，只要把搖籃置於船緣，一陣風襲過便可收到家庭計劃生育的功效。

　　廣州市只住著少數歐洲人。這些歐洲人則又聚集在珠江中游，長八百公尺，寬二百公尺的沙面島上。沙面島享有治外法權，除了受雇的中國人外，全是歐洲人。島上的氣氛很奇特，有歐洲人的辦公室、住宅、俱樂部、網球場、游泳池、教堂以及沿堤岸蜿蜒而行的榕蔭小徑，使歐洲人幾乎可足不出此島。鄰近的中國區對他們而言，猶如蠻荒異地，很少涉足。我所謂的歐洲人並不包括德國人，因他們並不住在沙面島上。第一次世界大戰時，英國人及法國人將德國人驅出沙面島，使德國人不得不往廣州市內避難。這種奇恥大辱却使德國人日後受益無窮。大約十年前，中國掀起全面性的反外熱潮，暴民湧入沙面島，盡其所能搗毀破壞，而德國人則安然無恙。在廣州的德國公司便趁此時機，東山再起，在中國南方奠定根基。數十年來德國人在廣州市郊建起漂亮的別墅，比起狹窄擁擠的沙面島舒適多了，因此毫無返居此島的念頭。

除了夏季的酷熱難忍外，在廣州的外國人生活却十分愜意；運動機會旣多，例如可騎馬到野外散心，大家相處也頗融洽，附近的香港又有完善的現代化商店可滿足各種不同的需求。

乘"堅決號"返北平

"堅決號"輪上，一九三五年四月四日

我再度搭乘汽輪上路，這回是環球汽輪"堅決號"。我原想在廣州搭乘飛機，湊巧"堅決號"駛經北平；本著凡事皆應一試的原則，我選擇了搭船。航程計十天，旣有趣又受益良多，使我深覺不虛此行。二萬噸級的"堅決號"是一豪華客輪，船上有游泳池、網球場、體操館、升降梯等等設備，可稱得上是一不折不扣的"活動城市"。

船上有三百四十位乘客，大部分是美國人，也有一些德國人及其他國籍人士。其中大多是年逾六十的女性，"堅決號"也因此被戲稱爲"瘋老婆子汽輪"。乘客以歐洲貴族佔大多數，有波旁公爵、匈牙利貴族及德國公爵。有些人顯然是傾囊湊資，希望在豪華汽輪上釣一位美國富孀。也有不少離過婚的婦女藉機尋找金龜婿。依我觀察，尋芳獵貴者衆，眞正的富孀、富孀則寡。

乘汽輪環遊世界的方式，事實上很不人道。四個半月環遊世界一週，沿途只作重點式參觀。西班牙、義大利、希臘、君士坦

丁堡、巴勒斯坦、埃及、印度、中國、日本及中美洲等等皆在旅遊之列。每至一處，時間却緊湊得只夠拍幾張照片，在旅館吃頓中餐。之後，旅館門房分給每人一張紀念貼紙，旅客們貼在行李上，便算到此一遊。印度只安排十天的參觀時間，日本四天。這種走馬看花式的旅遊方式，幾個星期下來就讓乘客興緻索然。

所幸船上有不少談得來的人。目前德國外滙短缺，德國人只能搭乘環球汽輪前往國外。我在船上遇到不少舊識，若經濟情況許可，他們絕不可能自找罪受。船上還有一些有趣的人物，例如來自漢堡的一位牛奶商人，他頭戴鋼盔，身著制服在印度上岸；來自克茲順波羅達（Kötzschenbroda）的一位女教師，她勉強湊足旅費，却無錢付小費；另一位是教授，他免費乘船，却得介紹行程中的每一國家，而他本身却從未遊歷過這些國家。明天我們將在天津靠岸，再搭乘"堅決號"專用火車前往北平。屆時我將道別這些"堅決"的乘客而再度回到規律的公務生活中。

遊熱河

北平，一九三五年六月二日

上週使節陶德曼夫人及其兩位千金，伯列森男爵，琍希諾絲基伯爵夫人和我一行六人，終於得償宿願，到熱河一遊。由於途中橫阻的河流，水位一直居高不下，迫使行程一再延後至今。

熱河是我所到過印象最深刻的地方。此行收穫大大出乎我預料。沿途景色即令我畢生難忘。熱河距北平雖只有二百四十公里，

但即使行車順利也需花上十二小時才能抵達。兩地間的道路是乾
隆皇帝於兩百年前下令修築，以便利夏天前往夏宮避暑之用。此
後兩百年來再也未曾整修過，亂石縱橫、凹溝遍佈，且橋樑失修。
有時車子得行駛在滿是鵝卵石的乾涸河床上；或爲越過隘口，不得
不以一檔爬坡數小時之久；最後冷却器終於不勝負荷而得下來推
車。我們的交通工具是一輛出租汽車。車剛進使節團區時，冷却
器正漏著水，手煞車已多年未修，輪胎癟平。我們真擔心這輛車駛
出使節團區都成問題。中國司機却不認爲有準備預備胎的必要。
儘管如此，一路上車子都未曾拋錨，真是老話一句：在中國，一
切都勉強過得去。

此趟出遊使我了解到中國北方的遼濶。行程中我彷彿走進了
時光隧道，倒流數百年一般。偶而有駱駝商隊，趕騾人或轎夫錯
身而過。一路上觸目皆是童山濯濯。北方空氣清新，山脈輪廓明
朗，看上去似乎近在咫尺，伸手可及。

史原　赫汀（Sven Hedin）曾對熱河作了如下的描述：

中國史上一著名皇帝在北京北方的山中選擇一處世外桃源，
下令建築避暑夏宮。夏宮四周是綠園，園內有許多廟寺建築，
配合山區地形興建，看來美侖美奐。綠園外圍的城牆則長達
十公里。

事實上，園內每一建築都值得仔細描述記載。其中最宏偉的建築
是模仿西藏拉薩達賴喇嘛所居的布達拉宮；供班禪喇嘛在熱河下
楊的"普陀宗乘"廟，氣勢亦十分壯觀。其中部分廟寺已經傾頹。

中國人對古文物不加珍惜的作風在此又獲一明證。而整個夏宮的設計，只供皇帝避暑之用，規模竟如此巨大；以及爲何突發奇想在距北平兩百四十公里外的偏遠地方下令修築此一建築等問題一直令我百思不得其解。

在熱河，我們受到一位比利時傳教士的款待。這位老先生殷勤熱誠，非常高興有來自“大世界”的訪客。熱河目前由日本統治。日本人計劃以此爲侵犯中國北方的據點，因此一進入熱河立即進行整頓工作，禁止寺廟繼續遭受破壞。據聞日本人曾計劃全面復興熱河。中國文物得由日本人來維護，這眞是一件極不協調的事。

道別北平

歌德曾言："年長時，始了解年少的諸多事情。"回顧在北平任職的時光，及同儕在希特勒政權下的種種遭遇，如第二次世界大戰，第三帝國瓦解，通貨膨脹及逃難等等，我始意識到服務北平的數年，是我生命中最愜意最逍遙的時光。

在北平，外籍人士，特別是外交使節人員，生活條件異常優渥，這無疑是北平生活令人感到愜意的主因。由於幣值差異，外國人的生活費用極端的低。這種情況與第一次世界大戰結束後，德國通貨膨脹持續多年，美國人持美金在德國生活類似。除了生活費低廉外，中國人口過多（當年中國有四億人口，佔世界總人口四分之一），大批人求職急切，僕傭工作亦不挑剔。因此每位外國人或經濟情況略佳的中國人，皆有能力雇用大群的佣僕。僕人人數往往超過歐洲的一般標準。每逢春節，我的"臣子"們前來叩頭拜年時，我才知道我到底有多少僕人。

僕傭們舉家住在緊鄰著"雪茄盒"的下房內。我從不干涉他們的生活。參觀僕傭住宅並非明智之舉，即使出於一片好意，也會引起不良反應。原上海德國領事館是一座古老建築，曾遭白蟻肆虐，據報告有倒塌的危險。柏林方面乃派一名建築師前往勘查，下房當然也在巡視之列。視查時，一向友善和氣的僕人們突然一反常態，充滿敵意地對待這位建築師，使他落荒而逃。下房內擁擠的程度也讓他震驚無比，好似整個村落的人都合居在此了。按儒家傳統，一個人若擁有特定身分，在道義上有責任安頓家人及其他親戚。中國人能在德國領事館擔任僕人工作是一大幸運，當然也難却安頓親人的義務。

根據我的經驗，不加干涉是與中國人相處之道。畢竟黃白人種的感受及思維方式相去甚遠。教宗約翰十三世在幾十年後也曾提出一座右銘：“認清眞相而行事；許多事情不宜干涉，更應避免糾正。”這種態度最適用於中國人身上。聰穎，學習能力強的中國人是值得坦誠相待的。善待他們，他們會加倍回報以忠誠。我與僕佣的關係如此融洽，故而在生活上絲毫不需費心。有一回，我邀請朋友到“雪茄盒”用餐。我只對領班交待：“明天中餐，十位客人”一句話，事先也不知他要如何宴請客人，結果却讓我大爲驚喜。厨子當天的傑作是第一道菜：牛肉清湯。湯面浮著一點孤獨的、圓形的“油珠”。“油珠”完美無缺，親切地對著客人微笑。在一個機會中，我問領班，厨子如何創造此傑作。他的回答讓我啞口無言。他以洋涇濱德語說道：“主人，很簡單！吃飯前，厨子口中奶油，掉入牛肉清湯。”描述時，他並把嘴巴撅圓，生動地表演奶油往下掉的情景。我找盡所有藉口，試著讓厨子現身說法，却徒然無功。在我停留北平期間，他的秘方一直未透露給“雪茄盒”的人。

歐洲人在其他殖民地的生活必然也很優渥，但僕人接受西方文明的程度有限，仍相當原始。受數千年悠久文化薰陶的中國人，舉止行爲仍依循傳統模式，態度安祥，智慧超俗，且具幽默感，使遲鈍的歐洲人欽佩不已。生活在中國的外籍人士常提及“遠東的呼喚”，認爲遠東有一股神奇的力量，深深地吸引著他們。我猜測這股力量，在日常生活中，則是來自中國僕人身上，藉著他們，外國人切身地經歷中國的一切。

歐洲人在中國的生活讓我聯想到泰萊南（Talleyrand）的話：

不識〈舊王朝〉時代生活者，不知生活樂趣是何物。

此話雖有些輕浮，但泰萊南或許刻意如此措詞，因爲在法國大革命之前，只有貴族這一少數人階層才有所謂的 "生活樂趣"可言。而今，那些作客他鄉，以主子身份坐擁奴僕的歐洲人，不也是白種人中的少數嗎？殖民國不也形同法國貴族一般，對周遭一無所知，不聞不問嗎？殖民國不也視當地居民與統治者間的差別待遇爲理所當然嗎？他們難道不知道這種違反常態的日子有朝一日終將結束嗎？哲學家卡爾‧雅斯博斯（Karl Jaspers）曾言： "人永遠無法得知整體爲何，因爲人置身於整體之中；人永遠無法了解歷史，甚至連自身的歷史也無法了解，因爲人永遠置身其中。"

世界史的記載上，常稱帝國主義時期爲殖民時期。白人並未意識到此一時代已接近末日，不知正處於一個時代的薄暮時分中。而在中國，殖民期末日却比其他地區來得更早。中國西北部在毛澤東的領導下已形成一反帝國主義的中心。一九三七年日本侵華，更大大加速舊中國及白人特權地位的瓦解。

中國有句古老的俗話說： "淚眼婆娑抵北平，淚眼婆娑離北平。"抵達北平所流的淚水是那些走避洪水，離鄉背井的外地人乘坐北平冷硬的板車所須承受的痛楚而引起的。道別北平的淚水，則是與北平難分難捨，感傷而發。我初抵北平時，却是因感動而

落淚，我內心慶幸將在世界名都之一渡過幾個寒暑。北平讓我依
依不捨，比起離開上海之情，有過之而無不及。最令我難以割捨
的是揮別仿歌德式建築的"雪茄盒"。幾年來"雪茄盒"收集了
各式各樣的古董；除了地毯之外，我還"獵取"了一些精緻的木
製、銅製菩薩、觀音及羅漢骨。"雪茄盒"不僅成了一座小型博
物館，同時也是北平年輕外交人員喜愛的聚會處。歌德曾在威瑪
庭院式房舍中渡過六年（西元一七七七至一七八二年）時光，以
他對此類房舍所作的詩句，來表達我內心的感受應是最貼切不過
了：

　　它屋頂高立，屋簷低矮，

　　絲毫也不傲慢：

　　它是創作、思考、成長的泉源，

　　每一角落皆散發幽雅氣息，

　　讓入內者心情愉悅。

南　京

　　較之北平，南京遜色許多。這早在我預料之中。南京在中國
史上也曾多次爲皇朝建都之地，尤以明朝時更加輝煌。據聞，南
京昔日風貌不亞於北平。十九世紀中葉太平天國起義時，却遭暴
民摧毀，舊有的風貌破壞殆盡；其後也並未重建，僅存古城牆、
明朝所築鼓樓以及紫金山明陵見證南京的輝煌歷史。藝術史學家
奧圖・費雪（Otto Fischer）曾於二十年代初期到過南京，在其書
《一位愛好藝術者的中國、日本遊記》中，曾描述：

> 曾風光一時的南京，如今只剩一片廢墟，使我聯想到一百年
> 前在教宗管理下的羅馬。

一九二八年蔣介石定都南京，在荒蕪六十年之後，終於又獲重建
機會。

急速轉變中的南京

　　蔣介石以飛快的脚步來推動南京的現代化建設。我初抵南京
時，整個城市正因全面性的建築工程而使外觀顯得無比紊亂又醜
陋。全市由通往四面八方的寬濶道路所貫穿。政府都會大樓、辦
公大廈、軍營、軍官俱樂部等建築在極短的時間內紛紛竣工，孤

獨地聳立在簡陋的黃土茅舍與稻田之間。新建築完全捨棄中國傳統建築風格，而混合歐洲幾世紀來的各種不同建築特色，成一大雜燴。儘管如此，蔣介石政府在短短數年內所表現的重建成績，仍值得欽佩。

驅車經南京主要大道——中山路，新舊南京的鮮明對比，清楚地呈現在眼前。寬濶的柏油路上車聲喧騰，各式各樣車輛來回穿梭，有政府官員及軍官的美國高級轎車、有外交人員汽車、軍隊卡車、公共汽車、老舊計程車，也有馬車。介於柏油大道之間的則是黃塵滾滾的泥土路。泥土路上完全是另一番氣象，舊南京的農村生活在此表露無遺：有滿載人、豬或雞隻的人力車，或待發，或疾行；有用扁擔挑著滿籮筐遠近馳名的南京鴨的小販，還有理髮師、鞋匠及磨刀匠；也有出租騾子、到處遊盪的雞隻及貓狗。總而言之，南京正在急速轉變中，較之北平使節團區的安逸和寧靜，真有天壤之別。

中山陵

中華民國國父孫中山先生的陵寢是遊南京旅客必到之地。中山陵位於紫金山中央山麓。南麓有明太祖墓陵——明孝陵。在數不清的寬敞階梯盡頭，是安葬孫逸仙先生遺體的紀念館。孫先生身著大禮服，繫白色領帶，安祥地躺在玻璃靈柩內。紀念館的結構倒很像莫斯科的列寧紀念館；玻璃靈柩的擺設則模仿拿破崙遺體的處理。中山陵規模雖然宏偉，却有些庸俗；既非歐洲風格，也缺乏中國傳統建築——如北平天壇——所蘊含的寧靜與和諧。我認為南京是無法代表中國偉大的建築藝術的。

德國臨時大使館也是一倉促完工的建築，模仿德國得韶地區建築風格。整個建築物有許多玻璃窗，牆壁又薄；在平均溫度高達四十度，濕度又高的夏天裏，很難靜下心來工作。南京位於長江江畔，氣候濕熱乃必然現象。為降低大使館內的溫度，不得不在使館四周圍加上一片巨型竹簾，乍看之下，宛如非洲的原始棲身居所。

德國大使館遷館負責人費雪先生提議我暫時與他同住，我欣然同意，否則住在中國旅館內，夜夜都得與各種吸血臭蟲大戰。我十分景仰費雪先生，他比我年長二十歲左右，一九〇七年即來到中國，是一位經驗豐富的中國專家。他和英國大使館參贊艾理查·泰查曼（Erich Teichmann）爵士及美國大使強森（Johnson）三人共同組成“中國通”——諮詢小組；外交界人士經常徵詢其意見，並十分尊重他的裁決。費雪先生原任上海總領事，以外交身份退休，第二次世界大戰後，在漢堡創立亞洲研究中心。

南京一切皆在草創中，想在此地找一個固定住所實非易事。幾經周折，我總算在幾近鄉下的市郊找到一間房子。房子儘管不壞，但建築簡單，隔熱效果奇差，因此每逢熱季，我仍須在屋外圍起一層竹幕。北平有長久的外國駐使傳統，訓練有素的僕人隨處可尋。在南京要找到合意的僕佣却極不容易。此外，由於南京各國外交人員不多，便成為僕佣們的剝削對象。在北平，僕佣們適度抽取“油水”；而在南京，外交人員却得面對僕佣們的巧取豪奪。為減少受騙，有許多事情我不得不親自處理。所幸北平“雪茄盒”的收藏抵達南京之後，我的生活隨之改觀，舒適多了。

　　大使的私人秘書有時被揶揄爲 "大使的男舞伴"。由於陶德曼大使暫時留在北平，我得以免去扮演此一角色。唯一的一次例外是，使館升格爲大使館後，陶德曼大使以新身份向中華民國國府主席呈遞到任國書時，儀式中我又重作馮婦，再度負責大使秘書的工作。蔣介石政府致力學習西方，禮賓儀式完全依循西方禮節。在下一章節我將描述呈遞到任國書儀式的重要情節。

德國大使呈遞到任國書儀式

　　大使到任國書的呈遞完全依循西方禮節進行。總統府禮賓官身著全身繡金線的禮服，前來接我們。車隊在市內遊行，並由警察以摩托車前後護駕。沿途三步一崗，五步一哨。抵達總統府時，守候著的儀隊、樂隊馬上演奏中德兩國國歌。我們跟著進入接待大廳。年高德劭却無政治影響力的國府主席林森與侍從人員正等候著我們。我們的一舉一動事先皆經過詳細的安排：入廳時，先深度鞠躬，接著徐步走向大廳中央，再一深度鞠躬，行至國府主席面前五公尺處，再一鞠躬。接著稍事休息，等候大使戴上單片眼鏡並攤開致詞稿。致詞事先已逐字逐句譯成中文，大使以德文宣讀，中文及法文翻譯官各以中、法文再復誦一次。休息片刻之後，大使由我手中接過到任國書，莊重而親切地呈遞給林森主席，雙方互相握手，客套寒喧。林森先生關心地問候德意志帝國總理希特勒的健康。大使回答說：總理健康情況極佳；接著也同樣關心地祝頌林森主席的健康。接著大使便一一介紹隨從人員，藉以結束談話。我們倒退著走出大廳，舉步時小心翼翼，以免踏到身後的人。和入廳時一樣，離廳時也得三度鞠躬，個個態度莊重。廳外守候著一群報社攝影記者。在另一會客廳裏，中方備三明治及雞尾酒，招待來賓，以等候隨將開始的盛宴。受邀參加的內閣成員及政府官員也紛紛到場。對我而言，這倒是一個集中認識所有政府首長的最佳機會。

　　宴席上有中國各種珍饈美饌，如燕窩、皮蛋、魚翅、竹筍及遠近馳名的南京板鴨。爲了向德方貴賓表示崇高的敬意，中方特別使用德國名牌麥斯諾（Meissner）瓷器。可想而知，席上是以筷子用餐，我以象牙筷夾滑溜溜的魚翅時，魚翅掉入碟中，椒鹽在襯衫上留下一處淡淡的痕跡。宴上有用米釀製的黃酒及高粱酒。比起高粱酒，東普魯士地區用馬鈴薯所釀製的燒酒濃烈度可眞是小巫見大巫。酒過幾巡，連黃皮膚的中國人也滿面通紅，心情逐漸放鬆，舉止也活潑起來。

　　席間我肩負著一項特別的任務。按中國禮俗，同桌者得向主客敬酒。爲表敬意，敬酒時必定乾杯。原則上主客也得回敬，但可委託“代表”代喝。早在北平期間，我即負責敬酒任務，一向訓練有素；故此次也能駕輕就熟，不負使命。

　　在我右側坐的是中國艦隊上將。我稱讚他肩負中國漫長海岸線的保衛，實非易事。他高估我的權限，問我中國是否也能擁有一艘“袖珍型”戰艦。很顯然地，德國“科隆號”巡洋艦給此地人們留下了深刻的印象。

　　席上氣氛很輕鬆，同座中方代表們興高采烈地划酒拳；左側鄰座打斷我與海軍上將間的談話，邀我一齊加入，免除了我答覆上述問題的困擾。划拳的輸家須喝罰酒，每輪一回喝一杯。由於勝負難分，酒拳往往無止無休；吆三喝四，好不熱鬧。

　　宴會氣氛儘管親切，但辭行儀式仍然正式而嚴肅。衆人雖微帶醉意，却仍遵循各種禮節地返回大使館。

歸國學人

　　大使返回北平後，我不再受限於各種禮賓工作，便展開與中方各部會官員間的密切往來，許多任務也隨之接踵而至。與中方官員接觸後，我才了解南京之所以急速轉變，各項工程之所以能極力推展，是因爲有一批所謂 "新中國人" 本著全面推動中國現代化的信念，投身於建設行列中。其中絕大多數是受過歐美教育，堅信西方文明優越性的歸國學人。他們希望在短期內徹底改造中國，跟上西方的脚步。雖然用心良苦，但許多計劃及新構想，似乎並不切實際。其中一些激進派人士完全捨棄以儒家思想爲主流的傳統文化；較理性者則認爲應學習日本兼取東西文化優點的作風。儘管意見各殊，但人人都秉持著建設中國的熱誠，很令人欽佩。

　　歸國學人們各按所留學的國家而組織同學會，其中留學德國、奧地利及瑞士等德語國家的學人組成了 "德奧瑞同學會"。會員大多數是工科、化學及其他自然科學方面的專家。他們對德國念念不忘，間有懷念柏林、萊比錫的昔日金髮女友者。留德學人中有部份身爲政府重要官員，中國交通部長即是一例。他們也是促進中德經濟關係的主要角色；與其保持密切往來是我的職務之一。這使德國與其他工業國家競爭時獲益良多。計劃在南京推展業務的德國工商業界十分看重此一有利條件。

　　在職務上，我所接觸的政府官員大多數是部門負責人。中國部會建築採歐洲風格，行政組織系統亦以歐洲爲典範。唯一特點是：每一辦公室皆懸掛著孫逸仙先生的遺像。每逢週一早上，官員們聚集在一起，宣讀孫逸仙遺囑，聆聽政治講演；會後並在孫逸仙先生遺像前三鞠躬致敬。

　　我與外交部的聯絡人是德國事務主管。我定期拜訪他，與他討論各種事務的最新發展動向。他是留美的歸國學人，平易近人，只是很難在辦公室找到他。他的上班時間似乎不固定，有時晚到，有時根本不上班。一些時日後我才摸清他的“彈性工作時間”。在談論事情時，他眼光經常轉向門上方的三盞燈。我發覺他有時看過三盞燈後，便急著結束談話，改期再行商談。有一天我終於忍不住，問他這三盞燈的用意到底爲何，他說：負責外交部電路裝配的德國西門子公司出了此構想：這三盞燈，一盞代表外交部部長，另一盞代表外交部秘書長，第三盞則代表部門主任。燈若亮著，即表示他的上司仍在外交部內；若熄了，即表示他們已離開外交部，身爲特別事務負責人的他即可下班回家。我這才恍然大悟，他爲何經常突然中斷談話。所謂西門子公司出的構想當然是哄人的說詞。中國人很實際，上班時間枯坐在辦公室內對他們而言是相當愚蠢的。我們是否應學習此作法呢？

　　在北平與上海工作期間，我鮮有機會與中國人密切往來。在南京，不管是公務上或私人日常生活中，我都能深入了解他們，並學習欣賞其優點。中國人不視德國人爲享有治外法權的特權者，以故面對德國人時內心較坦蕩而不帶仇恨情結。中國人才濟濟。

日後的外交官生涯中，我很少在其他國家發現這個現象。中國知識份子雖受西方教育洗禮，但仍兼具儒家禮教薰陶的特性，謙恭有禮，自尊自重、思考敏捷又具幽默感，與之交往極其愉快。中國人是世界上最聰明的民族。我認為中國人之所以被稱為"黃禍"，乃因其聰明智慧及勤奮不懈，而非中國的強大。中國人語言天份極高，較之日本人更顯得突出。我經常碰到在德國居住多年而德語仍無法琅琅上口的外籍人士；而中國留學生流利而道地的德語、法語及英語則在在讓我嘖嘖稱奇。即使是來自中國最偏遠地區，受雇於大使館的小僕人，首次見到我時，都能以簡單的德語問候。

　　中國人的幽默感最讓我欣賞。儘管中國財務情況窘困，其人民仍不失幽默天性。以下敍述一則小故事，藉以說明中國人的此一特性：外國人驅車駛經南京周圍鄉村時，總會引起騷動，村子裏的老老少少趨之若鶩，爭相圍觀"高鼻子"，使得車子只能牛步前進。有時難免有圍觀者遭車子輕微擦撞，群眾便大聲嘩鬧，呼天搶天，得付上鈔票才能衝出重圍。若不給錢消災，被撞者家人便到大使館大吵大鬧，讓大使館及當事人難堪。南京附近的村民可真精通趁機敲竹槓之道。而一位中國經驗豐富的法國友人早洞悉個中技倆。有一回開車到南京郊外，行經一小村莊時，上述好戲即刻上場：一位年輕的中國人被車子擦到，便立即躺臥在地。這位法籍老兄以流利的中文問道："他死了嗎？"衆人齊聲回答："死了！"他接著說："好，那我就開車輾過他，讓他真的死了。"說著，以空檔猛加油。"死者"聞聲驚起。群眾見狀哈哈大笑，"死者"也跟著大夥兒笑。這位年輕人事實上是安然無恙的。這群中國人的技倆被識破，而儘管他們是這場戲的輸家，卻依然能開懷大笑。這種幽默感實在罕見！

　南京雖不吸引人，夏季又酷熱難當，但仍有其可愛之處。其四周風景幽美，秋天氣候宜人，直到聖誕節前後仍晴空萬里；既可暢遊長江，上海也近在咫尺，只需八個小時的火車車程即可抵達。蔣介石在南京市外圍修築堅固的道路，使週末駕車往返數百公里外的內地變得輕而易舉。現代化南京市的巨大建築在十公里外即可看得一清二楚。小村鎮則絲毫未見西方文明的任何足跡，兩者有如天壤之別。

　中國北方種植小米及麥類作物，而南方則盡是稻田。中國人耕作農地，有如歐洲人整理庭院般的細心。趕著水牛在水深及膝的稻田裏辛勤犂田的情景，可眞是一幅象徵中國人勤奮精神的最佳寫照。

　由於專事搶刼外國人的匪徒經常在南京市郊出沒，使得出遊的安全受到威脅。一位派駐南京的英國工業界代表之女騎馬外出，便曾遭匪徒綁架，後經中國軍方派人營救。依其事後敍述，歹徒曾恐嚇要割下她的耳朵，寄給她的父親，以要脅償付贖金。她在中國長大，深深了解中國人重男輕女的觀念，便回答說：“你們也實在太笨了！難道你們眞的認爲我父親會因爲一隻耳朵而來贖救我嗎？”匪徒們這才放棄割耳的念頭。此事曾震驚各界，也令人對此少女的機智欽佩不已。這種事在中國數百年難得一見，而使我意識到，悠久而令人景仰的舊中國時代在數十年後將成爲歷史陳跡。另一方面，我也親身經歷接受西方思想的年輕一代中國人正努力爲中國架起一座迎向新時代的橋樑。在下一章節我將描述中國人民投身建立新中國的過程，並說明中國現代化過程與孫逸仙建設中國的構想兩者之間的關聯，以及蔣介石在孫逸仙辭世後如何繼承其志，推展建設中國的工作。蔣介石復因內有中國共產黨，外有日本人為患，而未能達成目標，對此我也將作進一步分析。

中國近代的歷史背景──孫逸仙先生

在四千多年的悠久歷史中，中國一向自詡居世界中心，而稱他國為蠻夷之邦，不耻與其打交道而採閉關自守政策。在前面章節已述及，英國藉鴉片戰爭（西元一八三九～一八四二年）強迫中國開放門戶。當時日本因適時改革，接受西方新思想，在明治時代（西元一八六八～一九一一年）躍升為東亞強國；而中國却堅守閉關政策，拒絕接受任何西方文明，認為接觸西方必導致中國的滅亡。一八四三年南京條約的簽訂，引發各強權國紛紛脅迫中國接受不平等條約，這可謂是對中國主權的一大侵犯。列強在中國領土上取得通商口岸的使用權，却享有治外法權而不受中國司法的管轄。外國戰艦商船得自由航行中國沿海及內河航運；中國的關稅自主權也完全喪失。列強行徑使中國近乎淪為殖民地；中國人民因之對外國人深惡痛絕，連傳教士以及篤信基督教的中國人也一併仇視。中日甲午戰爭中國失利；一八九八年的"租借年"，各國強佔艦隊基地，並圖求分配勢力範圍，瓜分中國等事件，在在使中國人深覺受盡侮辱。一九○○年的義和團事件使中國人仇外的情緒沸騰到最高點。但是，此次起義却遭到血腥鎮壓，各國聯軍在北京燒殺刧掠。根據一九○一年所簽訂的辛丑條約，中國除支付巨額賠款外，還須派遣一位"賠罪人"到柏林道歉，並允許北京外國使節區設守衞崗哨。這一連串事件使清廷終於澈悟，無法再固守門戶關閉政策。鑑於西方各國科技及軍力的優勢，中國數千年的陳舊體制也應有所改革。數十年來，清廷內不乏主張改革的人士，但大權在握的慈禧太后（西元一八三五～一九〇八年）始終極力阻撓。日俄戰爭（一九〇五年），日本打敗俄國，證明革新後的日本有能力戰勝歐洲強國。中國這才採行具體改革措施（如：廢除西元九世紀開始實施的科舉制度，籌備制憲，成立國民大會及各省議會等）。然清朝腐敗，積弱不振，改革政策推行遲緩，並未收到任何成效。精力旺盛的慈禧太后死後（一九〇八年），未成年的溥儀登基，年號宣統，由其父攝政。中國人民鑑於境內情況非但未獲改善，反而每下愈況，不滿情緒因而日益高漲，各地紛紛出現革命組織，以中國中部及南方尤為熱烈。革命志士認為改革不足以救中國，故極力策劃推翻滿清，建立民國。革命組織主要是由在西方受過教育的知識份子領導，而由海外華僑資助。革命份子屢次起義，皆為清兵所敗。其中也有不少清兵倒戈，投入革命行列。直到一九一一年十月十日武昌起義，終於推翻滿清，建立中華民國。隨後臨時國民大會於南京集會，選舉中國革命之父孫逸仙為中華民國臨時大總統。袁世凱則在北京極力促請攝政王退位。一九一二年二月十二日清廷終於敕諭，正式放棄皇位，結束自一六四四年來的統治。在同一敕諭中，宣佈中國正式成為共和政體。由西元前三世紀持續至此的中國帝制也於焉結束。

清亡後中國分崩離析

在中國悠久的歷史中，朝代更迭乃司空見慣。但對皇帝制度置疑，由皇帝救諭，採行另一體制，却是史無前例，也是一大諷刺。自古以來皇帝在中國人心目中是"眞命天子"，維繫著政治及社會秩序。帝制廢除後，結合中華民族的中心力量便告崩潰；國民政府的形式乃西方思想的產物，中國人對此感到陌生，也因此出現了精神及道德上的眞空狀態。令人訝異的是，中國思想主流——儒家思想於此眞空狀態下，並未成爲中國人追求寄託的目標，反而是佛教、印度教及回教成了中國人用以對付西方思想的宗教。這種現象雖奇特，但並不難理解。儒家思想不是宗教，而是一種學說，根本無法給人宗教信仰的力量。

孫逸仙雖在南京被選爲中華民國臨時總統，但在北京的袁世凱却擁有前清北洋軍的武備，軍事勢力居於上風。爲求中國的統一，孫逸仙辭去臨時總統職位，讓位袁世凱。但袁世凱無意推行民主憲政，未幾即恢復帝制。一九一六年六月六日袁世凱突然身亡，結束了短暫的復辟。假若袁世凱長期統治，中國歷史不知會如何演變？其爲人雖寡廉鮮恥，但却敢作敢爲，具備了國家元首的先決條件。日本歷史亦有類似情況，可爲殷鑑。

袁世凱死後，中國內亂不已。北洋軍閥割據，擁兵自重，爲爭奪勢力範圍而征戰不休，使中國陷於十年的內戰之中。繼承袁世凱勢力者雖只統治了中國部分省份，在國際間却正式代表中國政府。孫逸仙控制中國南方，權力雖未鞏固，却也於一九一八年成立南方政府。

第一次世界大戰前後，中國四分五裂。歐洲列強此時亦自顧不暇。日本視此爲千載難逢良機，逐步進犯中國。在德國租借膠州灣，並於青島建立艦隊基地後，日本旋即於一九一五年提出最後通牒，脅迫中國答應日本二十一條要求，欲迫使中國淪爲日本附庸國。俄國也趁中國勢弱，於一九一五年強行佔領外蒙古。英國人則以印度爲基地，圖謀西藏。一九一七年美國暗地與日本簽署秘密協定，承認日本在中國的勢力範圍，以防止日本和其他強權合作。

鑑於列強瓜分中國，在北京的政府於一九一七年八月十四日對德宣戰。宣戰理由是："德意志帝國的全面潛艇戰損及中國利益"。事實上，遠在歐洲的德意志帝國正爲自身存亡而奮戰，對中國根本不構成威脅；德國潛艇也未擊沈任何中國船隻。更何況中國船隻並不航行大西洋海域，中國境內的德國人也頗受喜愛。中國之所以對德宣戰，主要是希望能參與戰後和平會議談判，將日本侵犯中國主權之行徑及所有不平等條約訴諸於國際。第一次世界大戰後，中國北方及南方政府各派一代表團，充滿期望地前往凡爾賽與會。結果却大失中國人所望。凡爾賽和約一五六～一五八條規定，日本取得原由德國租借的膠州灣及德國在山東省的所有權利。會上並以不符合和平會議議題爲由而拒絕處理中國不平等條約案。

中國人民得知凡爾賽會議結果後，舉國譁然，群情憤怒。一九一九年五月四日在北京爆發大規模的示威運動，抗議日本及所有帝國主義國家。抗議聲浪迅速擴及全國。在輿論壓力下，中國拒絕簽署凡爾賽和約。由於威爾遜曾宣告民族自決，使中國轉而期望美國之支持。不意美國與日本簽訂秘密協定，承認日本在華的特別權益。中國對美國此舉極爲憤怒。同盟國出賣中國，使中國陷入孤立。這種困境迫使中國轉向處境類似的德國及蘇聯。一九二〇年五月二十日，中德簽訂特殊和平條約。在和約中，德國放棄在華所有治外法權及舊帝國的一切權益，並承認中國的徵稅及關稅主權。易言之，中德兩國是立於完全平等的地位。由於同盟國在凡爾賽和約簽訂後仍未放棄在華特權，因此德國的決定對中國而言意義十分重大，因為中國在要求廢除不平等條約的奮鬥中，可依德國模式，要求同盟國循德國之例，起而仿效。

蘇聯也宣佈放棄沙皇政府在華的一切特權，並於一九一五年撤銷強加諸於外蒙的俄國主權。然事後蘇聯却食言，因此外蒙至今仍是蘇聯的附庸國。蘇聯駐北京大使加拉罕甚至在一份聲明中，宣佈蘇聯撤廢沙皇政府所併吞的一切中國領土。但徵諸中華人民共和國與蘇聯的邊界衝突不斷，可見俄國並未遵守放棄中國領土的承諾。

在一九一九年五四運動中，中國人反帝國主義的強烈抗議舉動，引起西方列強的重視。美國承認讓日本在中國享有特殊權益是錯誤的決定，威爾遜並宣稱對美日秘密協定毫不知情。在華盛頓裁武會議上（一九二一／二二年），與會九國除確定海權國的海軍軍力外，並簽訂一項有關中國的協定。按此"九國協定"，中國獨立權受到承認，所有強權國在中國一律享有平等的貿易競爭權利。中國代表團善用策略，迫使帝國主義列強共同促使日本放棄佔領膠州灣及對山東省的蠻橫要求。但在外國人於中國享有特權的問題上，西方列強却毫不讓步，使中國仍處於半殖民地的狀態中。

在中國南部，孫逸仙於一九一八年組成南方政府。孫逸仙是現代中國的精神支柱，為中國往後數十年的發展指出了方向。

孫逸仙的影響與三民主義

　　孫逸仙（一八六六年～一九二五年）並非軍人出身，而是一位知識份子，一位充滿理想的政治家、理論家，能言善道的演說家，同時也善於組織。他於一九一二年組織國民黨，並巧妙地以之爲工具；他是一位海外華人，在夏威夷受西方教育，因滿清政府極力追緝，而曾亡命日本、美國、香港、澳門及歐洲；在倫敦曾遭中國使館綁架，後因英方施加壓力而重獲自由。他深受盎格魯撒克遜文化的影響，却努力接受儒家思想。

　　他四處演講，發傳單，撰寫文章，鼓吹“中國屬於中國人”的理念，使中國南方群衆追求“新中國”的建立。三民主義理論的提出，是其畢生最大的貢獻，其主要內容是：

　　1.民族主義：主張恢復中國主權，廢除不平等條約及外國人所有特權，中國與他國往來應享有完全的平等待遇。

　　2.民權主義：以西方民主模式建立民國，建立中央政權，而各省獨立治理（採聯邦制）。民主過程分三步驟完成：

第一階段：軍政時期，以武力解決軍閥割據問題，達成中國統一，並鞏固國民黨勢力，使其成爲統一政黨。

第二階段：訓政時期，教育一向習於專制制度的民衆，學習自治。

第三階段：憲政時期，由民衆治理國家，以林肯的“民有、民治、民享”爲最高理想。

　　3.民生主義：鐵路、航運及重要工業收歸國有。以“耕者有其田”原則進行全面土地改革。然二者不採馬列主義的階級鬥爭，而以和平方式推行。孫逸仙認為馬克斯主義不符合時代潮流，亦不適合中國國情；階級鬥爭是社會的災禍。

政府治理國家應兼採西方及儒家制度，以西方的三權（行政、立法、司法）分立結合中國固有的考試權及監督政府的監察權。

孫逸仙的三民主義合乎邏輯，整體建設中國的方案亦令人信服。一九四九年共產主義赤化中國之前，此思想一直是國民黨的意識理論基礎，並影響毛澤東。三民主義所倡民族自由，逐步實施民主及和平國有化，也是其他開發中國家爭取自由運動的範本。

儘管許多有識之士皆秉持建設新中國的信念，但此事業却十分艱鉅。中國局勢紊亂，經濟衰退，軍閥權勢不易動搖；孫逸仙僅憑國民黨之助，無法實現其理想，故而需要國外的支持。由於中國境內反帝國主義情緒高漲、不可能向西方列強求援，何況西方列強也絲毫無意放棄在上海及香港等大港都的特權地位。而同為凡爾賽和約受害國的德國雖放棄一切在華特權，但因戰後國力衰弱，也無力協助中國。

聯蘇政策

雖然孫逸仙毫無成為共產主義信徒的念頭，而中蘇雙方亦各追求不同利益，但在當時，蘇聯却是唯一可能提供協助與結盟的國家。蘇聯——更明確地說，是由蘇聯所控制的共產國際——認清在西方工業國無法完成托洛斯基汲汲以求的世界無產階級革命。一九二三年，無產階級首次在德國起義，却慘遭失敗。托洛斯基死敵史達林並不贊成世界無產階級革命，而主張先在一個國家—

—即俄國——實現社會主義；俟其鞏固後，才能有效地繼續向外推廣。史氏目標是以共產國際爲實現蘇聯計劃的工具，殖民地及半殖民地，如中國等非工業國家的共產主義者，應與國內革命運動及反帝國主義風潮互相配合，促其接受共產國際的信念。而托洛斯基則主張利用現有共產主義條件，來加以擴張，成立工農蘇維埃，而直接與帝國主義強權對抗。但最後史達林終於取得優勢。

儘管中蘇雙方出發點不同，所追求的目標也風馬牛各不相及，但孫逸仙却別無他擇，只能採取聯俄政策。一九二三年一月二十日，孫逸仙與蘇聯外交家越飛（Joffe）共同簽署中蘇合作協定。此舉引起世界各國矚目。日後此協定被稱爲"孫越共同宣言"，有人亦稱爲"第二個洛珀羅協定"（譯者按：洛珀羅協定是在一九二二年四月十六日由德意志帝國與蘇維埃共和國共同簽署，雙方協定建立外交關係）。

此宣言中的第一條規定即是孫先生聯俄政策的根據。他認爲共產組織，甚至蘇維埃制度皆不能引入中國；並拒絕與中國共產黨合作，但同意其黨員以個人身份加入國民黨，唯需服從國民黨統一指揮。（中國共產黨由學生及知識份子於一九二〇年在上海組成，其中包括毛澤東及周恩來。）但共產黨員對此提案却堅決反對。俟共產國際東亞專家亨利庫斯·馬林（Henricus Maring）（別名斯涅利特 Sneevliet）抵上海，傳達史達林指示，命令中國共產黨遵守孫越宣言中所列條件，加入國民黨，否則將喪失其在共產國際的資格，中國共產黨始作了讓步。

次年秋天，莫斯科派遣政治及軍事顧問到廣州。其中最著名的人物是米哈葉爾·鮑羅廷（Michael Borodin）（別名古魯森別格

Grusenberg）及布魯轍（Blücher）將軍（布魯轍將軍在中國一直使
用別名嘉倫 Galen）。蘇聯顧問們指導中國人如何從事現代革命，
並以蘇聯共產黨模式組織國民黨成爲統一黨。然而國民黨不允許
其他政治黨團的存在，而國民黨等級結構相當嚴謹，因此孫逸仙
幾乎擁有所有權限。應鮑羅廷建議，國民黨實施降低農民田租，
成立合作社及工會，並制定最低工資。國民黨在中國南方因而獲
得廣大群衆的支持。

　　同時，孫逸仙派遣他在日本流亡期間結識的蔣介石前往莫斯
科，考察蘇聯軍政及黨務。在三個多月停留期間，蔣介石受到黨政
軍各方面熱誠的接待；除了考察紅軍組織及俄共中央黨部的運作
方式之外，並結識托洛斯基及外交部長奇契林（Tschitscherin）等
著名政治人物（列寧當時病重，陷入昏迷狀態，無法與之晤面），
對甫成立的蘇維埃共和國的蓬勃朝氣及建設成就留下極深刻的印
象。返國後即建議孫逸仙以蘇聯模式組織黨及軍隊。蔣介石也洞
悉蘇聯對中國的眞正野心。一九二四年三月，蔣介石由奉化致廖
仲愷一函，並將此一函件同時抄送中國國民黨各常務委員。函中
指出：

　　……俄黨對中國之唯一方針，乃在造成中國共產黨為其正統，
　　決不信吾黨可與之始終合作，以互策成功者也。……彼之所
　　謂國際主義與世界革命者，皆不外凱撒之帝國主義，不過改
　　易名稱，使之迷惑於其間而已。

一九五六年蔣介石著作“蘇俄在中國”出版，書中曾回憶其莫斯

科之行：

> 但是我一到蘇俄考察的結果，使我的理想和信心完全消失。
> 我斷定了本黨聯俄容共的政策，雖可對抗西方殖民地主義於
> 一時，決不能達到國家獨立自由的目的……

> ……關於此點，如我不親自訪俄，決不是在國內時想像所能
> 及的。

　　但孫逸仙却深信能將爲數不多的共產黨信徒融入國民黨，而
未正視蔣介石的警告。他急於藉蘇聯之助鞏固國民黨及軍隊實力，
繼而北伐，以結束中國紛爭的局面，達成統一中國的目標。本性
易輕信他人的孫逸仙却未認清（或不願認清）共產國際讓其黨徒
進入國民黨內有其特定之企圖，因此埋下日後衝突之根。

　　蘇聯顧問團相當積極，在黃埔成立軍校，以蘇聯模式訓練軍
官。蔣介石擔任校長，而日後在毛澤東政權下曾擔任過總理，身
爲共產黨黨員的周恩來，則負責政治訓練工作。在蘇聯指導員的
訓練下，原先組織渙散，缺乏訓練的國民黨軍隊，不久即成爲一
支配備有蘇聯武器的精良作戰部隊。蘇聯繼而在莫斯科成立孫逸
仙大學，專事訓練中國革命份子，此校中國學生曾達千人之多。
蘇聯政府當時對中國發展所持的強烈興趣，由此可見一斑。

孫逸仙逝世

　　孫逸仙於一九二四年十二月底不顧肝癌惡化離粵北上，計劃與北方軍閥談判，尋求解決中國分裂之方。不意抵京數週即病逝，享年五十九。孫逸仙英年早逝，壯志未酬。他是二十世紀中國偉人之一，最大的貢獻是領導中國革命，使中國脫離老腐陳舊的制度，而邁入一新紀元，因此被稱爲中國開國之父。蔣介石及毛澤東更分別以不同的詮釋方式來實踐其手著的三民主義。然而中國步入現代化的演進過程至今尚未完成，目前仍難以論斷中國未來將是何等面貌？

　　在我服務中國期間，孫逸仙受到中國人無上的尊敬，各級機關學校皆懸掛其遺像，其著作更是國民黨的最高指導原則，在重要集會及慶典上必宣讀其遺囑。孫逸仙長眠於南京中山陵，玻璃靈柩不久換成石棺，每天有來自全國各地的中國人前往憑弔。在中國人心目中，其地位幾可比擬孔子。

　　孫逸仙逝世後，中國繼續陷入分崩離析的混亂局面。張作霖憑藉帝國主義日本的支持，控制中國東北；中西部則由吳佩孚、孫傳芳等所盤踞；“中華民國國民政府”則成立於廣州。

蔣介石的崛起

孫逸仙在中國國民黨內一向具制衡作用，辭世後黨內衝突日趨尖銳，並分裂成兩派：由共黨份子控制，汪精衞領首的左派勢力；及由反共產主義的國民黨創黨黨員所組成，蔣介石領導的勢力。蔣介石身任黃埔軍校校長，舉足輕重，極力主張北伐；但俄國顧問爲繼續鞏固共產勢力，而致力阻擾北伐計劃。

一九二五年三月二十日清晨，蔣介石突然在廣州衞戍司令部宣佈戒嚴，逮捕各軍黨代表共黨份子，軟禁俄國顧問；不久又收回成命，並向俄國顧問道歉；他繼續與共黨份子合作，却免除黨內由共黨份子所擔任的所有重要職務。史達林對蔣介石政變式的作爲並未惱怒，反而批評媒體有關蔣介石的報導是帝國主義勢力的宣傳技倆，並指示俄國顧問配合國民黨的政策。史達林打的算盤是：國共若共同北伐，成功後成立一中國統一戰線政府，則共黨獲利更大。

北　伐

一九二六年七月中華民國國民革命軍在蔣介石指揮下，分五路向北及東前進。其聲勢之盛，進展之速，不僅使北洋軍閥爲之膽裂，亦使舉世爲之震驚。國民革命軍嚴守紀律，不搶不掠，這是北伐成功的主要因素之一。北伐軍每到一處，必先派人宣傳，保證國民革命軍是前來解救百姓的。蔣介石因此被視爲百姓的救星，敵軍也紛紛倒戈投誠。一九二六年十月北伐軍克復武昌、漢口、漢陽三鎮，以武漢爲國民政府臨時所在地。一九二六年年底，蔣介石已收復中國中部及南部大部分地區。

一九二七年，共黨控制的左派勢力，利用漢陽工農無產階級份子到處製造赤色恐怖。英國在漢口的租借地受到襲擊，但英國人却從容以對。此外，共黨份子並計劃在南京屠殺外國人，因美軍戰艦轟炸南京而受阻。共黨份子亦曾計劃在上海製造暴動，唆使罷工。當時蔣介石不願遭惹國際干預，以免危及其統一中國的計劃，故而一向避免與列強產生衝突。國民革命軍因上海危急而進入上海，却使上海的外國人深覺受到共黨份子及蔣介石軍隊的雙重威脅。他們架起鐵絲網，以保護自己。英國並迅速派出遠征軍協助。所幸蔣介石佔領上海後未干犯外國人，使各國代表及法租界大大鬆了一口氣。

在這同時，北平發生了一奇特的事件。張作霖元帥手下的軍人違反國際法，侵入位於神聖不可侵犯的使節區內的蘇維埃大使館。當這些軍人進入軍事武官辦公室時，使館人員正忙著燒燬文件。反應敏捷的中國人見狀立即攀上屋頂，由煙囱灌水滅火。雖然文件已嚴重燒損，但仍可清楚確認蔣介石的蘇聯顧問及中國共黨份子已受莫斯科指示，在中國進行布爾什維克運動。蔣介石與北方軍閥是死敵，不可能牽涉此奇襲行動，也不可能與張作霖南北呼應。積極企圖阻止俄國勢力進入中國東北的日本人却很可能是幕後主使者。

這一連串事件對中國日後的發展影響深遠。蔣介石有鑑於此，

決定大力肅清共黨份子。國民黨成立清黨委員會，執行清黨工作，
在上海、南京、廣州及其他城市大事逮捕、處決共黨份子。倖免
者或逃至中部山區避難，或轉入地下。清黨後國民黨武漢左派份
子與共黨劃清界線。蔣介石定都南京。

與蘇聯決裂

中國與蘇聯決裂已成定局。史達林雖企圖利用中國國民黨在
中國進行布爾什維克運動，但蔣介石在利用蘇俄顧問鞏固國民黨
勢力，整頓軍隊後，即將之驅逐離華。鮑羅廷與其助手取道蒙古
返回蘇聯，孫逸仙遺孀並與之同行。鮑羅廷返國後住在莫斯科，
一九四九年被捕下獄，後死於獄中；布魯轍將軍早在三〇年代即
遭史達林處決；孫逸仙遺孀則一直未放棄對共產思想的信仰，受
到毛澤東無上的尊重，八〇年代初死於北京。

中國與莫斯科決裂，對史達林及其聯中政策是一重大打擊。
而其對手托洛斯基亦趁機大加撻伐，批判史達林眼光短淺。但托
氏的勢力已逐漸衰退，史達林仍贏得此次權力鬥爭（一九二七年，
蘇聯共產黨中央委員開除托洛斯基黨籍，將其放逐到中亞細亞的
阿拉木圖（Alma Ata）；一九二九年托氏被逐出蘇聯，流亡墨西
哥，一九四〇年遇刺身亡）。

史達林接著致力推行“社會主義在蘇聯”的理想，故而往後
數年之中並未介入中國內政。一九二七年共黨份子在南昌及廣州
鼓動暴亂，爲國民黨所戡平；同年十二月十四日中華民國國民政府
宣佈與俄國斷交。

俄國顧問離華，造成中國權力政治的眞空。軍閥們又再度猖
獗。盤據北方的張作霖自封爲陸軍元帥，自認足以掌控全中國。
而國民黨內亦發生分裂。左派份子在汪精衞領導下，要求蔣介石
辭去國民革命軍總司令一職。八月，蔣介石引退，等候中國內部局
勢的明朗化。

蔣介石與上海富商

蔣介石的引退對國民黨日後影響至鉅。蘇聯經援中斷，中國
也不可能獲得其他國家的支持，使得國民黨不得不在中國境內尋
求援助。中國大港都有許多富豪巨商。蔣介石在佔進上海後曾透
過貿易局向當地工商界人士強制貸借一大筆款項。與莫斯科決裂
後，中國共黨份子暫時銷聲匿跡；蔣介石在北伐時直掃長江，成
爲人民心目中的英雄；中國工商界因此視其爲唯一能掃蕩北方軍
閥，完成中國統一的人選，願意與他合作。

出身上海首富家族的宋美齡與蔣介石的婚姻結合，使國民黨
與上海工商鉅子間的關係更加鞏固。宋母倪太夫人以蔣介石是軍
人，原反對此樁婚事。中國常言道："好鐵不打釘，好男不當兵"。
在中國社會，軍人地位一直被貶得很低。宋家是虔誠的基督教家
庭，蔣介石則自幼接受佛教信仰，與宋美齡結褵後皈依基督教。
這種爲政治因素而改變宗教信仰的例子，歷史上屢見不鮮；法國
亨利四世皈依天主教時，曾說了一句名言："爲了巴黎而舉行一
次彌撒是值得的！"

國民黨的投向上海資本主義圈人士，以及蔣介石與宋家（有

時被稱爲宋氏王朝）的姻親關係，使國民黨在往後幾年內的政策偏離孫逸仙的初志。孫逸仙曾一度崇拜列寧，列寧逝世時甚至指示中國上下哀悼三日。一九二一年，列寧爲解決蘇聯境內飢荒問題，允許農民、手工業者及商人自由經營，並容許輕工業的存在。此新經濟政策與孫逸仙的構想十分吻合，因此受其崇拜。一九二七年（巧合乎！）史達林却突然下令終止此新經濟政策的實施，而採行孫逸仙在“孫越共同宣言”中明確反對的強制性全面集體化。

掃蕩北方軍閥

　　一九二八年二月，蔣介石復任國民革命軍總司令一職。政敵——國民黨左派首腦汪精衞則逃往法國，蔣介石的政治勢力也因此更加穩固。雖然日本人在山東省從中作梗，使其軍隊損失慘重，但北伐軍仍勇往直前；北方最大軍閥張作霖將其部隊撤至中國東北，雙方殊死戰已在所難免。然天助蔣介石。張作霖在乘坐私人專用火車由北京前往皇姑屯時，遭日本激進派軍官放置炸彈而身亡。其子張學良率軍向蔣介石投誠。自清亡以來一直陷於混亂分裂的中國，終於由蔣介石完成統一，爲實現孫逸仙的三民主義創造了先決條件。

　　北伐完成後，蔣介石及投向國民黨而掌握軍權的人士，曾前往北平附近的碧雲寺，在孫逸仙遺體前誓言繼續秉承孫先生遺志，實現三民主義理想。

　　在中國史上，這是南方首次戰勝北方。按孫先生願望，國民政府定都南京，而易北京爲北平。南京位於中國中心位置，又鄰近中國經濟中樞——上海，且遠離日本的威脅。此外，南京市內也無中國人深惡痛絕、享有治外法權的外國使節團特區。

蔣介石簡介

以短短兩年時間勢如破竹地完成中國統一，年僅四十一即成爲全民英雄及世界矚目焦點的蔣介石，到底是何等人物呢？有關他個人及作爲的評價，至今仍衆說紛紜。孫逸仙一直被尊爲國民黨創始人，中華民國國父。其遺孀在一九八一年甚至以逾九十之高齡被封爲中華人民共和國名譽主席。蔣介石爲國民黨奉獻的精神不亞於孫逸仙，却被共黨份子及其黨羽詆爲惡棍，反動份子、歹徒及法西斯主義者。第二次世界大戰後數年內，崇俄熱潮高漲，被稱爲“喬伊叔叔”的史達林一度被推崇爲民主人士，此時美國也加入詆毀蔣介石的行列。但在大戰期間，中國因扮演牽制日本的重要角色，蔣介石尙與邱吉爾、羅斯福及史達林並稱“四巨頭”。迨中國打敗日本後，美國却背棄蔣介石。中國共產黨只因計劃推行土地改革，一夜之間便躍升爲眞正的民主人士，蔣介石則被稱爲「鐵石心腸的暴君」及「法西斯主義者」。日本留在中國東北的大批軍備全數落入中共手中；而美國在猶豫多時後，決定將軍隊撤出中國，並中止支付美國國會已批准的五億美元貸款給中華民國。美國無意激怒史達林，因此對中國共黨份子與蔣介石的衝突，一直強調保持中立的態度。美國的這種立場，對中國大陸的赤化應負起絕大部分的責任。

　　美國的態度類似第一次世界大戰期間，英法兩國在中東的外交政策。當時英法為促使阿拉伯人加入大戰，共同對抗奧斯莫尼斯國，曾允諾戰勝後建立一“大阿拉伯國家”。戰後英法兩國非但毫無兌現之意，反而瓜分阿拉伯地區，並美其名為“世界民族聯盟託管地”。中東今日戰火不斷，紛爭不休，即根源於此。德國文學家席勒（Schiller）說得好：“世界歷史即世界法庭。”

　　我們再言歸正傳，討論蔣介石。蔣介石於一八八七年生於浙江省奉化縣溪口鎮。家境小康。中日甲午戰爭（一八九五年）中國失利，清廷中改革派促請派遣年輕一代前往日本留學，接受軍官訓練。中日戰爭甫落幕，中國即派遣留學生前往日本學習，這實在是一件不尋常的事（就像歐洲人很難想像法國在一八七〇／七一年普法戰爭後，會派人到普魯士接受軍官訓練一般）。但日本在日俄戰爭（一九〇四／〇五年）中擊敗帝俄後，便成為中國改革派人士心目中值得模仿的亞洲強國。年當十九歲的蔣介石自願前往日本留學，在日本軍隊中接受幾年軍官訓練。

　　日本的軍官訓練極具普魯士色彩。很絕的是，高瘦結實的蔣介石，其規律而稍微僵硬的舉止，冷靜理智的作風，以及時刻充滿為國服務的責任感，亦使其神似普魯士軍官。在我服務中國期間，蔣介石聘請馮・塞克特（von Seeckt）將軍為顧問，他們兩人十分酷似，令我嘖嘖稱奇。

　　蔣介石缺乏孫逸仙的卓越政治秉賦，是一位不折不扣的軍人，政治魅力不大，審慎而內向；可能因除了日文外，不精通他國語言之故，所以面對外國人時有些拘謹。我本身只在一些官方場合見過他，除握手外，未曾與之交談。事實上，也只有少數外國記者有機會探訪他，且所談內容都經過事先安排，記者並無機會自行發問。

蔣氏生活嚴謹簡樸，滴酒不沾，連咖啡都不喝，亦無抽烟的習慣，飲食極其簡單，每日清晨作瑜珈，並靜坐一小時。他有寫日記的習慣，每日記載詳盡(此習慣在西安事變中曾救了他一命)。他喜好儒家思想，在南京市郊山上散步時，經常吟詠古人詩詞。歐洲人可能納悶，自幼接受佛教信仰，且潛心研讀儒家經典的蔣介石，如何能成為一位基督徒呢？其實中國人生性很少囿於某一教義，在所有宗教、所有哲學思想中皆能尋得真理。

蔣介石作風一如其生活，清白而廉潔。對其個人之崇拜，唯有合乎政治目的者，始能為其接受。但每枚銅幣都有正反兩面，僅提優點而忽略其缺點也有失公正。蔣介石之所以被政敵稱為獨裁者及法西斯主義者，世界性的時代風尚潮流多少有些影響。他處於一個"專制獨裁者"的時代，土耳其的凱莫爾・阿塔托克、列寧、史達林、墨索里尼、希特勒、葡萄牙的撒拉察爾、西班牙的法蘭哥及波蘭的彼爾蘇德斯基皆應運而生。我個人認為：中國局勢也迫使蔣介石不得不採取強硬冷酷的措施。中國帝制瓦解後，地方勢力落入軍閥手中。這些軍閥無異於土匪流氓，不採強硬手段，中國統一便遙遙無期。法國革命家聖・傑斯特(St. Just)曾說："沒有人能無罪地統治國家。"置身於如此特殊的時代中，蔣介石實不得不然。若因此而稱其為狂熱革命者，我們却無法苟同。

共產黨一再指責蔣介石於一九二七年對共產主義份子所進行的大謀殺。吾人若正視毛澤東在文化大革命期間殺害無數生靈，欠下中華民族一大筆血債的事實，那麼共黨份子及其歐美友人即應平息對蔣介石作爲的怒氣，進而反身自省。我們歐洲人有何權力以另一種標準來論斷蔣介石的功過？法國大革命不也犧牲了無數生命嗎？德國難道沒有納粹謀殺猶太人的黑暗歷史嗎？

在對付政敵時，蔣介石所表現出來的狡黠、奸詐是亞洲人的特色。中國人慣於妥協，以保全雙方的面子。在政治局勢尚未穩定的時代，仇敵可能在一夜之間成爲朋友。蔣氏善於掌握政敵，並有許多排除異己的策略，如遙遙無期的軟禁，流放偏遠地區，以大使派駐外國及有給付的國外養病等等。他也不畏懼與敵人正面衝突，多次表現出視死如歸的勇氣。一九三六年西安事變中，他落入叛軍手中，却絲毫無貪生怕死之情，正顏厲色地喝斥事變首腦：若不殺他就得服從命令。事變主謀人也爲其視死如歸的氣慨所懾服，不敢下手殺他。

蔣宋美齡

蔣介石與宋美齡的結合，對其事業而言是一大助力。兩人因友誼，因與孫逸仙的姻親關係而有深切的淵源，並同心同德爲國民黨奉獻。事實上蔣宋兩人個性相去甚遠。蔣委員長生活嚴謹，深受儒家思想薰陶；而宋美齡則因接受美國教育，個性極美國化，去國九年後，還得請老師教中文。宋氏才貌出眾，雍容華貴，思緒敏捷，活潑，特別擅長與外國人社交，是木訥拘謹的蔣介石的最好助手。她以夫志爲己志，努力爲中國的統一及現代化而奔走奉獻；她了解局勢，是委員長構想的最佳詮釋人。若說她是中國

第二重要人物，實在毫不誇張。在中國史上，女性在政治舞臺上
扮演重要角色的例子屢見不鮮，這和日本完全不同。慈禧太后即
左右了十九世紀中葉至二十世紀初中國的命運。毛澤東妻子江青
在文革期間也扮演極重要角色，但這角色却給中國帶來無窮的禍
害。

　　宋美齡雖出身豪門，却能與蔣介石同甘共苦，出生入死，隨
著他到處旅行，危險地區也不例外。一九二八年北伐期間甚至隨
國民革命軍過著野外紮營的生活。西安事變中，她更表現出與夫
婿同生死的決心。這點在後面章節將再詳述。

　　蔣介石因她而洗禮，接受基督教信仰。屬於衞理公會教派的
宋美齡，到底對蔣介石轉變成一位信仰堅定的基督徒有多大的影
響，吾人不得而知。蔣介石雖每日與她共同閱讀聖經，却也不忘
研讀儒家經典。不過，蔣介石最喜愛主張兼愛的墨子（約生於西
元前四七五～四〇〇年），可見宋美齡的努力並非徒然無功。

　　宋美齡一向被稱爲蔣夫人，不僅是蔣介石最理想的伴侶，也
因其出身上海望族，在政治上對蔣介石助益頗鉅。

宋家傳奇

　　宋家故事宛如童話般，宋父——宋嘉樹九歲即由家人安排，
遠渡重洋到美國，幫助他的叔叔照顧波士頓一家雜貨店。宋嘉樹
的叔叔無子嗣，被過繼爲他的養子和繼承人。海外華人經營的小
商店，外觀雖小，事實上却是貿易網遍佈全球各地之貿易世家的
小據點，財力往往非常雄厚。

　　但宋嘉樹無法忍受這種生活，趁機離家出走，跑到波士頓碼頭，躲入一艘開往南方的船上。當然他不久即被發覺，交給船長處理。按一般情況，偷渡者在下一停靠港即被遣送上岸。但這位悲天憫人的船長在聽完這個小男孩的敍述，"他為到美國求學而離家出走"後，認為這位聰穎的中國小孩的來到是上帝的安排，是上帝帶領這位不信仰基督教的小孩給他，他身為基督徒，有義務拯救這隻迷失的羔羊。於是這位船長將宋嘉樹交給一位衞理公會牧師；牧師為其洗禮，並以船長之名"查理"為其教名。

　　衞理公會會長是一位富有的紡織廠經營人，愛人如己。他聽到這件事後，即接下撫養宋嘉樹之責，讓他受教育，送他到田納西州凡德比特大學神學院深造。日後，宋嘉樹乃以受過專業訓練的傳教士身份返回中國。

　　宋嘉樹從此自稱為宋查理，回上海後從事傳教工作。結婚後育三女一男（應為三男：宋子文、子良、子安）。宋嘉樹視美國為第二故鄉，因此將所有子女送往美國受教育。但他從商興趣遠比傳教熱忱更濃厚，不久便放棄牧師工作，踏入商界，成為成功的企業家。他說服了許多海外華人支持中國革命及反帝國主義運動。結識孫逸仙後，更大力支持其革命，秘密協助組織。他設立了印製宗教小册的聖經印刷廠，作為掩護，秘密印製革命傳單。為逃避清廷的追緝，孫逸仙經常向其尋求庇護；而孫逸仙與宋家的密切往來是日後他與宋慶齡結合的主因。

　　宋嘉樹的長女宋靄齡則與孔子後裔，富有的銀行家之子孔祥熙結婚。孔祥熙以洋化名字 H. H. Kung 自稱，兩人在耶魯大學求學時結識。宋美齡是宋嘉樹最小女兒，下嫁給蔣介石。宋家的三位千金因此成爲中國近代史上的三朵奇葩。蔣介石組政府時，任用其連襟孔祥熙爲工商部長；其曾在哈佛大學唸過書，日後成爲出色商人的小舅子——宋子文爲財政部長，聚集宋查理的所有血姻親於內閣中。

歐洲人對這種國事與家族互相牽連的現象必感困惑不解。中國人則不然。在一人飛黃騰達後，提拔任用自家族人，自古在中國便是理所當然之事。中國人祭祖，家族是中國社會維繫秩序的眞正工具，它在中國社會的功能，一如西方的國家及城市所具的功能。在舊社會裏，中國家庭中的最長者甚至有決定家庭成員生死的權利。中國行政體系可說是由下往上運作的。儘管改朝換代，不管是蒙古人或滿人統治，不管何位省級官吏當政，中國大家族生活依然不受影響，秩序仍有條不紊。這也是中國社會能綿延不墜的主因。

蔣介石統一中國後的中國局勢

蔣介石完成北伐後，中國仍未眞正統一。軍閥們戰敗後抱持機會主義的態度而投向蔣介石。事實上，軍閥仍然存在，仍擁有傭兵軍隊。國民黨必須設法將這些軍隊納入編制。

當時全中國主要分爲五個派系：馮玉祥據北方，原與蔣介石結盟，後來拒絕將軍隊併入國民黨編制中；張學良雖在其父遇害後將軍隊調至中國東北，讓蔣介石自由調用，但張學良一直是位地域觀念強烈，不很牢靠的人；代表國民黨左翼的汪精衞及其擁護者——孫逸仙遺孀也屬於此一派系；南方有所謂廣西軍，企圖在廣東自組政府，一九二九／三〇年被蔣介石擊潰。

在蔣介石的努力奔走下，一九三一年五月中華民國國民大會召開第一次會議，有來自全國各省市的四百四十七位代表與會，制定臨時憲法。此憲法以孫逸仙的三民主義思想為藍本，有效期至一九四六年。大會並通過全國教育方案，成立國家經濟委員會。

蔣介石當時所面臨最緊要的問題是：結束國內派系對立，遣散三軍部隊，其中包括國民革命軍及軍閥們所留下來的傭兵，以及全面改組三軍。

駐華德國軍事顧問

　　蔣介石將俄國軍事顧問遣散後，於一九二七年夏天透過德國駐北平使館武官向德意志帝國政府探詢，是否能在華派駐軍事顧問。軍事顧問團不具正式軍事任務，而是以私人身份爲中國政府服務。德國外交部未積極處理此事，中國駐柏林使館便直接與魯登道夫（Ludendorff）取得連繫。魯登道夫在德境之外素來享有德國軍事問題專家美譽，他建議以卸任上校馬可斯・包爾博士（Max Bauer）擔任此職。包爾在第一次世界大戰期間曾與魯登道夫合作過，並於一九二〇年與其他軍官共同參與喀布政變，試圖推翻威瑪共和。

　　德意志帝國政府雖對外宣稱與此顧問任務無關，但私下却樂觀其成。當時德國爲求脫離凡爾賽和約所造成的孤立，採行多種不同措施，其中包括德意志帝國國防軍與蘇維埃軍隊建立友好關係，協助土耳其成立軍隊等等。在東亞建立關係當然也符合此政策。德意志帝國派遣軍事顧問團到中國，事實上也使德、中密切的合作關係達到空前絕後的程度。

　　一九二八年初，包爾上校率顧問團抵達上海，成員共計四十六人，受到隆重而親切的軍隊儀式歡迎。包爾上校任期却極短暫，來華一年後即不幸死於天花，職務由卸任中校赫爾曼・克理伯（Hermann Kriebel）接任。克理伯是希特勒之友，一九二三年在慕尼黑統帥廳"十一月政變"中初露頭角。兩年後希特勒調派克理

伯轉任他職（一九三四年被任命爲德國駐上海總領事）。接任的
前步兵將軍戈爾格・威徹（Georg Wetzell）於一九三〇年抵華履
新。威徹在第一次世界大戰期間擔任德國三軍作戰部主任，一九
二五／二六年間擔任德意志帝國國防軍軍務部主任。軍務部事實
上總管三軍事務，因凡爾賽和約的限制，被迫易稱。

德國軍事顧問團雖一再更動領導人，但其工作却在短期內
即見成效。一九三二年，日本爲阻止中國抵制日貨，派兵進入上
海；中國軍隊訓練有素的表現及堅強的抵抗，大大出乎日方意料
之外。

馮・塞克特將軍的貢獻

中國國民革命軍組織不夠精簡嚴謹，蔣介石因此努力尋找能
整頓中國軍隊的適任人選。他對德意志帝國國防軍建軍經過一直
十分關注，終於看中其組織人馮・塞克特將軍。威徹將軍亦建議
聘請他前來中國，因爲威徹本人與蔣介石及其他中國軍官的關係
逐漸惡化，希望能借助馮・塞克特（是威徹朋友及戰友）來鞏固
軍事顧問團團長的地位。威徹本身是一位卓越的軍人，盡忠職守；
但由於個性魯直，和細緻的中國人格格不入。尤其是中國軍官在
購買武器時，也和我在北平使館裏的僕侍一樣，要求抽取"油水"；
對此中國"國粹"他無法諒解、接受。中國使節曾在德國外交部
次長馮・畢洛夫面前描述威徹說："對中國人而言，他稍嫌普魯
士化。"

蔣介石透過威徹將軍向塞克特探詢，是否願意前來中國訪問。

塞克特接受了邀請。一九二六年塞克特因讓皇儲太子參加帝國國防軍演習，被指責無法認清政治遠程意義，並遭革除統帥部主任一職。德國部分新聞媒體，尤其是法國新聞媒體對此革職事件感到十分憤怒，嚴厲批評德意志帝國國防軍格斯勒（Gessler）部長。塞克特後來進入政界，以德國國民黨黨員身份被選為國會議員，一九三二年五月三十日布律尼（Brüning）內閣解散後，即離開國會。儘管事業有成，塞克特仍有孤立感，因此頗為蔣介石的邀請及在中國的工作所吸引。一九三三年，德國納粹黨取得政權，他反覆思量是否應在此局勢動盪之際離開德國。政界人士大都堅信希特勒政權時日不多，即將瓦解。不少人認為納粹政權瓦解時，塞克特是"祖國的救星"。由他日記中的記載可知，塞克特本人也一再斟酌，他若在這緊要關頭離開德國，是否形同臨陣脫逃的逃兵。最後，他擺脫所有疑慮，於一九三三年四月動身前往中國。

塞克特在上海受到中、德雙方隆重歡迎。東亞各新聞媒體紛紛揣測這位德國知名人士訪華的真正目的。塞克特搭乘蔣介石為其準備的豪華列車前往南京，拜會中國各有關單位及德國軍事顧問團。此外，他也抽空遊杭州，不願錯過體驗南宋名都的良機。這是他首次接觸中國文化古都。很明顯地，他不十分適應。但在給其夫人信中，他只寫道：

……這一切無法以言語來形容，必須聚精會神來領略。

他對南京的描寫很貼切：

南京的現代化建築雖然部分頗具規模，但却醜陋而乏味。

蔣介石熱情款待塞克特，特地請他位於漢口附近，海拔一千一百公尺高的渡假聖地——牯嶺下榻。塞克特搭乘砲艇，溯長江而上，航行二十小時後抵牯嶺山下，再乘轎上山。

很顯然地，兩位將軍一見如故，促膝深談了兩天之久。蔣介石對塞克特留下很深刻的印象；而塞克特在日記中則很客觀地評論蔣介石：

> 他外貌正直，聰明，却不優雅；眼神穩定而坦率，且領悟力強，但有追求烏托邦理想的傾向；性子太急，應學習如何耐心等候的藝術。他缺乏助手，單獨一人負責太多的事務；唯一能取得其信賴者恐怕只有他的夫人。

蔣夫人給這位年長的護花使者留下很好的印象，他的評語是：

> 她親切、聰慧且機靈，在社交中的穩健舉止尤其出眾。我很少見到應對如此完美得體的婦女。她對政治興趣很濃厚，對軍事亦很有見地，努力促進中德軍事合作，支持其夫婿的事業。

塞克特以一句名言作為對蔣夫人讚美的結語：

> 前人曾言：淑女重於種族。今日親身體驗這句話，內心震撼

不已。

　　蔣介石陪塞克特下牯嶺乘砲艇。塞克特在南京與威徹將軍作了幾次長談後，又搭乘蔣委員長的豪華列車前往北平。德國政府希望傑克特以渡假名義前來中國，因此行程中尚包括參觀山東省曲阜塞的孔子故居以及登泰山。塞克特六月初抵北平，在此停留三個星期，期間作了許多參觀活動。在寫給其姊（妹）的信上他曾表示：

　　　北平是世界上最美的城市之一，我實在想不出適當的字眼來
　　形容這個偉大的城市。從各個觀點來看，北平在在驚人心靈，
　　動人魂魄。我從未見過如此偉大、完美的城市。根本而言，
　　我對北平有一份生疏感，它無法像希臘文化一樣，充實並滿
　　足我的心靈，但這正是北平的美。北平名勝古蹟所散發出來
　　的和諧，其精神與外貌間的一致性在在令人讚歎不已……北
　　平之行帶給我無比的喜悅。訪問中國若不到北平，將使我這
　　次旅行完全失色。

　　訪華期間，塞克特並與中國軍事單位有深入的接觸，與作戰部長何應欽的會談次數尤多。訪問結束後，塞克特就其在中國所得的印象及所進行的協商，整理出一份報告。此份報告由德國卸任上校海恩斯（Heins）顧問——不是由威徹將軍——呈給蔣介石。塞克特很快即找出中國軍隊組織的癥結：中國不需要擴大軍隊規模，而是應精練軍隊；中國的軍隊不是太少，而是過多。德國駐

華使節陶德曼也曾向德國外交部提出相同的報告。塞克特建議蔣
介石建立十師軍隊，其訓練及配備符合一流水準。此外，爲了教
導如何訓練此十師軍隊，應成立一教導師。教導師由二個步兵團，
一砲兵群，一工兵連，一裝甲連，一通訊連及一騎兵連組成。爲
個別訓練之需，德國顧問團應配備有年長且具作戰經驗的軍官及
一些年輕軍官。再者，應由德國協助建立中國自己的軍事工業。
蔣委員長應儘可能由一位領有中、德雙方工作人員的德國總顧問
來輔助。塞克特於七月初乘船返國，蔣介石透過一位部長送給他
一張巨額支票及許多禮物；而塞克特將軍所崇敬的蔣夫人則送他
一大籃花。

在返國路上，塞克特將他在中國所見所聞一一載入日記。從
記載中可看出他內心的失望：

> 大體而言，一切皆不如我所想像，所期待的……現在我才知
> 道，我對此事之意義的了解有多淺薄。但整體印象仍然不變，
> 而我也可重新思考此事的意義。

船駛離可倫坡港時，他寫道：

> 東方之旅於今日告一段落。儘管有許多困難及黑暗面，東方
> 仍具有神秘的吸引力。但我年事已大，無法在另一新環境中
> 重新紮根。我毫無在此終養天年之意。不過，我已能了解眷
> 戀東方，尤其是眷戀中國的人。

塞克特在歸途上很少參加活動，他覺得不適，放棄在靠岸港的參觀活動，大部份只與船長交談。他在日記中寫道：

> 這些人所見到的世界是地理的世界，他們的眼界實在很狹窄！但他們却既奇特又可愛！

為了解中國，塞克特很顯然讀了當年極受歡迎，由赫爾曼·凱澤林（Hermann Keyserling）伯爵所著的《一位哲學家的旅行日記》。迨他親身經歷中國後，他寫道：

> 現在我才知道凱澤林遊記有多膚淺，多自滿。他根本不了解東方深奧的精神層面。

塞克特似乎不了解凱澤林旅行日記中的大部分想法在旅行前已具雛型。此書所載的事已比他的另一本著作《南美洲式的默想》更接近事實了，看過後者的每一位南美洲人莫不搖頭。

塞克特一返回德國，蔣介石即催促他再到中國，因為他與威徹將軍的關係已惡化到不可收拾的地步。基於健康情況，塞克特無意接受此一請求。他病了，有些人士也擔心塞克特無法承受在熱帶氣候下的另一次舟車勞頓及南京的燠熱。德國外交部長馮·諾伊拉特（von Neurath）鑑於德國在政治上所受的壓力，建議塞克特拒絕中華民國政府的邀請。塞克特因此回絕。不久中方又派專人拜會德國外交部，傳達蔣介石對塞克特的崇高評價，以及希望他前往中國的殷切祈望，那怕只是幾個月的短暫停留。塞克特却再度回絕。中方相當不悅,遂向德國駐華使館的一位成員透露,中方打算轉而與法國貝當(Pétain)元帥合作的意向。中方的暗示果然奏效,塞克特允諾來華。德國外交部鑑於德國顧問團可能為法國所取代,也同意塞克特來中國。為避免激怒日本人,德國駐華大使德特曼建議塞克特對外不以總顧問,而以私人身份訪華。

一九三四年三月傑克特二度前往中國,由夫人及前步兵將軍亞歷山大・馮・法根豪森(Alexander von Falkenhausen)陪同。塞克特這回並無"逃兵"之感。相反地,德國政局的發展已證明德國目前不需要他。在這同時,威徹將軍也向蔣介石提出辭呈,他毫不掩飾地表達對塞克特的不滿,稱他為"偉大而自負的人"。

四月塞克特及法根豪森一行抵達上海,隨即前往南京。當時德國顧問團軍官人數已達六十人左右。塞克特試著向顧問團說明他與威徹將軍之間的不快:

> 我告訴自己,威徹將軍已無法繼續在中國任職,而蔣元帥除了我之外,不願其他人接任。蔣元帥已很明確地表達了他意志的堅決。基於這些理由及德國利益,我問心無愧地接下此一職務,對威徹將軍亦無任何愧咎。

在牯嶺,塞克特二度與蔣介石就中國軍隊的重整作深入討論。法根豪森也順利接任顧問團團長之職。回南京後,塞克特向顧問團報告與蔣委員長的談話內容:

> 蔣委員長的構想出乎我意料之外,坦白地說,甚至超過我本

身所希望的程度。他有意留我在南京，並任命我為他的代理
人，我可以以他的名義發佈任何命令。

　　而實際上，蔣介石也發佈了任命塞克特為"委員長全權代理人及
總顧問"的人事命令。為使此職位具有正式的意義，蔣介石讓塞
克特在接見中國將領時，使用其辦公桌。

　　由於奔波於牯嶺與南京之間，以及兩地高度的差距，使塞克
特身體不勝負荷，導致心臟不適。一位德國醫生到南京為其診療，
後由夫人陪同，乘坐蔣介石豪華列車前往北戴河療養。途中每到
一站，必有歡迎儀式，當地省長及軍隊司令也必前往致意。

　　北戴河的療養使他的健康情況迅速改善。不久即能走訪他所
喜愛的北平。此次旅行純屬渡假性質，所以能仔細地遊賞。為解
說中國歷代古都的眾多名勝古蹟，中方特別派了一位靈巧的、德
語說得十分流利的年輕中國人——羅伯特・齊宗（譯音）陪他。
我和齊宗是朋友，不久前他娶了一位來自萊比錫的德籍太太，我
也參加了婚禮。齊宗事後曾回憶陪同塞克特參觀北平市的經驗：

　　塞克特的廣泛興趣在參觀北平時，表露無遺。他能在皇宮中
逛上數小時，觀賞不同朝代的藝術品而絲毫不覺得累。他對
中國藝術讚賞不已。……他也特別喜歡天壇。他告訴我說：
「天壇表現出建築的最佳和諧感。置身於天壇中，從四面散
發的和諧氣氛使人感到與天結合在一起。」……

　　塞克特這次訪問的禮賓事宜，也就是接見、拜會、餐宴等方

面的安排，皆由我負責，也讓我首次經歷到禮賓接待上無法掌握
的意外。德國使館計劃在官邸以茶會接待塞克特夫婦。這天上午，
九月的北平出奇地熱，使館上下無不擔心塞克特身體承受不了。
所幸天公作美，突然下了一場大雨，暑氣瞬間全消，衆人也鬆了
一口氣。雨後北平天空晴朗，但使館內的熱氣却久久不去，室內
又悶又熱。顧及塞克特健康，我建議使館將茶會移至館內的公園
舉行。大使同意後，中國僕侍們手腳俐落，在極短時間內，室外
茶會便準備就緒了。

　　塞克特夫婦的搭配有些奇特，塞克特本人又高又瘦，而夫人
則圓渾得像極了楊貴妃。我請塞克特夫人入貴賓座位，這時意外
事件上演了。北平的一場雨，使院子裏的土質鬆軟；噸位不小的
塞克特夫人就座之後，竹椅的脚便一直往下陷，塞克特夫人就像
坐在電梯一般地往下墜，最後兩脚朝天地坐在地上。力氣大的男
人們急忙過來把她扶起。這把椅子顯然正好位在一處特別鬆軟的
地點。這景況雖然令人發噱，但當時却無人有心情發笑。塞克特
的臉整個僵硬起來。使節陶德曼先生望著我，好似責備我說：

　　你這個大笨蛋！居然幹出這種好事來……！

此時人人緘默。僕侍們又再度敏捷地把茶點搬回悶熱的室內。但
整個氣氛已破壞，不久塞克特夫婦便起身辭行。

　　這次意外讓我終身難忘。二十年後我在亞德諾爾（Adenauer）
任內擔任禮賓司司長，更使我認清了一個事實：意外在禮賓事宜
中乃司空見慣，就像陽光與陰影相隨不離一樣。更甚者，外賓來

訪或國宴的整個過程順順利利，好像是理所當然似的。相反地，若出現不可思議的意外，則將永遠成爲話柄。發生意外的當時，若無小報記者在場，那麼禮賓司司長可眞是走運了。前任司長，也是我的好友——馮·赫爾瓦特（von Herwarth）大使常說：

禮賓司司長的家常便飯就是一個接一個的意外。

馮·法根豪森將軍

馮·法根豪森將軍逐漸在南京鞏固其顧問團團長的職位。他是一位經驗豐富的東亞專家，在義和團事變中，以少尉身份參與"世界元帥"瓦得西伯爵的遠征軍行動，一九〇九至一九一二年期間擔任德意志帝國駐北京使館武官，第一次世界大戰爆發前擔任德國駐東京武官。他比威徹將軍更平易近人，不久便與蔣介石建立起良好關係。其夫人與蔣夫人也相處甚歡。他對中國的眷戀相當感人。一九四〇年五月，德軍佔領荷蘭，他被任命爲荷蘭軍事指揮官。後來希特勒以賽斯——因克瓦特（SeyB-Inquart）在荷蘭組織文人政府，法根豪森將軍的指揮範圍便侷限於比利時及法國北部。德軍攻進荷蘭時，我正在德國駐海牙使館擔任參議，使館事先並未接獲德軍入境的通知，眞可說是被自己國家的軍隊包圍了。我別無選擇，唯有求助於法根豪森將軍。他稱我是"老中國"，緘默而却興高采烈地遞給我一份文件，上面記載著中國官方新聞社對中國情況所作的最新報導。儘管他已離華多年，却仍關切中國的一動一靜。他和我一樣，都無法忘懷神秘的中國。

在塞克特的影響下，蔣介石於一九三四年決定往後以德國軍用物資來配備中國軍隊。塞克特本人負責此事。他首次訪問中國時，便有德商爲出售武器而與他接頭；蔣介石決定引進德國軍備後，便成爲德國工業界駐華代表的主要連絡對象。透過塞克特的安排，德國軍售得以按步就班進行，而不單着眼於德商的利益。

法根豪森將軍得心應手地肩負起德國軍事顧問團團長的職務，使得塞克特對其工作漸感乏味，而且蔣委員長經常在前線，長期不在南京。塞克特對“不中不西”，缺乏文化氣息的南京也益感厭煩。一九三四年十二月，他罹患肺炎，想回德國的念頭更加強烈了。蔣介石對其病情極度關切，甚至親自到上海醫院探訪（此舉也成爲新聞焦點）。但塞克特去意已堅，在給朋友的信上他寫道：

> 我覺得離開中國的時候已到，是否從許多方面來看，會太遲了！

一九三五年二月，他向蔣介石提出辭呈。蔣委員長不得已，只能接受。但塞克特應允在德國仍將繼續擔任總顧問之職。直到一九三六年逝世前，他一直信守這個諾言。

德國軍事顧問團在法根豪森的領導下，持續重組中國的軍隊，並爲剿共行動提供意見。關於蔣介石的剿共，將在後面章節再行詳述。

在四十至七十位不等的德國軍官中，有十二位是槍械專家、爆破專家及行政人員。他們在略顯紊亂的南京市內格外突出。這些軍官並不屬於固定的編制內，也不負責德國政府所指定的任何軍事使命。每位軍官各按需要而與中國政府簽訂爲期不同的工作合約。大體而言，顧問團的成員極不平均，是由不同階層的軍官組成；下自年輕少尉，上至將軍，各司不同的武器，各來自不同的軍團。全團總計有五位將軍。

團員們對納粹主義的看法也不一致。部分年輕團員贊同；而年長的成員却是因德國境內的這種政治發展才離開德國國土的。這些顧問們居住在中國政府所提供的住宅區內。這住宅區在諾大的南京市中形同一個德國小島。由於大部分成員只簽幾年的合約，以故未能溶入東亞式的生活中（這也是海外德國人的一貫作風），使中國人不禁要問：爲何大多數德國軍官對中國社會不感興趣？

德國駐華大使館成員與軍事顧問團團員間素少往來，主要原因是顧問團的團員調動頻繁，而部分團員又一直留在前線。我與法根豪森將軍及其親切近人的夫人建立了友誼關係，却很少到其他顧問的家中作客。軍官們對周遭的中國環境大抵不感興趣，談話主題不外乎上批駐軍及同伴們的升遷與調職，指揮官的更換等等；中國軍事問題因對外嚴格封鎖，他們便絕口不提。這使我經常有種錯覺，恍若置身於德軍駐紮地的軍官俱樂部中。由於顧問團成員各殊，加上與外界隔絕，因而偶有衝突發生。德國軍官特別重視榮譽，也經常因此而發生爭執。爲排解軍官間的糾紛，塞克特不得不成立一榮譽委員會。

儘管如此，顧問團在法根豪森靈活的領導下，工作成效仍十分卓著。但希特勒與日本關係的發展，却對中德合作日益不利。

顧問團替蔣介石訓練精英部隊，並供應德製武器，日本人早視為眼中釘，因此不斷地向德國政府提出抗議，使顧問團在中國的工作逐漸站不住脚。顧問團對中國的貢獻使中德雙邊的合作關係更加密切；但迫於日本施加壓力，希特勒以沒收財產及刑事責任為要脅，下令召回德國軍官。中日戰爭爆發不久（一九三八年），最後一批軍官離華。陶德曼事後因表示撤離德國軍官有損中德雙邊關係，而遭馮・理賓特羅夫（von Ribbentrop）——希特勒外交政策顧問——召回。德國軍事顧問團前後共為蔣介石工作十年，其中為中國政府服職的軍官計一百三十七名。

共黨份子

　　蔣介石畢生與共黨份子不共戴天。中蘇斷交後，蔣介石於一九二七年開始有系統地消滅忠於莫斯科的份子，但許多黨員却在都市轉入地下，或逃入中國南方山中，藉以躲避這場有計劃的肅清行動。在北伐期間及一九二八年後蔣介石全力掃蕩軍閥餘孽的幾年中，共黨活動又再度死灰復燃。其上海總部獲得莫斯科及共產國際的支持，繼續秘密活動，勢力不斷擴張，使蔣介石終究無法完全殲滅。當時，毛澤東也竄入了山中，藏身在其故鄉湖南省。而國民革命軍中贊同共產主義的士兵也倒戈脫隊，逃入南方山林中。

　　共產國際遵循傳統馬克思主義理論，試圖藉工人無產階級的勢力在中國打開局面，而在南昌、廣州及其他重要都市製造武裝暴動。這些暴動一一爲國民革命軍敉平。在廣州暴動中，有數千名共黨份子喪命。

　　中國共產黨能取得最後勝利，主要歸功於毛澤東。當時他仍默默無聞，却認清了史達林所主張：城市工業無產階級是共產革命不可或缺之助力的理論是錯誤的，並堅信中國尚未工業化，必須利用農民爲革命工具，才能取得勝利。

毛澤東在中國南方建立的蘇區

　　毛澤東出身農家，了解中國南方農民生活的疾苦。中國北方農民大部份擁有自耕地。但南方的租佃制度却極其不公平，收成的一半須繳給住在城市的大地主及債主，有些地區甚至得繳三分之二的收成。除此之外，尚有苛重的稅金。這使得農民們過著近乎奴隸的生活，情況有些類似十六世紀初德國農民起義時期的生活。

　　毛澤東的農民革命理論雖與共產國際的正式路線全然南轅北轍，但毛澤東仍按蘇聯模式在湘贛邊界建立蘇區。蘇區由陡峭的井崗山所控制，戰略位置有利。毛澤東在此下令處決大地主，並將土地分給農民，因而贏得農村百姓的擁護；他更將農民、支持共產思想者及各式各樣的人組成簡陋的軍隊。後來得到朱德、陳毅及林彪（後二人日後成爲人民解放軍指揮官）的附和，士兵陣容及軍備隨之增強，而在湘贛兩省組成"紅軍"。接著毛澤東及朱德成爲蘇維埃運動的中國領導份子。事實上，毛朱兩人的出身及教育程度完全不同。毛澤東出身農家，從未踏出中國國境，但他在北平一所大學的圖書館中，以勤奮自學的方式深入涉獵有關西方教育及政治方面的知識。他相信馬克思主義是解決他所關切的農民及帝國主義在中國享有特權等問題的途徑。在軍事方面他却毫無經驗。朱德是出身富裕之家的典型中國知識份子，曾在德國哥廷恩、柏林及莫斯科留過學，堅信共產主義，因與蔣介石並肩作戰而贏得善戰軍人的美譽。

　　朱毛逐步將蘇區擴至閩皖兩省，一九二九年蘇區總部由井崗山遷至瑞金。一九三〇年共黨份子成立"江西蘇維埃政府"。一九三一年十一月七日（俄國十月革命紀念日）中共在瑞金成立

「中華蘇維埃共和國臨時中央政府」，推舉毛澤東爲主席，朱德爲紅軍總司令。

紅軍在經過幾年嚴格而有系統的訓練後，成爲一支對抗國民黨的利器。對紅軍，毛澤東不惜採取一切嚴厲手段，在一九三〇年的一次叛變中，曾下令處決二、三千名軍官及士兵。蔣介石誓師北伐，掃蕩軍閥餘孽，給共黨份子以擴張蘇區及建立紅軍之良機。他低估了中國共產黨的危險，以爲三至六個月內即能使其就範，而徹底解決“共匪”的問題。事實上，他先後五次圍剿，始將共黨勢力逐出中國南方，但仍未完全消滅其勢力。

蔣介石五次剿共

蔣介石在完成北伐，統一中國後，開始展開剿共行動。一九三〇年第一次剿共動用十萬大軍。由於蔣氏軍隊過於分散，遭毛澤東的游擊戰術各個擊破。毛氏雖非軍人出身，却精研孫子兵法，善採其戰術。毛曾說：

敵進我退；敵靜我擾；敵疲我攻；敵退我追。

一九三一年春夏，蔣介石進行第二、第三次剿共。第二次圍剿行動由參謀長何應欽指揮，但依然失敗。國民革命軍一向習於平原戰術，在崎嶇山區無法應付毛的游擊伎倆。再加上農民們把國民革命軍部隊調動的消息洩露給共黨份子，又提供錯誤情報給國民革命軍，致使剿共行動倍加艱鉅。國民黨軍隊以殘酷手段對付支持共黨的農民，反觀共產黨則以宣傳及各種承諾來取得民衆的支持，使得農民更加痛恨國民黨軍隊。

一九三一年夏天的剿共由蔣介石親自指揮，以德國軍事顧問爲參謀。此次行動計有三十萬大軍及一百架飛機參與。若非日本入侵東北，發動九一八事變，此次剿共很可能成功。瀋陽事變一爆發，國民政府立即抽調剿共部隊北上佈防，蔣介石從此面對共黨份子及日本軍閥的內外夾擊。

日本侵略中國東北給予中國共黨份子一喘息良機，共黨份子並以「中華蘇維埃共和國臨時中央政府」名義對日宣戰，藉此提高聲譽。對日宣戰雖純爲宣傳技倆，不具實質意義，却因此贏得民衆的好感，而使蔣介石進退維谷。他應該放棄剿共行動與共黨份子共同抵禦日本的侵略？或應先屈服於日本人，爲中國統一大計而繼續剿共，直至完全殲滅爲止呢？蔣介石選擇了後者，決定採行攘外必先安內的政策，先剿共再抗日。

這時共黨內部出現分歧，其黨中央也由上海遷至毛澤東的勢力範圍內。毛澤東理論與共黨正式路線之間的衝突日益明顯。毛澤東繼續堅持游擊戰，而黨內另一派則認爲應結束游擊戰，並反對將敵人誘入自己勢力範圍內，再加以擊破。反對派認爲：由於國民革命軍士兵的投誠及自身內部的重組，紅軍實力已足以在蘇區邊界上迎擊蔣介石軍隊。共黨內部出現反對游擊戰的意見，主要是因爲蔣介石對共黨所控制的省份進行經濟封鎖，導致農民遭受飢荒，紅軍供給也嚴重短缺。

最後反毛勢力取得優勢，紅軍由各路採取攻勢。蔣介石不得不動用五十萬大軍，在一九三三年六月至一九三四年四月間進行第四次圍剿。起初，共黨佔上風，作戰方式隨之轉成毛澤東亟力避免之陣地戰。

在塞克特將軍建議下，蔣介石採用另一戰略。他在已分裂成數個區域的蘇區周圍築起數千個小型木屋及碉堡，接著再逐步緊縮其範圍，封鎖共黨份子。此外並動用百萬大軍，在飛機、重砲及坦克的掩護下，作最後殊死戰。共黨份子受到經濟及軍事的雙重封鎖，面臨崩潰。

一九三四年十月二日，共黨領導內部決定放棄中國南方基地，開始流竄。兩名共黨軍隊將領採取聲東擊西戰略，轉移國民革命軍注意力，並於十月十六日深夜與十七日清晨之交，帶領紅軍主力部隊衝破封鎖。紅軍死傷慘重，而國民黨領導階層在事發後兩天始發覺紅軍已全數突圍。

長　征

共黨份子逃出中國南方後，即展開充滿傳奇性的長征。有人將長征與希臘作家克賽諾風（Xenophon）所撰寫的歷史名著 " 安那巴西斯 "（Anabasis）中的出征或亞歷山大戰役相比擬；同時長征也因其奇絕的表現而被載入世界軍事史中。長征全程共計二萬五千里長，許多著作曾就此一事件作了詳盡的報導，我無意於此再作細節贅述，僅列舉其特點如下：

一長征的目的地是中國西北方，並於陝西建立一個類似江西蘇區之基地。紅軍若事先得知此舉質屬流竄，士氣必定大減。毛澤東因此宣稱，前往中國西北旨在對抗當時盤據中國東北及北方的日本。

二長征成功之主因在：於貴州遵義會議上，共產國際派與毛澤東
　間之歧見得以化解，毛並被選爲政治局頭子。

三毛澤東與朱德形成長征領導核心。兩人密合無間，故被稱爲朱
　毛或毛朱。

四紅軍若直接進入陝西，途中勢必得經過蔣氏所控制的地區，毛
　因而繞道迂行，穿越西藏東側山脈，並沿中國西部邊界前進。
　爲造成國民革命軍的錯覺，紅軍先向南行，然後突然轉向，以
　急行軍速度向西北方推進。此種聲東擊西的軍事行動是毛典型
　的戰略。

五中國西部邊界最大的障礙莫過於河流的橫阻。毛曾以狡詐之計
　橫越了長江上游：他一方面下令築橋，却同時僞裝成國民革命
　軍的突擊隊，在離築橋地點很遠的地方向國民革命軍借調船隻。
　俟得船隻後便殺掉上當的敵方士兵。毛的所有士兵接著利用奪
　來之船隻渡過長江，而國民革命軍却依然守候在築橋處。在橫
　越地勢險峻而水流湍急的長江支流——大渡河時，更是充滿傳
　奇。大渡河自古以來即靠由鐵鍊連成，舖著木板的吊橋聯繫兩
　岸。紅軍抵達大渡河時，木板條早被拆除，對岸並有國民革命
　軍的機槍守候著。這時，毛徵求自願軍；三十名士兵自告奮勇，
　在敵軍機槍掃射下，攀著鐵鍊過渡。其中部分士兵喪命，而倖
　存者在抵達對岸後，以手榴彈將機槍手擊潰。紅軍迅速地在吊
　橋上舖上木板條，渡過了大渡河，並藉此打通了前往西藏邊界
　地區的道路。

六西藏東側山脈中的部分隘口高達五千公尺，而中國南方人一向

習於低地溫和的氣候，加上缺乏禦寒衣物，以致在橫越西藏雪山時有十萬人喪生。

七居住在山區中的中國少數民族一向對漢人採敵對態度。他們携帶所有家當及糧食避入山中，而常常偷襲疲憊且飢餓的長征隊伍，使紅軍損失慘重。

八越過西藏山脈後，紅軍必須經過甘肅及西藏間的一大片沼澤區，區內僅有幾條蔽天小徑可行，再加上豪雨侵襲，使得許多人因體力不支或陷入沼澤而喪命。

九一年後，即一九三五年十月，毛的軍隊抵達陝西。長征全程一萬二千公里，大約相當於自中歐到中國東北之距離。長征之初約有十三萬人，其中十萬人在征途中或死於國民革命軍炮火下，或因飢餓、疾病、體力不支而喪命。韓素音在其書"晨宏"中曾就長征作如下之統計：

> 長征軍走了一萬二千公里，穿越了十三座山脈，橫渡二十四條河流，經過十二省，攻下六十二個大小城市，擊破十省的封鎖，並打敗敵方部隊，困住或打敗蔣介石一百萬大軍，並穿越六個少數民族區。

十中國國民黨與共產黨間的衝突發展，有一相當奇特的現象，即共產黨也聘用德國軍事顧問。德國日後的分裂彷彿早已在中國這段歷史過程中出現了雛型。出生於慕尼黑附近依斯曼尼(Is-maning）的德國軍官布朗（Braun，別名李德）在第一次世界大戰後加入德國共產黨，並以共產國際間諜身份在南美洲及西班牙活動。一九二八年因涉嫌德國一宗叛國罪訴訟案而被捕，後由德國共產黨發動突擊，越獄逃往莫斯科。一九三三年，共產國際派他前往中國。他藏匿在一艘輪船的貨物堆內，經過數日的冒險，抵達江西，並協助毛澤東。布朗是唯一參與長征的外籍人士。艾得格・斯諾曾訪問過他，並認為長征是由布朗與周恩來共同策劃的戰略。

十一、長征的另一傳奇是：長征途中，士兵們既無醫生照顧，亦缺乏藥品。在別無選擇的情況下，採用了中國傳統醫術中的針灸。由於這種正面的經驗，毛日後下令有系統地發揚針灸，成果斐然。中國針灸也因此流傳各地，名揚國際。

在我任職中國期間，針灸並不為人所重視。一些歐洲人雖利用業餘時間研究中國傳統醫學，研讀十六世紀李時珍所著之本草綱目，但重點是中藥。偶而聽聞中國人以針插入固定部位，藉以減輕疼痛，甚至可治病，但外國人及受過教育的中國人並不相信此說，視之為迷信。

十二、長征的倖存者在“中國文化的搖籃”——黃河上游的黃土區——定居下來，他們像被趕上黃土高原的原住民一樣，以窰洞為居所。這些身經百戰的士兵形成蘇區的中堅分子。毛按江西蘇區模式，在陝西建立另一蘇區，並逐漸擴大範圍。從一九三六年毛澤東宣布延安為共黨勢力中心，到一九四九年共產黨取得中國政權的這段期間，中國人稱之為“延安時代”。

對毛澤東而言，長征具多層重要意義：在長征中，毛擊敗黨內反對派及共產國際派勢力，而成為中共一致擁戴的領導人。他並與蔣介石對抗而保有共產運動的本質，更利用長征為宣傳工具，每到一處，即"解放"農民，並灌輸共產思想；毛更以"打日本人，不打自己中國人"爲口號，贏得非共產黨徒之支持。我在南京期間，除謠言之外，很少聽到關於中國偏遠西部的消息。

當時張學良曾將其部隊自日軍所佔領的滿洲國撤出，轉而包圍毛澤東的勢力範圍。蔣介石認爲陝西共黨份子在張學良封鎖下，除小騷擾外，不致於形成大患，且在兩軍夾擊下，可將其完全殲滅。然事與願違，由於日本侵華的野心，使蔣介石無法全力對付共產黨。

毫無疑問地，日本人救了中國的共產主義。一九六一年，日本社會黨代表團訪問中國時，毛澤東曾表示："我們應感謝日本，若非日本軍國主義者入侵中國，我們至今仍住在窰洞內。"

中國與日本

　　日本入侵中國當然不在解救中國共產主義。相反地，日本最不願意見到的莫過於一個由蘇聯支持的赤色中國政權。但歷史就是如此諷刺，日本處心積慮阻止蔣介石統一中國，却替日後中國共產黨奪取政權舖路。

　　日本於明治維新後，國勢漸強，致力擴張勢力範圍，韓國及中國東北即成為其侵略目標。日本人稱韓國為一把懸在日本心上的短劍，而佔領多山的韓國主要是基於戰略需要，其最終目的則是中國東北。

　　日本急於擴張勢力範圍原因有三：

一日本按西方模式，進行工業化，却欠缺天然資源。

二日本總面積約相當於加州，可耕作面積僅佔全國面積五分之一，而人口却等於美國總人口的一半。

三日本以帝國主義強權國家為模仿對象。

　　前兩項原因似乎頗具說服力，但却無法作為日本對外侵略之藉口。天然資源可藉產品交換而取得——日本在缺乏自然資源的情況下，不也躍升為當今世界經濟強國嗎？人口壓力也非侵略之藉口，日本佔領中國東北，成立滿洲國後，只屯移極少數日本軍隊。當時，滿洲國有三千萬中國人，却只有四十萬日本士兵及負責統治制度的工作人員。日本人若離開本土，大抵遷往氣候溫和地區，如夏威夷、加州、巴西等等，寒冷的北海道因此僅一半面積有人居住。

第三項因素倒是較具說服力。日本模仿帝國主義強權國之行徑，亦想瓜分中國領土。日本侵略中國可追溯到一八九四／九五年的中日甲午戰爭。當時中國失利，與日本簽訂馬關條約，割讓臺灣，並放棄對韓的統治權。此外，中國更給予日本最惠國待遇，使日本享有其他列強因不平等條約而擁有的特權地位。

日俄戰爭（一九〇四／〇五年）後，日本佔得中國東北的遼東半島，包括旅順、大連兩港及俄國在南滿所構築之鐵路。

第一次世界大戰期間，西方列強將注意力全集中在歐洲，日本趁機佔領德國租借的膠州灣及青島，並於一九一五年對中國提出廿一條侵犯中國主權的無理要求。在華盛頓會議九國條約（1922年）中，日本礙於各國施加壓力，放棄其在中國的租借地及大部分的無理要求。一九二八年，蔣介石北上掃除軍閥餘孽，眼看中國即將統一，日本卻在山東橫加阻撓，濟南一役使國民革命軍遭受嚴重損失；而控制中國東北的軍閥張作霖，因有礙日本利益，一九二九年在乘坐豪華列車前往皇姑屯路上，被日本人炸死。當蔣介石全力剿共時，日本人復於一九三一年九月十八日製造瀋陽事變，繼而進兵上海。國聯譴責其行徑，日本竟憤而退出此國際組織，而於一九三二年宣布成立滿洲國；一九三四年迎溥儀復辟；一九三七年七月七日以蘆溝橋事件為藉口，大舉侵華，企圖使整個中國陷入戰爭而便利佔領中國更大片疆土。

日本製造滿洲國（一九三二年）及蘆溝橋事變（一九三七年）期間，我正在華任職，親身經歷了日本如何傾全力侵略中國東北。

中國東北

　　中國東北約相當於德意志帝國的兩倍大，天然資源豐富，對資源缺乏的日本可謂是一大寶藏。其土壤肥沃（特別適於種植黃豆、小米、玉米、小麥、稻米等等），森林資源及礦產豐富，有煤、鐵、金、鋅、石油及硫磺；同時也是日本產品最具潛力的外銷市場。

　　中國東北本是滿人的故鄉，一六四四年滿人征服中國，建立大清王朝，統治中國二百六十多年。唯當地多數居民是中國人，真正滿人仍屬少數民族，散居各地。因此日本人在此建立滿洲人之國，並迎接滿清王朝的末代皇帝復辟，實是一大笑劇。但就戰略意義而言，中國東北是介於日本與蘇聯間的緩衝區，正可控制中國北方及內蒙古。

　　從國際法角度而言，中國東北數十年來的局勢，無法不複雜，非但俄國與日本皆視此地區為其勢力範圍，中國、美國及英國在此亦有其經濟利益。帝俄在十九世紀末曾以威脅利誘之方式，取得建築中東鐵路的權利，向西連接西伯利亞鐵路，東北自哈爾濱，西至滿洲里、東抵綏芬河，通往海參威，南接旅順、大連。日俄戰爭後，長春以南路段為日本所佔據；以故往後數年內，中國東北雖名為中國版圖，實際上，北部卻由俄國，南部由日本所控制。清朝亡後此地為張作霖所盤據；日本人謀害張作霖後，由其子張學良接管。俟其軍隊被趕出中國東北後，日本人即在此成立滿洲國，中國東北也因此落入日本人手中。一九三五年，蘇聯認清情

勢，而將橫貫東北的中東鐵路路段賣給日本人。日本遂利用日俄
戰爭所掠奪的南滿鐵道及駐紮於遼東半島的關東軍侵佔中國東北。

南滿鐵道公司

　　日俄戰爭後，日本逐步擴建南滿鐵道，成爲世界最大的鐵路
公司之一。中國東北整個鐵路網，包括從蘇聯購得的中東鐵路路
段，皆由南滿鐵道公司管理。南滿鐵道公司同時亦是當時日本數
一數二的大企業，鞍山鍊鋼廠、撫順煤礦、大連港以及東北的旅館、
森林皆屬該公司所有。此外，南滿鐵道公司並擁有中國東北黃豆專
賣權。黃豆是此地重要糧食之一；在東亞地區黃豆用以製作豆腐、
豆粉、飼料；同時也是製造肥皂、亮光漆及顏料不可或缺的原料。
　　若謂南滿鐵道公司是日本經濟的泉源，則關東軍可謂是日本
侵華的利器。

關東軍

　　關東軍是日軍一支性質特殊的部隊，在當年東亞的歷史演變
中扮演一決定性的角色。讓我們在此先認識日本內政的發展，以
了解關東軍的影響力：
　　琍琍·亞貝格在其書"日本人的大和民族精神"中曾引用一
位思想開明之日本人的話說："如果一位日本人受到挑釁，即使
他思想再先進，也會變成日本武士。"日本武士道精神左右了三
〇年代的日本政治。第一次世界大戰後，日本內部尚稱平靜，各

方面蓬勃發展。當時西方強國在歐洲交戰，無暇顧及亞洲，日本因此坐收漁利，其時極具影響力的日本外務省大臣秀原對中國採取睦鄰及不干預的友好政策。他支持華盛頓協定所提議的“門戶開放”政策，贊成所有國家自由與中國進行貿易。而在內政方面，日本也採行了議會制的民主制度。

二○年代中期，西方工業強國又再度復出，與日本搶奪亞洲市場，尤其是中國市場，使得形勢遽變。日本因此陷入嚴重的經濟危機中，神戶、大阪及東京等工業城相繼發生罷工及群衆騷動事件。經濟低迷所造成的社會動盪爲軍國主義黨派帶來活躍的良機，沈寂多時的武士道精神再度復甦。

軍國主義人士認爲：唯有武力能確保日本工業命脈所繫的原料產地及中國消費市場。而蔣介石將收復中國東北列入統一中國的計劃中，完全不符合日本利益。帝國主義者也認爲中立派的秀原政府處事過於軟弱。在權力鬥爭中，主張採取強硬、直接手段的黨派獲勝。一九二七年日本重組新內閣，由主張國家主義路線的田中將軍擔任首相及外務省大臣。一九二八年，田中下令派兵進入山東，阻撓蔣介石軍隊進駐北平。盤據中國東北的軍閥張作霖亦因田中指示而遭謀殺。日本天皇曾下令調查該謀殺案，並嚴懲罪犯，但由於日本軍閥勢力如日中天，田中將軍雖然因此下臺，該案却被掩蓋下來，無人受到法律制裁。

張作霖謀殺案係由關東軍策劃。日俄戰爭日本戰勝後（一九○五年），即在遼東半島駐紮關東軍（此軍有文書確認在南滿鐵道兩側駐軍的權利），並利用二十多年時間發展成一自主的精銳部隊，採國家主義路線。對國內溫和派勢力的反對置若罔聞，爲所欲爲。

　　但日本人謀殺張作霖並未達到預期之目標，因張學良非但未如其父，反而對日本採取死硬的敵對態度，甚至與蔣介石携手合作。這使得中國東北局勢更形緊張。

　　爲化解此一緊張情勢，日本外務大臣極力尋求一務實的解決辦法。而蔣介石深知無法制服關東軍，亦希望與日本妥協。爲此，日本駐南京使節重光，南滿鐵道公司總裁牛田及中國財政部長宋子文曾在北平舉行會談，共同擬訂雙方都能接受的計劃。日本外務省也同意此會談所提出的方案。但仍晚了一步。一九三一年九月十八日關東軍編導南滿鐵道爆炸案，並以此藉口製造瀋陽事變，繼而按早已策劃好的步驟，將張學良軍隊逐出中國東北，隨後派軍佔領整個東北而宣布滿洲國獨立（一九三二年二月十八日）。

　　關東軍迫使日本政府不得不承擔既成事實之責任。中國東北的發展，更促使日本境內激進主義的抬頭。繼一九三一年八月日本首相浜口雄幸遭謀殺後，一九三二年五月犬養毅首相復遇刺身亡。犬養毅首相之死，意味著制衡日本軍國主義份子的政黨執政時期已然落幕，軍隊中的激進份子從此肆無忌憚，爲所欲爲。當國聯譴責日本在中國東北之行徑時，日本政府旋即於一九三三年三月二十七日宣布退出此國際組織。此舉雖使日本陷入孤立，然滿洲國已無異成爲日本附庸國。除薩爾瓦多之外，國際間無任何國家承認滿洲國的獨立。當時，滿洲國政府向各國申賀新年，只有薩爾瓦多政府糊里塗地回覆賀電。而日本人欣喜若狂地將其解釋爲對滿洲國的承認。

　　日本民族沙文主義的軍國主義者，對國際間的抗議情緒不加理會，加上國聯也未採取制裁，使日本更變本加厲。

日本進侵熱河

　　日本最大目標乃佔領全中國，而中國東北則是其發動攻勢的基地。一九三三年一月日本關東軍越過滿洲國國界，佔領熱河省。熱河省位於長城北方，介於滿洲國與中國北部之間。數月後，日軍又入侵河北省，宣布北平與天津間，五十公里寬的帶狀區爲緩衝區，並規定中國軍隊不准進入，只准日軍進出。經過多次談判，日本以高張的氣燄強迫中國達成塘沽停戰協定，並同意此緩衝區爲非軍事區。此停戰協定雖使中國人受盡屈辱，却讓日軍的前進暫時緩和下來，在中國南方剿共的蔣介石也因此獲得喘息的機會。

　　中日雙方雖簽訂停火協議，但日本並未放棄使中國北部（即河北、察哈爾、山東、綏遠及山西諸省）脫離中華民國的近程目標。唯一的轉變是，日本無意引起世界各國的強烈指責，而改採威脅利誘手段，先吸收地方上擁有軍權的勢力，同時進行大規模走私，使中國北方經濟完全崩潰，繼而輸入大量鴉片，試圖讓中國百姓沈淪。其中最具成效的，莫過於將日軍逐步滲透入中國北方。義和團事變後所簽訂的辛丑條約（一九〇一年）中，允許西方列強在中國境內駐紮軍隊，以保護其使節團及僑民。他國列強僅象徵性地派駐少數軍隊，而日本却利用此附加條款爲藉口，在中國北方有計劃地屯駐軍隊，使士兵數目對中國百姓造成威脅。

　　日本顛覆中國的計劃，是由土肥原將軍一手策劃。在我任職北平期間，土肥原以“滿洲的勞倫斯”之稱而遠近馳名。他是一位中國通，也是關東軍保安組織的頭子，說著一口流利的中文及多種中國方言；由於在華多年，與中國北方軍閥關係良好。據傳聞，他曾負責將溥儀擄出北平，先匿藏在天津的日本辦事處，再潛匿在遼東半島，直到日本迎其復位，成爲滿洲國皇帝爲止。

日本的橫行霸道及顚覆行動，使中國北方逐漸脫離與中華民國間的聯繫。而日本企圖以中國北方爲併吞全中國之起點的野心，也日益明朗化。

一九三四年四月，日本外務省發言人雨宇正式宣布：日本有責任維持亞洲秩序與和平，中國無權接受其他強國的協助來對抗日本。此宣告無異是美國蒙洛伊擴張政策在亞洲的翻版，立即引起世界各國的憤怒。日本外務省對國際間的反應感到意外，馬上收回此宣布，並放棄進一步的書面聲明。儘管如此，日本侵略亞洲的野心，已因此完全表露無遺。

日本起初將其侵略行爲侷限於中國北部。一九三五年六月，中日雙方達成所謂何梅協定（由何應欽與梅津美治郎兩人共同簽署）。按此協定，中國須將軍隊撤出河北省，並關閉北平的國民黨黨部。同年十月，日本外務大臣廣田公佈一份比雨宇宣言更具體的聲明（一般稱爲廣田三原則），堅決要求中國承認滿洲國，並放棄其他西方強國的支持。日本侵華的企圖因此大昭於世。

廣田的要求使蔣介石無法再與日本人妥協。承認滿洲國將使蔣介石站不着腳。況且其對日本的退讓已招來國內嚴重的抗議，中國知識份子及大學生對其態度尤其感到不滿，國內各階層對貪得無厭的日本人更是萬分反感，群情沸騰。一九三六年夏末，當日軍繼續進逼中國北部時，蔣介石終於決定對抗。中國革命軍的反擊阻止了日軍的前進。接下來幾個月內，中日關係十分緊張，小小衝突便引起戰火。一九三六年年底發生了一舉世震驚的事件，使緊張的局勢益加複雜。

西安事變

　　一九三六年十二月十二日晚，發生了使我畢生難忘的事件。
是日晚上稍早時，我來到南京國際俱樂部。此處是南京外籍人士、
使節人員、記者、公司代表、駐紮長江的英、美、法國艦隊的軍
事顧問、軍官及一般顧問的聚會場所。我點了一杯乾琴酒——這
裏的英籍侍者訓練有素，不像北平“德國俱樂部”，我點一杯酒，
往往一次端來三杯。酒才送來，美聯社特派記者隨即坐到我身旁，
附耳低聲說道：“蔣介石被綁架，你知道嗎？“這消息太不可思
議了，因此我心想，這位朋友一定是酒喝多了，才醉言醉語。但
整個俱樂部一片喧嘩，使我意識到這非戲言。

　　我端著琴酒，走到正在熱切討論的人群中。俱樂部內的電話
前大排長龍，使我堅信消息的真確性，也跟著排隊等候打電話通
知大使。大使聽到消息後，一語不發，當時已是十三日清晨三點
鐘。是日早上他告訴，他以為我打電話給他時，正酩酊大醉呢。

　　這則消息後經證明屬實，甚至有人謠傳蔣介石已經身亡。舉
世對此事件感到震驚。中外人士都惶然失措，不知中國無蔣介石
將如何演變？艱辛的統一大業是否一夜之間付諸流水？中國是否
將再度陷入混亂？人們這才恍然察覺到：中國的命運實繫於蔣介
石一人身上，沒人有能力繼承其大業。

　　原來是中國西北駐軍司令張學良在陝西省西安挾持了蔣介石。
日軍佔領中國東北後，張學良的軍隊被納入國民革命軍編制內，

而調到中國西北駐守。中國共產黨逃離南方而在陝西省落腳時，
蔣介石將張學良的軍隊調至中國西北，以牽制共軍。張學良是蔣
介石身邊一位可靠的擁護者，極獲蔣之信任。因此連南京最熟悉
中國情況的專家也無法解釋中國偏遠西北方到底發生何事？事後，
由蔣介石夫婦所著書中，我們才得窺這次叛變的經過。但這個當
年震驚全世界的「西安事變」至今仍未完全澄清。

　　爲在宣傳上反擊蔣介石剿共的行動，共黨份子在長征前即提
出「中國人不打中國人！打日本人！」的口號。由於蔣介石在日
本入侵中國東北及華北時未採取對策，使得共產黨的支持者日益
增多。張學良部隊被日軍驅出東北時，矢志再回故鄉，無法接受
蔣介石的拖延政策。反觀共黨的口號則與其利益不謀而合。共黨
的宣傳手段非常高明，他們善待戰俘，並在洗腦後將其釋放，希
望他們回到自己部隊說服其他同志，停止對共黨的圍剿，以共同
對抗日本人。這種宣傳收到預期效果，在前線的某些戰區，張學
良的部隊與共黨份子握手言和。其手下士兵甚至饋送冬衣及糧食
給共軍。而張學良本身也爲共黨的抗日呼籲所動，一九三六年夏，
於陝西延安的一間天主教教堂秘密與周恩來會面。在長達三小時
的會談中，周恩來提出五點計劃，請張學良轉呈蔣介石。根據此
計劃，共黨願意停止一切對抗蔣介石的戰爭，並解散紅軍，併入
國民革命軍的編制內。共黨的要求是：釋放所有被捕的共黨份子，
並在戰勝日本後承認共黨爲合法政黨。共黨的戰術是顯而易見的。
他們知道蔣介石正計劃進行第六次圍剿，準備將其完全殲滅。而
共軍在長征後，元氣大傷，所控制的範圍只餘四十平方公里，絕
無法在這場決定性的戰役中獲勝。共黨共同抗日的建議旨在使蔣

介石殲滅共黨的計劃得不到民衆的支持。另一方面，蔣介石堅信
與日本交戰時，共黨份子不至於從背後襲擊，而一直堅持"攘外
必先安內"的政策。

　　鑑於張學良及楊虎城與共黨已直接接觸，而張的東北軍亦竭
力掩護共黨份子，以故蔣介石於一九三六年十一月在無特別人員
保護下前往西安坐鎮。十一月二十八日，蔣介石與張學良在洛陽
（離西安約三百公里）會面。張學良力勸蔣介石抗日停止剿共，
却遭蔣堅決反對。在同日的日記中蔣介石寫道：

> 張學良欲抗日而不剿共，顯示其缺乏奮鬥到底之意志，不知
> 凡事應按步就班，操之過急貽害大事。

　　蔣介石不理會張學良的警告而於十二月七日到前線視察，以
表明中央剿共的決心。離西安約五十公里遠，位於驪山山腳下的
溫泉勝地——臨潼，是蔣之行轅，由張學良幾名貼身侍衞負責保
護。蔣抵西安機場時，數位軍官趕來向蔣提出停止剿共，堅決抗
日的訴求。蔣介石不願與軍官們討論，轉請張學良代爲處理。在
十二月十日召集的一般將領會議中，蔣介石重申剿共的決策。張
學良與楊虎城無法苟同蔣之作法，乃於十二月十一日秘密會晤，
決定抗命，挾持蔣介石。十二月十二日清晨叛變行動開始。五點
鐘左右，蔣介石剛作完瑜珈即聽到槍聲，但未加理會。稍後其隨
身侍衞衝入房內報告，叛軍已闖入行轅，正四處尋找蔣氏。蔣介
石在慌亂中披起睡袍，爬上院牆，跳至院外。不料牆底下是一道
十公尺深的壕溝，因而背脊受傷。貼身侍衞們將其拉出，扶上驪

山。蔣以爲此純屬局部性叛亂，在黎明前即可平定下來。不意情況愈來愈危急。在槍林彈雨中，蔣的幾名貼身侍衞紛紛中彈身亡。蔣始認清一場針對他而策劃的叛亂行動已然展開，遂決定不再走避而回返行轅。唯下山時不慎失足，身陷荊棘叢生的巖穴中，動彈不得。俟交戰漸次減緩，叛軍四處搜索。當他們發覺蔣氏深陷坑穴之內時，相互討論是當場射殺或先救離窘境？後來一位貼身侍衞將其救出。隨後蔣被帶至陝西部隊指揮總部。

蔣要求立刻見張學良。張學良面見蔣氏猶稱呼其爲"委員長"。蔣回答道：

> 爾尚稱余爲委員長乎？既認余爲上官，則應遵余命令，送余回洛陽；否則汝爲叛逆，余既爲汝所擄，應卽將余槍殺，此外無其他可言也。……

蔣介石忍著背脊及腿部劇痛，困於西安多日，拒絕進食。張學良曾多次探望他，兩人却未交談。第三日張再度前往看望時，淚流滿面地說：

> 委員長之日記及重要文件，我等均已閱讀，今日始知委員長人格如此偉大！委員長革命之忠誠與員責救國之苦心，實非吾人想像所能及者。然委員長以前對部下亦太緘默。如余以前獲知日記中所言十分之一二，則此次決不有如此輕率魯莽之行動。現在深覺自己觀察錯誤，倘不全力維護委員長，無以對國家。

西安叛變消息於十二月十二日下午傳至南京。未幾又傳來一份由二十位軍官聯合簽署的通電，為首兩位為張學良及楊虎城。然撰寫電文時，簽名的大部分軍官已被捕。由此可推測軍官們是被脅迫簽署或簽名係偽造。電文內容大體是：基於老戰友立場，曾多次勸委員長積極抗日。但委員長一再拒絕，而採妥協政策。吾人不願再袖手旁觀，堅決要求政策的改變。張楊通電並提出八項條件，包括改組南京政府，容納各黨派；停止一切內戰；立即釋放全國一切政治犯；保障人民集會結社一切自由；確實遵守孫總理遺囑及立即召開救國會。

是日夜晚，國府中央常務委員會及中央政治委員會召開緊急會議，會中決定由經濟部長孔祥熙（譯者按：西安事變時，孔祥熙任行政院副院長兼財政部長）代理中央職務，軍政部部長何應欽負責指揮調遣全國軍隊；免張學良所有職位，並交軍事委員會嚴懲。會中却未能對營救蔣介石的方法達成共識。何應欽將軍建議立即動員軍隊，討伐叛軍；而左傾派則建議立即就張學良所提八項條件進行談判。蔣夫人因往上海就醫，未隨左右，聞訊立即搭乘夜快車返回南京。她堅決反對在蔣介石獲釋前派兵前往西安，或與張學良談判，但不可斷張學良悔悟之路。最後未達成任何協議。何應欽將軍派遣精英部隊前往陝西，並派飛機轟炸西安附近地點，以示警告。經過激烈論辯，蔣夫人的意見終獲採納，而派端納（Donald）顧問前往西安探查實況。澳洲籍的端納曾任張學良顧問，當時在蔣介石屬下工作。

端納於十二月十四日抵達西安，在張學良陪同下，探望蔣介石。兩人合力說服蔣介石移居他處。由於蔣不信任楊虎城的守衞，

在端納抵西安之前一直堅拒離開綏靖公署。之後張學良嘗試提出
所預定的八項條件，却遭蔣斥責：

在西安刼持威脅之下，任何動聽請求皆無商榷餘地。

　　是日，端納發電報回南京，告知委員長平安之消息。並傳達
張學良希望蔣夫人及其他政府要員前來西安之意。張學良的安排
與蔣介石想法完全相左。蔣氏深信此為一陷阱。此外，蔣亦不排
除遭殺害之可能，已將遺書交待給偕同端納前來西安的黃仁霖，
帶回南京面呈蔣夫人。蔣氏於書畢信後，曾再三朗誦，以防張學
良扣留此信時，黃仁霖能以口述方式傳達給蔣夫人。此信果遭張
學良截獲，而由張的老友愛爾德（ James Elder ）帶至南京，當面
交給蔣夫人。在" 西安半月記 "中，蔣夫人披露了此信內容：

余決為國犧牲，望勿為余有所顧慮。余決不愧對余妻，亦決
不愧為　總理之信徒。余旣為革命而生，自當為革命而死，
必以清白之體還我天地父母也。……但余妻切勿來陝。

　　其時，國民政府討伐軍已抵達洛陽與西安之間。張學良進退
維谷，蔣介石寧死不屈，而勢力居上風的討伐軍正逐步逼進，同
謀的楊虎城部隊却無力作戰。蔣介石若遭殺害，中國勢必陷入內
戰，徒讓日本坐收漁翁之利。此乃張學良欲極力阻止的下場。張
因此要求蔣氏電請南京方面給予三天停戰期限，以便與其同夥協
議。似乎基於某個尷尬的原因，蔣介石接受了張之要求。原來，

於倉促躲避叛軍之際，他忘了戴義齒。俟再返回行轅時，却已遍尋不著。很顯然地，叛軍在行轅裏翻箱倒櫃搜索時，有人趁機將義齒當作紀念品帶走。後經廣播，請來一位牙醫，再造一副新義齒。這當中拖延一些時間，給整個事件帶來極大的變化。

三天停戰期限過後，蔣介石聽到飛機引擎聲，以爲國民政府軍的偵察機已展開攻擊行動。事實上是宋子文前來探視。在張學良及端納陪同下，宋子文與蔣介石見面。蔣趁張、端二人不在場時，堅決地請宋子文敦促國民政府發動攻擊，不必顧慮其安危。

宋子文回南京後，蔣介石期待國民政府軍發動攻勢。果然沒多久又聽到飛機聲。但大大出乎其意料的，竟是蔣夫人與宋子文來訪。勇敢過人的蔣夫人不辭一千一百公里長途飛行的勞頓，前來西安，準備與其夫共患難，但也希望能說服他接受妥協。蔣介石完全未料到她的出現，因爲他曾一再叮嚀宋子文，阻止她前來西安。但蔣夫人仍不顧一切危險，深入虎穴，蔣在當天日記中寫道：

……蓋旬日以來，對自身生死，早已置之度外，而今後乃更須顧慮余妻之安危。……

蔣夫人的靈活應對使蔣介石與叛軍間極度緊張的氣氛得獲紓緩。在張學良前往機場迎接蔣夫人時，她神色自若，一如故常地與之寒暄，並邀其共同喝茶，以昭信任張爲君子，及願與叛軍談判之誠意。蔣夫人在飛機著陸前，曾將上了子彈的手槍交給端納，堅請他在軍隊譁變失控時，以此手槍爲她成仁。

　　蔣介石雖堅持不作任何讓步，蔣夫人却以中國方式與張學良進行談判。張爲這位身歷各種場合，雍容華貴的女性所感動，答應竭力促使委員長重獲自由。但他也提出：此事關係者衆，委員長若不接受八項條件，很難獲得他人首肯。張學良建議蔣介石與夫人喬裝改扮，由他協助帶出西安，却遭蔣峻拒。談判因而陷入僵局，情況極其緊張。就在此時，出現了意外的轉機。

　　蔣介石遭刼持的消息傳至共黨份子陣營時，引起一陣歡欣。這意味著共黨對中國西北兩軍部隊的分化宣傳已收實效。蔣介石幾形同落入共黨手中，而張學良所提八項條件又與其要求不謀而合。毛澤東樂昏了頭，大發狂言，要將蔣介石弄到延安，由全國人民公審，以清償一九二七年四月十二日上海大屠殺的血債。但共黨陣營的喜悅有如曇花一現，不久即被澆了冷水。史達林的介入使西安事變的發展出現轉機。在一封電報中，史達林堅決要求釋放蔣介石，否則蘇聯將與中國共產黨斷絕關係。這對毛而言無異是晴天霹靂。毛雖然十分憤怒，却不得不接受蘇聯指示。

　　當張學良探問蔣介石夫婦是否願意接見共黨代表時，兩人聞言頗感驚愕。共黨份子乃蔣介石死敵，一向冠以“匪徒”之稱，十年來傾全力試圖加以殲滅。而前來與其談判的共黨代表不是別人，正是周恩來。周恩來是毛澤東身邊善於遊說的談判代表，曾與蔣介石共事過，日後却成爲死敵。蔣介石曾以二萬伍千美元獎金懸賞緝捕周恩來。蔣夫人考量再三後，表示願意見面。在“西安半月記”一書中，她只簡略提到曾與一位在西安具有影響力的人士晤談。蔣介石在描述時，也對周恩來隻字未提。然此次談話却帶來決定性的轉機。未幾,張學良即通知蔣介石夫婦已經獲釋，可返南京。

回南京的日期訂在十二月二十五日聖誕節。但直到飛機起飛前最後一刻仍困難重重。戍守西安城門的楊虎城部隊拒絕放行，使起飛時間延誤至是日下午，使蔣介石夫婦及其隨員當晚不得不在洛陽過夜。令人訝異的是，身為刼持者的張學良竟堅持陪蔣回南京。事實上他大可留在西安。十二月二十六日蔣介石與其隨員，以及搭乘私人飛機的張學良同抵南京。蔣以凱旋者姿態乘車游市，受到群眾熱烈歡呼。蔣委員長脫險消息立即傳播全國各地，人人奔走相告，爭先鳴放爆竹，慶祝人潮摩肩接踵，使交通完全難瘓。除了日本以外的南京外交圈也大大地鬆了一口氣。

外交人士紛紛議論西安到底發生了什麼事？蔣介石是否受到要脅？他是否與某人達成任何具體協議？綁架案主謀張學良同抵南京到底有何意義？

事後西安事變部份內情漸漸明朗化。由今日觀點來看，西安事變乃中國人善於妥協，保全面子的最佳例證。

蔣介石在叛軍手中長達兩週之久，唯此綁架案反而抬高了蔣氏聲譽。在飛返南京前，蔣曾對兩位叛亂主謀作了如下的訓誡：

> 今日爾等既以國家大局為重，決心送余回京，亦不再強求我有任何簽字或下令之非分舉動，且無任何特殊之要求，此不僅為中華民國轉危為安之良機，實為中華民族人格與文化高尚之表現。……

蔣介石並承認屬下犯過，自身難辭其咎，他表示：

萬想不到爾等受人煽惑，中人毒計至此。然余亦不能辭其責。
余平日推心置腹，防範太疏，致啓反動者煽動部下之禍心，
以筆此變，卽此應向中央及國民引咎。……

蔣介石回南京後的確三度請辭。然而他也很清楚，中央政府不會
接受其辭職。況且他在西安所受的背脊傷害也很快卽痊癒了。

另一方面，毛澤東也和蔣介石一樣，保全了面子。但毛是此
次事變的大贏家。他不僅趁叛軍變亂之際擴張勢力範圍，更於一
九三六年年底在中國西北建立一個以延安爲中心的堅固堡壘，史
上著名的毛澤東延安時期便於此開始。

張學良陪同蔣委員長回南京，也是爲了面子的保全問題。他
欲讓世人知曉，他並非如歷來的叛變軍人般，是爲金錢、爲權位
而出賣長官，而是一心爲國家前途設想的愛國者；另一原因是其
部下對蔣的獲釋感到相當地憤怒，使他無法留在西安。在南京他
受到審判，處十年徒刑，褫奪公權五年，次日卽被赦免。但蔣介
石已無法再信任他，將他軟禁。一九四九年蔣介石退守臺灣時，
此一禁令仍未取消。一九七五年張學良曾在臺北露臉，當時他向
蔣介石遺體致敬。以上是西安事變始末。按中國古老傳統，雙方
得以保全面子。唯西安事變亦帶來下列影響：
一毫無疑問地，史達林救了蔣介石。但有些人却認爲釋放蔣氏是
　由毛自行決定，例如克勞斯・梅涅特（Klaus Mehnert）在其著
　作"北平與莫斯科"中卽曾言：毛澤東雖原則上同意莫斯科作
　法，但基於陝西與莫斯科之間的連繫困難重重，史之指示鞭長
　莫及。持此看法者却忽略了自一九三二年起，蘇聯在南京設有

大使館，並有電訊設備。

史達林堅信蔣介石若遭不測，中國必定陷入內戰，反而輕易落入日本人手中。一九三六年十一月二十五日納粹德國與日本曾針對蘇聯而簽訂反共產國際公約，使史達林深覺兩面受敵，在歐洲遭到德國第三帝國排擠，在亞洲則受到日本威脅。他認為唯有蔣介石能牽制日本。因此，儘管蔣氏曾於一九二七年驅逐俄國軍事顧問，史達林仍願恢復兩國的外交關係，並承認過去以共黨份子分化國民黨乃錯誤之舉。史達林的策略是，先嚴防日本侵犯中國，逼進蘇聯邊界。至於中國是否成為以及何時成為共產國家，則屬次要問題。蘇聯消息報及眞理報也公開支持蔣介石，並認為整個西安事變係由日本一手策劃。

二國民革命軍於一九三七年一月停止剿共，並取消預定成立的西安剿共中心。由此可見，蔣介石雖未與共黨份子簽下任何書面協議，却曾口頭承諾停止計劃中的第六次剿共行動，並與共黨協議如何共同抗日。之後，張學良的部隊被調至其他省份。陝西軍依據南京方面命令而重新編組，其中一部分投向共軍。

三一九三七年二月，共黨份子開始與南京方面談判。蔣介石派顧祝同將軍為談判代表，共黨代表則是周恩來。蔣指示顧祝同的談判立場是：共黨份子須放棄馬克思思想而接受孫逸仙的三民主義。他認為此一原則若獲共識，其他問題皆可迎双而解；且越飛亦曾於一九二三年承認中國並未具備實行共產主義的條件，並確認了三民主義的意義。

一九三七年二月十日，中共中央委員會根據顧周會談結果，致電國民黨三中全會，提出其原則。而這些原則大致與張學良、楊虎城所提八項條件相符，其中包括：要求停止內戰；保障人民言論、新聞及集會自由；釋放政治犯；召開救國會議及提出共同抗日計劃。中共並承諾停止在全國各地推翻國民政府的武裝暴動計劃；將蘇維埃政府易名爲中華民國特區政府；將紅軍納入國民革命軍編制內，直接受南京中央政府軍與軍事委員會的指揮；在特區內實施徹底的普選民主制度並中止沒收地主土地政策。

南京政府及國民黨三中全會對此電文未作出任何正式回應，僅於二月二十一日通過"根絕赤禍案"，表示願意給共產黨份子重新開始的機會，並針對共黨原則而作出以下四點決定：①無任何國家許可主義絕不相容之軍隊同時並存，故須徹底取消紅軍。②世界任何國家斷不許一國之內有兩種政權之存在者，故須徹底取消中國蘇維埃共和國。③赤化宣傳與三民主義絕不相容，故須根本停止其赤化宣傳。④階級鬥爭以一階級之利益爲本位，故須根本停止階級鬥爭。

此宣言措詞雖強硬，但並未關閉談判之門。中共藉"共赴國難宣言"，而國民黨則藉"根絕赤禍案"各自表明立場。

中共儘管提出共赴國難宣言，但仍抱持樂觀態度，因爲抗日民族統一戰線已受到廣大民衆的支持，尤其是知識份子及大學生。何況中共根本無意放棄其意識型態。一九三六年十二月，毛澤東於西安事變後曾針對統一戰線作出如下表示：

> 於一九二四年開始的中國革命戰爭已經歷了兩個時期。第一
> 個時期是一九二四至一九二七年，第二個時期是一九二

七至一九三六年。現在，我們正踏入第三個時期，即對
抗日本侵略的民族革命戰爭。在此一新時期中，我們將完成
中國革命，並對東方及世界革命產生深遠的影響。（摘錄
自韓素音："晨宏"）

在一九三七年四月十五日一份給共黨黨員的文件中，中共亦曾
表示：

> 目前所作的讓步是基於更大的利益。利用統一戰線可將共產
> 思想滲透入國民黨內，進而滲透到全國。

國共談判充滿著互不信任的氣氛，一直延宕至一九三七年夏天
——中日戰爭爆發後——雙方始達成統一戰線協議。關於此點
將此在後面章節再行詳述。

四日本人對西安事變抱持著十分矛盾的態度。事變期間，日本外
　務大臣有田向中華民國駐東京大使表達日本不容許國共合作，
　共同抗日的立場。一九三六年十二月二十三日，日本廣田首相
　向國會聲明，日本雖不介入西安事變，但中華民國政府若與中
　共達成協議，則日本將採取因應措施。一九三七年春天國共開
　始進行談判時，日本深覺其中國政策所欲達成的目標已受到嚴
　重威脅。一九三七年三月六日，日本駐南京大使拜會蔣介石，
　詢問中華民國與中共間已達成妥協的消息是否屬實。蔣介石表
　示，南京方面對中共政策不變，仍保持二月二十一日國民黨三
　中全會中所通過的"根絕赤禍案"立場。數日後，日本駐南京

大使館武官再次向蔣介石提出同一問題，蔣重申：只要其在位一天，便能應付共黨份子的任何陰謀。蔣介石一直希望能藉此聲明避免與日本衝突，但仍功虧一簣。中國的發展影響日本內部情勢，使國家主義勢力再度抬頭。一九三七年六月，日本由近衞組成的內閣執政，此內閣則受軍方左右。早在四月間，日本駐華大使館即受命向中國國民政府提出下列要求：

㈠承認滿洲國，並承認滿洲里永遠屬日本所有。

㈡簽訂協定，保證中國不妨礙日本在中國的利益。

㈢承認日本在華北的特權。

蔣介石無法接受這些無理要求，關東軍因此再度向日本政府施加壓力，要求採取對策。日本遂以無謂的蘆溝橋事變為藉口，於一九三七年七月七日發動為期八年的全面侵華戰爭。

在此我們對西安事變作一總結論：西安事變是蔣介石失勢的開端，不僅使毛澤東向前邁進一步，亦促使日本人發動全面侵華行動。

蔣介石計劃清黨已久，並希望藉德國軍事顧問之助，加強三軍實力，使日本不敢輕易犯華。他試著透過談判、讓步，甚至暫時的領土割讓來拖延局勢，希望國際情勢的發展終能解決日本問題。但西安事變却破壞了此計劃。蔣氏非但因此而無法殲滅共黨份子，同時亦無法繼續採拖延策略。中共提出的抗日統一戰線使蔣介石不得不提早與日本決裂，而國民革命軍的實力事實上尙無力與日本對抗。

毛澤東與中國國民政府談判時，雖然須作某些讓步，但純屬表面功夫，中共在本質上根本未改變。西安事變後中共勢力不再只侷限於陝西，而得以擴展至整個中國西北。影響最大者莫過於中共因此得以與全中國接觸，並逐漸展開其宣傳行動。

　　從國際形勢來看，日本進犯中國時機也已成熟。當時西班牙內戰方興未艾，西方列強注意力全集中於此；希特勒復建立了一支強勁的軍隊，造成舉世不安；德國與義大利正進行軸心合作計劃；史達林則忙於整肅運動；義大利於一九三六年佔領阿比西尼亞，而國聯却無力制裁，使日本估算國際間對其侵華行動不會有任何強烈反應。

　　總而言之，西安事變乃東亞局勢發展的轉捩點。第二次世界大戰的對峙形勢於此時已具雛型。

不平等條約的廢除

　　蔣介石除致力尋求中國的統一外，並展開外交攻勢，爭取廢除自鴉片戰爭以來即束縛著中國，且一直為中國人視為國恥的不平等條約。不平等條約不僅複雜，並兼具不同內容與形式，包括賠款——如庚子賠款——、外國人在中國境內的治外法權、由列強管理的關稅、郵政及鹽稅、外國軍艦在中國內河航運網的航行權、租界及通商口岸的開放，例如上海、天津、漢口及廣州等等。

　　北伐軍克復北平及國民政府成立後，一九二八年七月七日，中國發表“對外宣言”，表達希望以平等立場與各國簽訂條約的意願。基本上，此宣言是中國人的愛國表現，但也可稱之為中國努力廢除不平等條約的第一步。除了侵華野心勃勃的日本外，其他列強已意識到在中國享有的特權已不合時宜，願意就各種不同的條約形式與內容與中國進行談判。何況中國不僅為國聯平等的會員國之一，亦為國聯理事會成員。身為國聯會員國的中國却因其他列強的特權而淪為半殖民地，這種不合理的現象已無法再持續下去。

　　在廢除不平等條約談判中，某些問題爭議不休，使得談判拖延幾十年，直至第二次世界大戰結束時，始獲解決。

辛丑和約

　　義和團事變（一九〇一年）後，清廷必須在四十年內以分期付款方式，償付六千七百萬英鎊賠款，年息為百分之四。這在當時是一筆相當大的數目，對中國人而言，更是無比沈重的負擔。一九〇八年，美國睿智而大方地將所得賠款的半數歸還給中國，條件是歸還款項須作為在美華人獎學金，並在北平成立一所美國大學。由此筆經費加上洛克斐洛基金的贊助，成立了清華大學。未久此校即馳名中國，吸引許多學生。美國也因清華大學而贏得許多中國年輕知識份子的支持。

　　德、奧兩國是第一次世界大戰的戰敗國，因而被取消辛丑和約的權益。中國在第一次世界大戰中與同盟國並肩作戰，對抗德意志帝國，原因之一即是希望藉此撤銷對德、奧兩國的賠款。

　　列強中最頑固的國家是英國。歷經多年談判，中英雙方始於一九三三年達成協議。按照美國模式，英國所得的部份賠款將提供給香港中文大學及倫敦的“中國大學委員會”作為文化基金。但由於英國商界施加壓力，絕大部份賠款遭移轉至倫敦採購委員會名下。此委員會再以此經費替中國採購英國鐵道材料及其他工業產品。

　　法國及義大利的作風也毫不大方，兩國以所得賠款作為中國貸款的保證金。荷蘭則將部分賠款移作文化用途上，另一部分用以支付荷蘭在中國建築港口的費用。

　　大體而言，歐洲列強的作風極不光彩，這乃是當年典型的文化宣傳摻雜利益考量的最佳例子。

外國人在華的治外法權

與中國簽訂不平等條約的列強，其每位國民在華身份皆形同外交人員：不須納稅，不受中國司法管轄，其個人及財產亦不容侵犯，而其住宅或船隻不管是在中國海岸或內河流域，中國警察皆不准進入，亦不得拘捕其所雇華人等等。外國人僅受該國領事的管轄。因此，外國領事既代表其國民的利益，又具法官身分。中國人當然要對領事的公正性質疑，而無法接受這些特權。此外，中國是當時世界上唯一保有領事裁判制度的國家，暹羅、波斯、阿富汗及土耳其等國家皆無此制度，或早已取消這種特權。此一事實使中國人更加不滿。何況，德國及俄國早已放棄在中國的治外法權。加上第一次世界大戰後，新興國家，如捷克、立陶宛、波蘭等國，其國民也無法享有治外法權。這使得西方列強在中國的特權更受到質疑。

列強藉口其國民無法接受陳舊之中國法律的管轄，而不願放棄特權。中國因此急於建立一套符合國際標準的法律制度。俟中國新法公佈後，列強又宣稱，須先觀察新法如何發揮功能，再採因應措施。中國國民政府甚至曾將治外法權問題提交國聯處理，却仍無任何斬獲。一九二九年年底，中國終於忍無可忍，堅決宣布自一九三〇年一月一日起，所有在華外僑須受中國法律的管轄。此舉果真奏效，不少小國家，如荷蘭、比利時及挪威等，紛紛放棄在華治外法權。但却遭英、美及日本反對。日本反對乃在意料之中。唯英、美兩國所持藉口是：在中國通商口岸的利益團體不願放棄特權，以各種理由向政府施加壓力。延宕多年後，英、美政府終於克服利益團體的壓力，而於一九三一年開始與中國進行實驗性質的條約談判。不料滿洲里衝突及中日八年戰爭使談判遭擱置。直至第二次世界大戰期間，英、美兩國始於一九四二年十月十日宣布放棄在中國的治外法權及相關特權。一九四五年日本戰敗後，中國才根本解除長達百年之不平等條約的束縛。

外國人管理中國關稅、郵政及鹽稅

中國人對中國關稅由列強管理、徵收極感不滿。兩次鴉片戰爭後，中國被迫與列強簽訂不平等條約，其中包括放棄關稅自主權，而改由外國人管理、徵收。列強在八十年期間，設立了一個舉世絕無僅有的組織——海關總稅務司，其規模龐大，負責徵收中國進出口關稅；成員除包括較高階層的行政官員及代理行政官員外，並有負責監視中國數千公里長海岸線的關稅管理巡邏艇、燈塔、照明浮標及中國內陸關口的技術人員。中國商品絕大多數由英國所控制，因此主管大體為英國人，其他職務則由與中國簽訂貿易協定的國家——第一次世界大戰前，德國亦在此列——的公務人員擔任。中國人則不准擔任較高階層的職務。此舉世罕有的組織能在八十年內順利發揮功能，主要歸功於羅伯特・哈特（Robert Hart）爵士。我在中國期間，英國人一提起此人都要敬畏三分。哈特於一八六三至一九〇八年期間擔任此組織的檢察長，也使組織運作達到完美境界。經過長期談判，此組織終於一九三一年一月一日移交中國財政部管理，檢察長亦改由中國人擔任，外籍官員並逐步由中國人取代。此移交使新中國獲益不少，因為中國國民政府所規定的關稅稅率比舊稅率高出百分之五十，使國庫常年空匱的國民政府減輕許多負擔。

中國於一八四二年失去關稅自主權。蔣介石撤廢外國的關稅徵管權，不僅予不平等條約一沈痛的打擊，而所接管的海關總稅務司又屬運作最完善的行政機構，是一滾滾不絕的財源。

郵政與關稅系統息息相關。郵政交通若無法順利運行，關稅行政必然無力發揮作用。中國郵政行政系統係以關稅行政系統為典範。唯一差異是檢察長為中國人，而受外籍董事長協理之監督。由於分配在華特權時，法國始終斤斤計較，唯恐少分一杯羹，因此董事長協理通常由法國人擔任。此外，中國各地郵局局長皆由外國人擔任。我還清楚記得攀登峨嵋山時，那位親切接待我而略顯寂寞的義大利籍成都郵局局長。在我駐華期間，中國郵政運作完善。不管是以飛機、駱駝、船隻、鐵路、馬匹或專人傳遞，郵件幾乎都能準時抵達目的地，甚至在內戰期間也順利運作。中國國民政府由列強手中接掌的郵政，較之其他國家毫不遜色。

鹽是民生必需品。中國也以人的基本需求為稅源。列強接管中國鹽稅的徵收，有其貸款技術上的歷史背景。一九一三年中華民國成立之初，需要建設資金而向歐洲銀行及政府貸款。提供貸款者尋求保證金，而看上了中國鹽稅。但中國當時的鹽稅制度未上軌道，稅收不穩定。中國政府允諾建立新的鹽稅行政系統，並加強監督，以增加稅收。

鹽稅行政各有一個中國及外籍主管。外國督察是英國人。其他職務則由債權國派代表擔任。新任督察發覺，截至當時，中國絕大部分鹽稅是因貪污而由少數人中飽私囊，便大力整頓。未久，鹽稅收入遽增，有時甚至高出關稅收入。在中國革命期間，鹽稅來源幾乎完全枯竭。直至統一後，國民政府於一九三〇年一月接管鹽稅行政，才又恢復稅收。

中國國民政府與歐洲債權國間亦曾因鹽稅而發生重大衝突。以外國人為督察當然是爭執原因之一。但主要衝突因素則在稅收的分配，亦即償付貸款與中國政府可支用之比例的確定。最後中國終於認清，若非外國人協助，中國政府也無法擁有如此龐大的稅收。

長江上的戰艦

依照天津條約（一八五八年）規定，西方列強為保護其僑民免於海盜及土匪侵襲，有權派遣戰艦在中國內河航運巡邏。在我任職中國期間，英、美、法及日本等強國仍援此條例，因此從上海到重慶一帶，隨處可見四強戰艇停泊在長江上。對居住在中國偏遠內陸的外國人而言，戰艇來訪是一件大事。屬地遍佈全球的英國水手，其命運則令人心酸。儘管船艦上設施舒適，氣氛融洽，但勤務卻很艱辛。我在南京時，經常與英國軍官往來。一位年輕的英國少尉告訴我，他四年未曾返鄉，尚未見過他的兒子一面。

戰艦雖為在華外國人帶來精神上的鼓舞，但它的存在卻因中國本身已建立海軍，有能力肩負起保衛國土的任務而顯得格格不入；加上外國戰艇也停泊在中國國民政府所在地——南京，這對中國人而言，無異是一大挑釁。唯列強卻不急於撤離，總有冠冕堂皇理由可留在長江上。一九二七年，英、美藉口共黨侵犯而動用戰艇。中、日衝突所引發的不安又給列強留駐長江的另一藉口。

租借地的歸還

如前面章節所述，德國於一八九八年在山東省膠州灣青島港建立艦隊基地，隨之引起列強一連串租借中國港口的骨牌效應。俄國佔得旅順，英國強佔威海威及新界，而法國則強取廣州灣，租借期各爲九十九年。雖名之爲租借，事實上是有限期的殖民。

後來德國將膠州灣歸還給中國，旅順港則落入日本人手中。英國人佔領山東半島北部的威海衛，是因旅順港由俄國人所控制。一九三〇年英國將威海衛歸還中國，同時放棄金門、漢口及長江沿岸其他港口的租借；而對已成爲香港一部分的新界，却仍緊握不放。廣州灣雖因中南半島而失却價值，對法國徒具門面意義罷了，但法國仍不願放棄。

整體而言，在廢除不平等條約的努力中，蔣介石除了使中國重獲關稅自主權外，尚有一系列斬獲。若非中日戰爭使談判中斷，蔣介石於此定可取得更多成績。

中華民國的政府體系

　　蔣介石恪遵孫逸仙理念，以三民主義為建國最高指導原則。
而毛澤東也接受孫逸仙思想，西安事變中，共黨向國民政府所提
的八項條件，其中之一即是：確實遵守孫總理遺囑。

　　孫逸仙思想係以當時歐洲崇尚的民族主義、民主主義及社會
主義為基礎。他深知中國人對這些導源於歐洲的觀念十分陌生，
却仍將其運用在中國，用意是很明確的。

　　中國由於幅員遼闊，方言各殊，聯絡不易，統一性的民族思
想很難生根。因此從未出現過類似歐洲的民族意識。中國人一向
自詡為世界中心，從未以平等態度對待鄰近的其他民族，而視之
為蠻夷之邦。鴉片戰爭打破中國人數千年來以自我為中心的觀念，
而列強加諸於中國的侮辱也喚起人們的民族意識。在義和團事變
及五四運動中，中國人的民族意識達到最高峰，繼而逐漸成型。

　　經全民選舉，在共和體制下組成國會的歐洲式民主，對當時
中國人而言，也是陌生的。在中國，農家子弟能藉著科舉制度而
謀得一官半職。這當然也稱得上是民主表現。但中國仍缺乏共和
體制的先決條件。中國人心目中的領導中心是皇帝。皇帝即天子，
是上天與百姓的媒介。家族體系則一直維繫著中國社會。

　　中國的傳統觀念，很難適應西方社會型態。而孫逸仙思想又
未臻完備。他認為中國既無資產階級的控制，亦無工業無產階級，
因而不贊成馬克思的階級鬥爭。另一方面，他却提出耕者有其田

思想，事實上形同徵收地主土地。就孫逸仙的整體經濟政策而言，他傾向社會主義，認爲重要工業應採國營制，其他一般企業則由私人經營。

由於中國無法在短時間內接受完全陌生的思想，孫逸仙便採循序漸進方式，逐步引入中國。首先是恢復中國對內及對外的主權，繼而推行訓政，以教育民衆自治。孫逸仙本身却未說明如何實踐其理念。他英年早逝（一九二五年），使人無法得知他將如何具體地治理中國。由於他是一位知識份子，也非有野心的政客，因此有人懷疑其思想是否能付諸實踐。鑑諸他國元首在類似情況下，試圖將歐洲模式引入完全不同的文化中，皆無法達到預期成效的經驗，更讓人要對孫逸仙的治國理念提出質疑，例如土耳其的慕斯塔法•克瑪•帕沙（Mustafa Kemal Pascha）以及波斯的兩位巴勒維（Pahlewi）皇帝。對亞塔特（Atatürk）而言，引進歐洲思想的過程尚稱順利，因爲土耳其的前身——歐斯曼帝國幾百年來毗鄰歐洲，在社會中已形成熟悉歐洲思想的上層階級。但亞塔特的改革至今仍無法及於安那特利亞（Anatolier）地區的一般群衆。波斯兩位皇帝也遭遇類似情況。而中國一向未接觸歐洲中心主義，倉促引進歐洲思想，採行歐洲國家體制，更非易事。

中國當時正面臨制度解體。由托洛茨基斯特（Trotzkist）派所主張，毛澤東後來在完全不同條件下所實行的由下而上的改革在中國亦行不通。處在軍閥割據的情況下，無產階級革命及農民起義必因軍閥的軍事勢力而失敗，甚或導致另一次太平天國起義，而使百萬生靈塗炭。

如前所述，以三民主義爲最高指導原則的中國政府體系是以國民黨為最高機構，它按蘇聯模式組成，是一統一政黨，並以黨中央全面的形式來表現政府完整的公權力。黨中央全會數年才召開一次，休會期間由中央執行委員會的三十六位委員負責職權的運作。並由其中五至九位委員再組成中央常務委員會。

　　國民政府受黨組織的監督，計分行政、立法、司法、考試及監察五院。在政府體制中，蔣介石一直擔任關鍵性職務，即中央執行委員會主席，兼三軍最高統帥。中國政府體制結構十分理論化，尤其是最高機構且具統一政黨任務的國民黨，根本未能發揮其統一政黨之功能。中國境內政治，各地區間的差異及朋黨式經濟，使國民黨在中國混亂時期無法發揮領導作用。分別代表國家各項主權的五院各自獨立運作，使五權結構衰弱，只有行政院最具效率。行政院下分十六部會，包括外交、內政、財政、經濟、交通及產業等部暨一系列的委員會，如重建委員會、勞工問題委員會、蒙藏委員會及鴉片防治委員會等等。以歐洲體制而言，行政院院長相當於總理。但在中國，行政院院長却只是獨立運作的五院院長中的一位而已。共和國總統也僅具代表性意義，並無實際權限。

　　深入探究此一複雜的政府體系實無必要。但有一點可確定的是，若非蔣介石嚴謹的治理手腕，堅持到底的意志及善於談判的能力，中國在孫逸仙僵硬的教條基礎上，絕無法成功地達成建設目標。

中國的現代化過程

交通制度

一九二二年孫逸仙先生手著"建國大綱"一書出版，提出中國現代化建設藍圖，其中以交通制度的發展為建國事業首要課題。因此蔣介石以基本設施的建設為優先，以作為推動中國現代化的原動力。

一、公路網

在帝制時期，中國有用石板塊舖成的驛道，沿途並設有休息的驛站。在革命期間，驛道因戰事而損壞失修。除了驛道之外，便無道路可言。渠道在中國交通系統中極具重大意義。長江流域形成一內河航行網，最遠可及珠江，使中國南方在聯絡上堪稱便利；北方雖有黃河，但因含沙量大，航行受限，無法連繫海上航運。為解決北方水源不足的問題，中國人在西元六世紀時開始挖築大運河，至十四世紀完成，全長一千六百公里，連接黃河與長江，是數百年來中國唯一的南北聯絡線。人力、馬匹及北方的駱駝在中國運輸系統中，亦居重要地位。短距離的運輸，中國人則採用單輪的手推車。

蔣介石藉助軍人修築中國道路，貢獻良多。一九二八年中國成立國民政府時，公路網僅三萬公里長，一九三七年抗日戰爭之初，已擴至八萬五千公里，其中約有半數是堅固的非泥土道路。此成果實令人欽佩！

二、鐵　路

國民政府所接管的鐵路網與中國遼闊的幅員相較，顯得十分不足。一九二九年中國（包括滿洲里）鐵路全長僅一萬三千五百公里，小國日本當時鐵路已超過一萬九千三百五十公里，而德意志帝國則達五萬七千多公里！中國南方的鐵路網尤其不健全。廣州附近雖有幾段短程鐵路，但並無國道鐵路。廣州與經濟重鎮漢口之間的鐵路線當時還在舖設中；而國民政府所接管的鐵路也都築於帝制時期。中國鐵路建築史與不平等條約脫離不了關係，並和列強殖民政策息息相關。

一八九八年，列強準備瓜分中國，強佔港口作為艦隊基地。接著又爭先恐後地瓜分鐵路網：俄國佔得滿洲里鐵路網，德國盤據山東省鐵路網，英國強取長江流域鐵路網，而法國則佔領鄰近中南半島的中國西南方鐵路網，以各自鞏固勢力範圍。列強不論自資或以發行鐵路債券修築，皆擁有鐵路的控制權及營運權，目的是以鐵路為政治、經濟侵略中國的工具。列強間也因此而經常發生利益衝突，有時便需以國際聯合企業方式解決爭端，津浦鐵路即是一例。由於德國勢力範圍在山東省，而英國則盤據長江流域,雙方銀行——德方是德亞銀行，英方由數家香港銀行代表——因此協議鐵路北段由德國工程師，南段由英國工程師負責修建。德、英合作的成果是充滿傳奇的"上海特快車"，或稱"藍色特

快車 ", 此列車是中國鐵路的佼佼者。

軍閥間的武鬥經常發生在鐵路沿線,因此中國大部分鐵路在內戰期間完全遭破壞。國民政府接管鐵路時,其設施及材料絕大多數已被洗刼一空,車站也遭損毀。儘管如此,中國鐵路仍在極短的時間內恢復運作。國民政府並積極進行新線段的舖設,粵漢鐵路亦於此時完工,使得一九三六年起,北平與廣州之間可假鐵路直接聯繫。

一九二八年至一九三七年中日戰爭期間,中國計完成逾六千公里,全盤由中國工程師負責舖設的新路段。蔣介石堅決反對列強控制中國鐵路,故在工作上須聘用外籍工程師時,僅以顧問名義聘請。中國舖設新鐵路時雖動用士兵,但新政府在此一方面的成就仍值得世人欽佩。何況當時留美或留歐的工程師也缺乏實際經驗,而一般鐵路員工的教育程度又奇差無比。

三、航運系統

中國幅員遼闊,鐵公路網均不健全,因此民用航空網的建立,意義非常重大。但中國當時却處於進退維谷的處境中。一方面航空網非借助外國協助無法建立,另一方面南京政府却又十分忌諱外國人挿手中國航運事業。最後,蔣介石選擇了兩個對中國威脅最小的國家,與該國航空公司合作——即德國與美國。一九二九年中國成立了「全國航空建設會」,與美國克爾提斯(Curtiss)集團合作。美國主要負責上海、重慶間的飛行,途經長江沿岸的南京及漢口。機上並備有水上飛機,以供緊急事故時可在長江降落。但在穿越巫山,及地勢險峻而風景却舉世無匹的長江三峽時,則無法緊急迫降。因此在天氣惡劣時，飛行於此航線的驚險經驗，對旅客而言是畢生難忘的夢魘。

一九三二年，德航以「歐亞航空建設會」名稱加入中國航運系統。中德雙方原計劃取道俄國建立上海——柏林航線，但蘇聯政府一直拖延，不願開放領空權。後因中日戰爭爆發，導致計劃胎死腹中；歐亞航空的飛行航線也因此而侷限於上海、北京與中國西北偏遠省份的省會間的聯絡，如陝西西安、甘肅蘭州及四川成都。以往上海、南京間的經濟中樞與偏遠地區的聯絡需要費時數週數月之久。航線建立後則只需幾個小時。歐亞航空線飛經山峰綿延不斷的中國西北地區，當時地圖資料不如今日詳盡，也無今日習以為常的地勤作業配合，飛航十分危險。而歐亞航空則以天氣再惡劣亦不誤點為目標，機長的飛行技術十分令人佩服。

一九三四年歐亞航空添購三架勇克斯—52（Ju-52）型的德製飛機，使公司聲譽斐然提高。勇克斯—52型機係一九三○年由出身德紹（Dessau，地名）的勇克斯（Junkers）教授研製成功，一度是世界上產量最多的機型。一九三六年歐亞航空再度添購勇克斯—52型機，提供北平、廣州間的直航班次。以往美國航空公司飛此航線需要兩天功夫，而德航則只花八個小時。歐亞航空的西北航線日後更經由蘭州擴展至新疆省會烏魯木齊。此航線儘管象徵意義大於實質意義，對蔣介石而言，其政治意義非常重大。國民政府充分利用中日戰爭爆發前的有限時間建立起聯絡全國各地的航運網。一九三七年歐亞航空開拓途經暹羅、印度及希臘等國的北平——柏林航線，使中國航空系統的內部結構更趨完善。

財經制度

根據孫逸仙建設中國的藍圖，中國的富強除取決於基本設施的建設外，另一決定因素是工業化；他認爲日本缺乏資源，却能在短短時間內建立成就卓越的工業，值得效法。唯孫逸仙計劃並不切實際，因中國儘管資源豐富，但幅員遼闊，且幾千年來一直保持農業經濟型態，農民仍以最原始方式耕作，再加上人口佔全球四分之一，根本無法以日本的速度推展工業化，而需要幾十年的功夫。截至今日，中國仍有百分之八十的人口是農民。

中國人口急速成長，蔣介石接掌政權時，尙無法自給自足，食米、小麥、糖、煙草及棉花皆仰賴進口。中國農夫辛勤程度雖爲其他民族所不及，但由於缺乏現代耕種知識，加上交通聯絡不便，儘管一年數耕，收穫量仍遠不及他國。且由於產業道路缺乏，穀類無法自產地運到其他地區。德意志帝國工業協會於一九三〇年曾派調查小組前往中國研究農業結構。其調查報告指出：陝西省雖是中國最大的產麥省份之一，但鄰近的漢口所需穀類却得由美國、加拿大進口。以人力、馱獸爲主的運輸成本太昂貴，而利用現代交通工具，經過一萬二千公里路程，由北美進口穀物的價格却只佔國產穀價的三分之一。絲、茶情況也相去未幾。中國曾一度獨霸世界的絲茶市場，如今印度生產的茶葉品質優於中國茶，日本以機器生產的絲製品價格也比中國絲更低廉。

中國出口幾乎完全局限於農產品，如油料作物、獸毛、羽毛、豬鬃、毛皮、亞麻、黃麻及稀有礦產——銻等，與中國幅員相較，實不成比例。難怪中國貿易一直呈現極高的赤字。南京國民政府成立前幾十年，列強及華僑已在開放的通商口岸投資各種不同事業，因此三十年代初期，中國已擁有許多現代化的棉花、煙草及罐頭加工廠，並有水泥廠、穀物碾磨廠等。在此必須一提的是，當時工業仍處於資本主義初期階段，童工、工作時間過長及工資低廉等現象屢見不鮮。整體而言，當時工業所佔比重仍微乎其微，四億人口中僅有一百五十萬是工業從業人員。

一九三一年蔣介石成立"全國經濟委員會"，以期加速中國現代化腳步。但由於中日戰爭隨即爆發，時間倉促，成果未臻理想。儘管生產民生物資的傢俱、玻璃製品、腳踏車、鞋子、肥皂等工廠及水泥廠、酒廠已成立，但仍無法滿足全國需求。

孫逸仙建設中國的計劃之所以推展緩慢有各種不同的原因。新中國的建設阻撓重重，以下試舉其中幾例，藉以說明：

一軍事支出耗費絕大部分的國庫收入，並持續數年佔國家預算半數以上。中日戰爭爆發前幾年期間，始降為百分之四十左右。為統一中國，為對抗猖獗的盜匪集團及各地的惡勢力，為剿滅中國南方的蘇區，同時也為迎戰日本的侵略，中國不得不提升三軍的作戰力。

二中國本身的資金已由國民政府藉著國內貸款而充分支用。工業化所需經費只能求助於國外管道。世界各國却因中國局勢不穩而未敢冒然投資。國民政府成立後，資金雖逐漸流入，但由於時間短促，大部份工程在計劃階段即告中斷。

三中國致力推展現代化期間，正值世界經濟危機。尤其在中國局勢穩定，可提供有利投資條件時，世界經濟危機却到了最嚴重的地步。

四當時國際間雖無今日所謂的經濟開發援助，但國聯於一九三三
年派遣一位波蘭籍的經濟總顧問拉奇曼（Rajchmann）博士到中
國協助國民政府；日後並陸陸續續派遣經濟顧問支援；幾年下
來，計有三十位左右專家曾到中國服務。除此之外，各國並派
遣經濟委員會——例如德意志帝國工業調查小組——前往中國。
但這些委員會只提供技術上的建議，並未給中國任何經援。中
國實業部部長孔祥熙曾訪問德國，爲中國爭取一筆軍備貸款。
從歷史發展上看，此貸款却未帶來和平。

五一九三一年，中國遭受嚴重的澇災。當年雨季長得出奇。八月
長江下游及大運河南段決堤，淹沒約九萬平方公里的地區，二
百萬人無家可歸。洪澇並波及南京、漢口間肥沃的產稻區，損
失無法估計。

六一九三一年瀋陽事變後，日本佔領東北，使中國經濟蒙受巨大
損失。在政治上，國民政府對原爲張作霖所控制的中國東北影
響力一向不大，但東北的黃豆、木材、畜牧產品、鐵礦、煤礦
及金礦等等資源不僅能滿足中國本身需求，更可輸出。喪失對
此地區的經濟控制權，給國民政府帶來極大的負面影響。

七建設新中國的最大阻撓，莫過於混亂的幣制。幾百年來，中國
貨幣一直以銅幣及銀幣爲主。小單位採用銅幣，一九三三年以
前大單位則採用橢圓形銀塊爲流通依據。銀塊的價值據當時銀
價而定。基於實際需要，中國發行銀元；其重量及純度與墨西
哥銀元大致相同，但各省之間稍有出入。

但銅銀並非穩定的貨幣基礎。紐約及倫敦股市銅銀價格波動很

大。世界銀市交易價格若上揚或中國局勢不穩定時，大量銀元
即流向國外，影響中國經濟。儘管政府下令禁止銀元出口，但
上海銀行仍有管道匯出。中國幣制改革雖早已刻不容緩，唯國
民政府內部却爭議不休。直到一九三五年才廢止銀幣，而改採
以英鎊及美元爲基準的新幣制。由於蔣介石的努力，一九三一
年以後，中國海關收入大幅成長，並以黃金爲付款標準。此舉
使得中央銀行發行的貨幣量能配合外匯存底，中國拆款市場也
因此得以穩定運作。直至中日戰爭爆發，龐大的軍事負擔使中
國幣制再度陷入紊亂。

由上述概要性的探討可了解蔣介石在實現孫逸仙所設計的現
代化建設中，經濟建設方面所面臨的重重困難。

農民問題

中國共產黨一向慣用的宣傳措詞是：蔣介石違背孫逸仙的原
則，僅顧慮與其相互勾結之上海資本家及大地主的利益，對貧困
農民的命運置若罔聞。一段歷史若套用簡單公式來描述，讀者便
應謹慎辨審；評論若出自共黨份子之手，且關乎其死敵蔣介石，
則更應小心判斷。可惜，許多西方作者在討論中國問題時，却都
不明究理地引述此類評論。

蔣介石違背孫逸仙原則的說法根本是錯誤的。蔣一直嚴守
——或許是過分堅持——孫逸仙原則，即先統一中國，廢除不平等
條約，同時建設基本設施，逐步發展自己的工業，以減少中國對
外國之依賴。由於全心投入孫逸仙理念之實現，而將解決農民問

題列爲次要課題，這點共黨所言屬實。但若謂蔣介石爲保護地主
利益而忽視農民問題，則是刻意扭曲歷史。

毛澤東在一九四七年出版的著作中曾宣稱：中國百分之七十
至八十的農地握在大地主手中，而這些大地主只佔中國人口百分
之十。此數據從此被共黨著作及西方有關中國著作視爲不爭之事
實，而加以引述。究其事實，並非如此。毛之所以向世界宣佈此一不
實數據，無非是爲掩蓋其謀殺數百萬地主的殘忍行徑，而硬稱其爲
剝削百姓的封建餘孽。毛所稱之數字乃純屬憑空捏造，因爲當時
中國並無準確的統計可資依據。當時確有調查蔣介石政權時代中
國農業結構的個別研究案，而其調查所得結果則與毛所言完全相
反。例如第二次世界大戰前，國民政府的土地委員會曾針對十二
個省份一百六十三個行政區的一百七十五萬戶家庭進行調查，所
得結果是：百分之八十農地是屬於擁有七公頃以下農地的自耕農
所有；而這頹小地主約佔農民人口的百分之九十九，擁有七公頃
以上農地者僅佔百分之一點三四。中國產業部的美國顧問 J. J.
巴克（J.J. Buck） 博士在第二次世界大戰前也曾對中國二十二
個省份的一萬七千戶農家進行調查，所得結果是：百分之五十四
點二的農民是自耕農，百分之三十九點九擁有部分所耕之地，只
有百分之五點九是佃農。

因此毛所宣稱的封建體系及農民如奴隸般地被剝削等說詞並
不符合事實。不過，中國雖有數百數千萬小自耕農，幾百年來貧
農的問題却仍一直困擾著中國。在北方，貧農平均僅擁有二至三
公頃土地，南方則只有一公頃。由於世代分產，農民所擁有的土
地也隨之逐年減少。再加上人口不斷成長，耕作方法原始，繼之

以交通聯絡不便，農作物無法運至外地銷售，使農民生活困苦，時常起而作亂。

中國南方農民的苦況比起北方則有過之而無不及。有錢人利用農民的困境，想出一套苛刻的租地辦法。他們買下農民耕地，再出租給農民。這些有錢人住在城內，坐收租金。租金之高，使得佃農有時不得不向財主借貸，而財主往往就是地主。這種剝削現象由來已久。德國地理學家馮·利希特侯芬（von Lichthofen）男爵於一八七〇年旅經湖南省時，曾記載如下：

> 此地有許多大富人家。他們居華屋，專事土地投資，將土地出租給農民，不事生產而坐享其成。

孫逸仙雖知農民問題的解決刻不容緩，却遲遲未採取對策。有鑑於一九一七年俄國境內布爾什維克革命所帶來的後續影響，他反對激烈的土地改革，不希望中國也發生類似的流血衝突。孫逸仙生前曾提出"耕者有其田"的理想，却未提出和平土改的具體方案。他希望中國能像歐洲一樣，藉由工業化使都市興起，鄉村人口流向都市，以減輕鄉村人口的壓力。這應是孫逸仙認為中國工業化優先於土地改革的原因之一。

孫逸仙對德國農業專家威廉·斯拉麥爾(Wilhelm Schraumeier)在德國租界膠州灣所作的土地制度實驗很感興趣，第一次世界大戰結束後，曾邀其前來中國。由此也可見孫逸仙對土地問題的重視。可惜斯拉麥爾不久即死於廣州。其構想似乎與孫的理念很接近。事後孫曾在廣州為其立紀念碑。

　　蔣介石接掌政權後，即面臨農民問題。農業產業結構的完全更新、土地歸公及重新分配，唯有透過政府的強制執行或群衆運動才可能實現。但中國當時却缺乏其中的任一條件。蔣介石的地位又未鞏固到足以執行強制性的土地改革，國民黨內部對此問題的意見亦十分分歧。再者，一些省主席實權過大，致使中國統一受到考驗。蔣介石與孫逸仙一樣，對布爾什維克式的群衆革命運動避之唯恐不及。何況俄國軍事顧問離華後，蔣介石身邊亦缺乏可鼓動此運動的政治宣傳幹部。

　　中國土地廣大，農業結構數百年未變，欲以和平手段進行改革，唯有在政局穩定情況下，按步就班推行，始能達到目的。中國當時既缺乏可靠的統計數據、土地登記及繳稅紀錄等不可或缺的資料（因此對農業進行普查工作是改革的第一步），各地區的農業生產情況亦各不相同：東北主要生產黃豆及高粱，北方產麥，東部及西部產冬麥及小米，長江流域產稻及麥，南方產稻及茶，西疆地帶則以畜牧業爲主。因此農業改革必須配合各地區的特殊情況。再者，來自土地遭沒收之保守人士的阻力亦有待克服。

　　共產黨一再強調保守人士絕大多數係蔣手下的軍官。此事雖不容否認，但鑑於上述國民政府所面臨的種種阻撓，若將土地改革腳步遲緩完全歸咎於此，則過分偏頗。蔣介石雖知無法全面進行強制性的土改，却仍努力解決農民困境。一九三〇年公佈的土地法，授予各省政府按地方實際情況制定私人擁有土地最高限額之權；並針對中國南方租佃制度的弊端，制定保護佃農法規，其中包括地租不得超過年收成的百分之三十七點五，禁止轉租、永佃權及預收佃租等法規。由於地主的阻力，此法於一九三六年始生效。然中日戰爭旋即爆發,實際上未起任何作用。

國民政府的剿共行動給某些省份的農民帶來損失,蔣介石有鑑於此亦頒佈一些頗具成效的緊急措施。例如:一九三二年下令成立重建委員會,協助農民重建家園;並頒佈一系列法則,使在共黨控制期間遭致的破壞得以恢復正常。在重建工作中,蔣介石刻意強調儒家傳統及古老鄉村結構的意義,思想西化的知識份子抨此爲開倒車的" 復古 "。但蔣對儒家傳統價值堅信不移,絲毫不爲所動。唯,蔣並不排斥新構想,例如廢止鄉村的幫會制度,而代之以合作社制度。合作社的任務是全力供給農民所需,在組織上分四個服務部門:貸款部門,協助農民解決財務困難,並仲介低利貸款;經濟部門,設置顧問,提供現代耕作方式的知識,協助取得農耕器具、牛及除草殺蟲劑,協助維護公路及醫院等;採購部門,負責種子購買;銷售部門,負責農產品銷售。其主管及顧問則由自設的學校負責培訓。不容置疑地,合作社制度是一大進步,亦可作爲將來全面和平土改的模範。可惜中日戰爭的爆發阻撓了此一發展。我確信中國當時政局若穩定,再加上國聯派遣的眾多農業專家的協助,蔣介石一定能成功地推行融合儒家特色的合理土改。蔣介石在臺灣推行土地改革的成功便是最好的證明。專家們視臺灣土改足以作爲非洲、東南亞及拉丁美洲開發中國家的模範。德國〈法蘭克福環報〉(Frankfurter Allgemeine Zeitung) 每週額外出版一本雜誌,每期雜誌中皆公佈一份由當代名人填寫的問卷調查。著名的歐洲政治家奧圖・馮・哈布斯布格(Otto von Habsburg) 就問卷中" 您最欽佩的改革爲何 ? "——問題曾答道:" 臺灣的土地改革 "。

法律制度

中國現代化另一不可或缺的先決條件是舊有法律制度的改革。西方列強以其國民無法接受中國陳舊法律管轄為由，堅持不願放棄在華特權，因此早在國民政府成立前，中國已按西方標準，修改其立法及司法權。中國舊法律確實已不合時宜，仍有拷打的酷刑。按西方標準來衡量，中國法律的基礎無法稱為法典。其唯一取決標準是所謂的＂律＂，亦即維繫古老家庭秩序及宗族秩序的依據。而家庭秩序乃盤古開天以來，中國生活中理所當然的一環，並不需加以明確定義。故＂律＂只局限於對違背秩序的行為施予處罰。＂律＂不足之處則以＂禮＂補充。＂禮＂乃一切行為的典範，可按各時代的精神來詮釋＂律＂，使＂律＂得以因時制宜，不致僵硬。以家庭傳統為基石的＂律禮＂雖未具法典形態，卻是維繫中國數千年於不墜的完整法律制度，為世界其他民族所不及。

按西方的法律觀念，個人的權利與義務乃立法重點。而中國則完全以維繫宗族，家庭的秩序為主，兩者相去甚大。因此引入西方法律必然導致家庭結構之潰散，中國舊社會結構必隨之遭到破壞。中國若不推行現代化，必為西方列強所吞噬；欲推行現代化則必須付出代價。國民政府成立後，立法院旋即通過以西方法律為藍本的新法。中國民法幾乎是德國民法與民事訴訟法的翻版，刑法亦與德國刑法及刑事訴訟法幾乎同出一轍。此外，有關保險制度、匯兌、商標、民權保障及擔保責任等等法律也都以西方法規為依據。

　　由中國社會中婦女地位的改變，可看出西方濃厚個人主義與東亞重視群體精神的觀點有何重大差別，亦可略窺新法給中國人的現實生活帶來的重大變革。中國家庭一向以男性為中心。祭祖由家庭中最長的男性主持。男人有結婚的義務，不結婚則違背倫常，故舊中國社會並無單身漢。中國古代甚至設有強制單身男子結婚的官吏。婦女地位則居次要，其任務只在生子持家。〈婦〉字即由〈女〉與〈帚〉組合而成。女人不准拋頭露面，故有纏腳的陋習。在我駐華期間，一些偏遠內陸的少女仍須忍受纏足之苦。婦女雙足經纏綁後，腳趾畸形發育，長在腳底，行動不便，足難出戶。中國男人却偏愛婦女的〈三寸金蓮〉，認為女人搖曳擺動，婀娜多姿。此偏愛實非歐洲人所能理解。在中國舊社會裏，婦女纏足始能表現其身份地位。普通農家的婦女必須下田耕作，不可能纏足。中國男人也以蓄指甲來表明其非勞動階層的社會地位。蓄長的指甲更以手工精緻，造價昂貴的護套保護。

　　舊時中國婦女無法掌握個人命運。孩童時，便由父母決定結婚對象，根本無西方人所謂的愛或感情作為婚姻基礎。婚後婦女完全以夫家為重。結婚之日新郎新娘始首次照面。追根究底而言，婦女並非嫁給其夫，而是脫離娘家，嫁入夫家。婦女無權提出離婚要求，男人則有數不清的藉口可循，例如患不治之症，不孕、挑撥是非、嫉妬等等不一而足。女人若紅杏出牆，結果不堪設想；而男人却可擁有三妻六妾。男人納妾的原始意義在多生育後代。但納妾與否往往決定於家庭是否富裕，也因此中國仍以一夫一妻制為普遍現象。在中國舊社會，原配地位高於小妾，這與回教各房妻妾家中地位平等完全不同。原配甚至為其夫物色小妾人選。

妻妾地位有別，導致家庭時有衝突，尤其是原配無法爲其夫傳宗接代，而小妾生子時，往往因嫉妒而爭執不休。中國小說經常以此類家庭糾紛爲寫作素材。

德國大使館也經常得負責排解此類爭端。有些德國少女在德國與中國留學生相識而結婚，回到中國才發覺其夫已有原配，而自己則是小妾。有些德國婦女更受到原配的百般刁難。雖然國民政府已頒佈新法，採行一夫一妻制，婦女也有權提出離婚要求，但法律在蔣介石勢力範圍以外的內陸地區則無法徹底執行，直至中日戰爭爆發時，仍無法完全發揮效力。在中、德異國婚姻中，男方與原配離婚而維持一夫一妻制時，也有喜劇收場的例子。

爲使讀者了解南京國民政府新頒佈的法令給中國傳統家庭及社會結構帶來的巨大影響，作者特藉上述篇幅，詳述中國婦女在舊中國的地位。吾人不難想像，這些新法給中國保守人士帶來多大的不安。由於蔣介石所控制的勢力範圍有限，再加上不久即爆發中日戰爭，偏遠內陸一方面雖仍沿用舊法；但另一方面，新思想也逐漸擴及偏遠省份，新舊制度間的衝突因此日趨明朗。我在中國期間正值新舊交替的年代。

教育制度——新生活運動

新法的推行當然不是中國境內呈現東西文化對峙的唯一原因。究其肇因，本極錯綜複雜，但可追溯至鴉片戰爭。自開放通商口岸以來，西方思潮隨而進入中國本土。交通系統的漸次健全化，使之更深入中國內陸。而基督教、天主教傳教士除了傳播福音外，也帶入西方觀念。此外，西方產品，如煤油燈，也給中國內陸鄉村及城鎮帶來意想不到的改變（艾麗絲・提爾達勒・赫伯特在其手著一九三三年最暢銷書《中國光明之源》一書中，曾對此作了詳盡的描述）。美、日兩國所生產的廉價紡織品也使中國許多地區的織布機束之高閣。工廠的設置淘汰了各類手工藝，使其從業者因此失去活計。總而言之，西方文明漸漸取代中國傳統文化的過程，早在國民政府成立前已揭開序幕。新法律的頒佈只不過加速其進展而已。

中國人以中國爲中心的觀念根深蒂固，在接受西方文明的過程中，未能如日本一樣融合東西文化，兼採其優點而化陳出新。儒家家庭傳統式微後，中國人無法以對國家、對組織——如組織嚴謹的黨派——的歸屬來取而代之。且蔣介石所用之人絕大多數受過西方教育，認爲西方文化優於中國文化，根本不贊成兼融東西的作法，這導致中國道德精神的衰敗，而幾十年的內亂與動盪，使道德淪喪更趨嚴重。

蔣介石有鑑於此，乃致力以教育來防止傳統道德的頹敗。中國舊有教育制度極爲混亂，各省並不統一。一九三一年，蔣氏下令頒佈有關教育制度的法令，計劃在每一個鄉村成立一所小學，在城市成立中學及大學。許多學校雖然因此成立，但由於師資缺乏，成效未彰。第一次世界大戰後，許多開發中國家都面臨此一相同問題。師資的培養須假以時日，並非一朝一夕可逮。蔣介石的計劃再度受到時間因素的限制，推展教育以防止道德精神淪喪的措施也因此無法在短期內收立竿見影之效。有鑑於此，蔣介石又展開道德重整運動，其規模與立意可與第一次世界大戰後法蘭克・

巴克曼（Frank Buchman 一八七八～一九六一，美國神學家）所提倡的精神重整運動相比擬。

蔣介石在一九三〇年的元旦賀詞中曾指出中國人道德式微的現象，呼籲國人重視傳統的優良德行。一九三四年二月，復於南昌一次有五萬人參加的大型集會上宣佈推行〈新生活運動〉。據聞生活謹嚴樸素如清教徒的蔣介石一日在路上看到一位小學生吸煙而自問：連乳臭未乾的小毛頭都吸煙，那中國的將來會是如何？推展新生活運動的靈感即淵源自此。在一次演講中，他大力抨擊道德與風氣的墮落敗壞，喚醒國人致力重建新中國；並以第一次世界大戰失利後自廢墟中重建的德國及以鋼鐵般堅強意志躋身強國之列的日本為例，勉勵國人。他認為在舊體制解體，新體制尚未形成之際，若不以中國優良禮俗為基礎，新措施必然要失敗。劣習惡俗改善後，政策始能發揮功效。移風易俗比純政治教育所收的成效更佳。新生活運動的主旨即以中國人所熟悉的禮義廉恥為基礎，改造國人的道德精神。

蔣介石所著重的禮義廉恥乃儒家強調的良好德行。這些觀念西方人很難理解。一九三一年，蔣介石定孔子誕辰為國定假日，一九三四年並宣佈儒家為國教。一九三四、三五時，新生活運動尚未廣為人知。政府由上推動，認真執行，在極短暫時間內成立了一百四十個組織，以群衆集會、傳單及標語在全國各地傳播改造中國的理念；同時也藉簡單標語來革除中國人的惡習，例如中國人一向習慣隨地吐痰，家中或辦公室的椅子旁皆可見痰盂。因此，在新生活運動推動期間，街道上隨處可見〈請勿隨地吐痰〉的標語。中國人視飯後打飽嗝是讚美主人待客殷勤，表現酒足飯

飽的方式，因此另一常見標語是〈請勿大聲吃飯〉。除有關革除
生活惡習的標語外，並有〈撲滅傳播疾病的蚊蠅老鼠〉等等口號。

新生活運動的重點，實際上是在革除國民吸食鴉片的惡習。
鴉片戰爭後，英人強制要求開放鴉片進口，從此吸食鴉片這種奢
靡的惡習便遍佈全中國。從醫學觀點來看，正常人攝取適量鴉片
不致影響身體健康。然吸食鴉片往往會上癮，又破壞食慾，對健
康造成雙重摧殘。鴉片與酒精不同之處是它能使人感到全身舒適
却不致於不省人事，故廣為社交圈所喜愛。連深居中國內地的外
國人也難免要享受享受個中的樂趣。蔣介石以嚴厲手段推動戒吸
鴉片的運動。為殺雞警猴，不惜處鴉片販賣商及收受賄款官員以
死刑。此舉果然收到立竿見影之成效，吸食鴉片人數急遽下降。
然而中、日戰爭爆發後，日本人以鴉片為無形的戰爭利器，於佔
領區內大事種植鴉片，使蔣氏努力的成果毀於一旦。

新生活運動由上層開始推動，約成立了一千三百個執行分處。
但因蔣介石所能掌握的勢力範圍有限，且中日戰爭旋即爆發，時
間過於緊迫，除禁食鴉片運動成果斐然外，其他方面皆因無法全
面推展而成效不彰。我們也很難肯定地說，假設當時條件齊備，
此運動的效果必然更大，因為復興儒家思想在本質上與孫逸仙、
蔣介石以西方模式建設現代化中國的目標相違。且蔣氏所標榜的
儒家德行過於泛道德化，過於抽象，缺乏具體的指標。而他手下
受過西方教育的幕僚對重彈儒家思想舊調的作法也無法贊同，反
而嘲笑運動中所採用的簡單口號，如〈不要隨地吐痰〉等等。領
導階層未全力支持此運動，而左傾份子又煽動知識份子反對蔣介
石，並誘其轉向共黨陣營。

中日戰爭爆發（一九三七年）與共產黨取得政權（一九四九年）期間的歷史演變

　　中日戰爭期間，日本雖佔領中國北、東及南方許多重要據點，並封鎖了大多數港口，表面上控制了中國，但因中國幅員廣大，大軍滯戰中國戰區而終歸失敗。日本唯一給中國國民政府帶來嚴重損失的是空襲大城市及佔領重要據點。然蔣介石領導之國民政府仍為中國政治核心。

　　蔣介石選擇重慶為戰時陪都。重慶位於長江上游崎嶇山區，有二百公里長的長江三峽為天然屏障，戰艦無法進入。戰前中國的文化、經濟重心在北部及東部，戰爭期間則轉移到西部及西南部的四川、雲南、貴州及廣西各省。重要部會及機構全面西移，並成立工廠、各級學校及商業中心等等。日本在軍事上無法制服國民政府，所扶植的汪精衛傀儡政權在政治上亦無法發揮任何作用，便企圖切斷來自境外之補給，以孤立大後方。一九三九年九月一日，第二次世界大戰爆發，給予日本大舉侵華良機。法國失利後，日本於一九四〇年九月入侵中南半島北部，以切斷經由河內輸往雲南省之補給。蔣介石的唯一補給路線只剩滇緬公路。此條公路係中國人於最惡劣之條件下，耗時三年築成，全長一千多公里，一九三九年竣工。無法空運之貨品，則以海運運至仰光，經火車轉往臘戌，再由臘戌以貨車取道滇緬公路運至中國。

　　第二次世界大戰所帶來的新局勢，使日本佔盡便宜。希特勒於大戰初期的戰果，給予日本提議修改反共產國際公約的大好藉口。一九四〇年九月廿七日，德、日、義三國簽訂三強協定，約定日本尊重德、義兩國於建立歐洲新秩序的領導地位；而德、義兩國亦尊重日本建立亞洲新秩序的龍頭角色。三國並相互保證：一旦遭受當時未參與歐戰或中日戰爭之強國侵略時，將予以支援。協定中所指的強國係指蘇聯或美國。一九四一年四月十三日，日本復與蘇聯簽訂互不侵犯及中立協定；很明顯的，強國純粹針對美國而言。當中、日雙方發生衝突時，美、日關係亦日趨惡化。美國支持中國的立場很明顯。中日戰爭爆發數週後，美國羅斯福總統於一九三七年十月五日在芝加哥發表一場歷史性的演說（世稱〈檢疫演說〉），表明反對日本的鮮明立場，並要求世界各國嚴格評斷這場戰爭，視同傳染病般進行檢疫。由於美國一向供應日本軍火工業所需的原材料，美國百姓對此感到不滿；而日本空襲中國城市，殺害人民飛行所需的汽油亦由美國供應，更使美國人深覺不合道義。一九四〇年，美國中止提供日本鋼鐵產品及原油。一九四一年三月，美國國會在〈不宣之戰〉政策下通過〈貸款租賃法案〉，適用範圍包括中國。一九四一年六月，美國政府要求日本自中南半島及中國撤軍，以消除美、日雙方關係的緊張情勢。由於日本執意不肯讓步，美國旋即於一九四一年七月凍結日本在美所有資產，美日雙方貿易也因而中止。英國、荷蘭隨之跟進，採取與美國相同措施。日本軍備所需原料，尤其是原油來源，完全遭截斷。

　　日本政府曾嘗試與中國國民政府談和。一九四〇年七月，日本首相近衛曾提出一份和平計劃。計劃中的建議無外乎要求國民政府承認汪精衛政權及日本在中國北部五省的特殊地位，而遭蔣介石堅決拒絕。其他幾個條件較不苛刻的和平建議亦同遭蔣氏駁斥。理賓特羅夫（Ribbentrop）願意擔任中日調停人的提議，也未被蔣所接受。日軍在中國有如身陷泥沼，中美雙方也不願作任何讓步，使日本進退維谷。美國政府明確地告知日本，唯有完全撤離中國，美國始考慮取消經濟制裁。這使日本政府認為，除對美宣戰外，別無解決之道。日本天皇及海軍方面並不同意此作法，但陸軍將領却堅持對美發動戰爭。

一九四一年十二月七日，日本空軍偷襲珍珠港的美國太平洋艦隊，使美國損失十九艘重型戰艦，一百二十架飛機及二千四百名士兵。翌日，美國、大英帝國及英屬澳洲、紐西蘭分別對日宣戰。十二月九日，中國跟進，也對軸心國宣戰，而與同盟國並肩作戰。德、日、義三國於一九四〇年九月二十七日所簽署的盟約雖只要求締約國受第三強國侵略時，其他兩國應給予援助，但希特勒仍於十二月十一日對美宣戰。一九四二年一月十五日泛美洲會議要求拉丁美洲國家與軸心國斷交；除智利及阿根廷之外，所有拉丁美洲國家皆遵循此項決議。智、阿兩國稍晚亦跟進。中日戰爭因而成為第二次世界大戰的局部戰爭。兩場互相影響的戰爭也因此形成：英、美、蘇對抗德、義之歐戰與美、英、英屬澳洲、紐西蘭對抗日本的太平洋戰爭。

太平洋戰爭

太平洋戰爭因日本快速入侵東南亞地區而揭開序幕。日軍在短短數月內擊潰美國在關島及威克島的駐軍，佔領香港及中南半島，並由內陸攻下新加坡的海軍保壘。一九四二年三月迫使駐紮爪哇島的荷軍投降，同月侵佔緬甸仰光港，而由仰光截斷經滇緬公路提供給蔣介石軍隊之補給。一九四二年年中，日本全面控制了擁有四億五千萬人口的太平洋地區；其最終目標是征服英屬澳洲及紐西蘭。

日本以迅雷不及掩耳之速度展開攻勢。美國太平洋艦隊雖嚴重受創，却得以在短短數月內恢復作戰能力，並於一九四二年中轉守為攻。同年六月，美國在北太平洋中途島海戰中擊沈四艘日本航空母艦，日方精英駕駛一併喪生。在南太平洋，美國與澳洲並肩作戰，於索羅門群島一役中擊潰日軍，粉碎日軍登陸澳洲的美夢。此兩場戰役係太平洋戰爭的轉捩點。日本偷襲珍珠港一年以來，英美可能失去掌控太平洋地區優勢的危機由是消失。太平洋地區均勢亦再度恢復，至一九四五年八月日本投降時仍維持不變。

日本投降前蔣介石的處境

日本偷襲珍珠港後，中國擺脫孤軍抗日的困境。中國雖從此成為同盟國之一，但情況仍然十分艱鉅。儘管美國於一九四二年提供中國五億美元貸款，英國也以五千萬英鎊貸款援助中國，但戰爭末期的軍援却微乎其微。邱吉爾及羅斯福一致認為第二次世界大戰的勝負完全取決於歐洲戰場。這種以歐洲為本位的政策，

使亞洲戰場——尤其是中國——成為同盟國戰略的棄嬰。截至一
九四四年十一月，中國僅獲得貸款租賃法案所提供援助的百分之
五；援助甚至時而遭取消，例如原決定提供給中國的飛機，在印
度遭英國扣留而轉運近東。當時中國飛行員已抵達印度，準備接
機。

日本截斷滇緬公路，使蔣介石陷入最大困境。中英雙方計劃
於一九四二年二月發動攻勢，將日軍驅出緬甸北部，以取回滇緬
公路控制權，却因雙方三軍協調不當而未達成目標。一九四三年
年底所發動的第二次攻勢儘管成功，中方却死傷慘重。在一九四
二年的攻勢失敗後，中國便展開途經阿薩姆的中印公路修築工程，
以取代滇緬公路功能。一九四四年初，中印公路開始通車，主要
運輸中國所需的重型戰備。但蔣介石所獲得的戰備物資仍然很有
限。史達林堅持在西歐開闢第二戰場，所有物資皆投入一九四四
年六月進攻法國的計劃中。是年蔣介石處境最艱難，甚至連軍隊
最基本的物資也匱乏。直至戰爭末期，國民政府始得知中國所獲
得軍援僅佔美國提供給蘇聯及其他盟國軍援的四十分之一。

儘管如此，中國仍牽制了日本七十二師大軍達四年之久，使
其無法加入太平洋戰爭。僅是爭奪鐵路交通樞紐——長沙一役，
日方死亡人數已達二萬名。

廢除不平等條約

一九四二年十月十日，英美宣佈放棄不平等條約，並於翌年
一月十二日簽約。盟約國原計劃大戰結束後再行處理此事，因蔣

介石一再施加壓力而提早解決。中國百年來所受不平等條約的束縛，至此得以根本解除，此亦爲蔣介石在政治上的大勝利。中國係同盟國成員之一，其他盟國若不放棄其在中國的治外法權及有關特權，實有違時代趨勢。

訪印秘密任務

一九四二年二月，蔣介石夫婦訪問印度，大大提升了蔣氏的聲譽。當時盟軍正面對決定性的轉捩點。菲律賓、香港、新加坡、暹邏及中南半島皆落入日本控制，印度立場足以左右當時局勢。盟軍若失去印度，在東亞的聯合勢力將完全崩潰，因此羅斯福提議派遣蔣介石前往印度，與甘地及尼赫魯兩人會談。邱吉爾並不十分支持此建議。蔣氏在夫人的協助翻譯下與甘地會談達四小時之久，並多次會晤尼赫魯，成功地讓甘地及尼赫魯了解日本所提〈亞洲由亞洲人治理〉的誘人口號無法給印度人帶來追求已久的自由，日本眞正意圖乃在吞噬整個亞洲，屆時印度非但無法獨立，反而更遭踐踏。此次會談後，尼赫魯與甘地堅信印度追求已久的獨立絕無法藉由與日本携手合作而達到，這應完全歸功於蔣介石。

開羅會議

除軍援分配不公外，盟國在政治上亦忽略蔣介石的重要性。卡塞布蘭加、德黑蘭及雅爾達等會議雖涉及東亞事務，却未邀請蔣氏出席。盟國雖在史達林施壓，希望在西戰場展開攻勢下，而採

〈歐洲第一〉策略，但實無必要排除蔣氏於門外。蔣介石堅守立場，使東亞的第二戰線完全牽制日軍，減輕美國許多軍事壓力。有鑑於此，邱吉爾、羅斯福（史達林未參加）邀蔣介石共同參與於一九四三年十一月二十二日至二十六日期間在開羅召開的會議。會議在金字塔附近的 " 梅那 "（Mena House）飯店舉行，世稱《三巨頭》會議。英美報界並對蔣氏作了適切的稱許，使蔣氏在國際間聲譽大增。會議中所發表的聯合聲明也完全符合蔣氏的要求，例如：戰勝日本後，應恢復中國的完整主權，日本在中國掠奪的所有領土，如東北四省、臺灣及澎湖群島應歸還中華民國，韓國應自由獨立。蔣介石滿意地回到重慶，以為盟軍戰勝後，他畢生奮鬥的兩大目標——廢除不平等條約及恢復中國主權——即將達成。不料盟國竟食言，違背了開羅會議的承諾。

史廸威事件

西方盟國對蔣介石保持冷淡態度並非完全歸咎於〈歐洲第一〉政策，而是尚有其他因素。美國認為中國共產黨是土地改革者；由於蔣介石的農業改革不力，共黨份子才利用暴力以期達到目標，且不贊同蔣對共黨份子所抱持之態度。當時一般美國人視共產主義份子為民主黨派人士，羅斯福更崇拜地稱史達林為〈喬伊叔叔〉。一九四一年初，羅斯福在一封給蔣介石的私人信函中曾寫道：

中國的共產主義份子在我眼裏就像是美國的社會主義份子。我們很敬佩其對農民、婦女及日本所抱持之態度。我認為共產主義份子與中國國民政府之間的共同點多於差異。

羅斯福曾以私人代表名義，派遣一位將軍前往重慶。不幸的是，此人袒護共黨，個性也完全不適合擔任協調工作；他就是喬瑟夫W. 史廸威（Joseph W. Stiwell）中將，生性跋扈、不講道理，脾氣又暴躁，因而有〈醋性子喬〉的綽號。德國人稱這種人是〈軍中老粗〉，史廸威則是相當自負的一位〈軍中老粗〉，由於他早年曾被派駐中國，中文流利，因此被視為代表羅斯福總統駐重慶的適當人選。

史廸威早年曾在中國結識亞吉尼斯·斯麥德萊（Agnes Smedley）及以凡·查爾遜（Evan Charlson）等共產主義信徒，可能基於此而對蔣介石一直抱有強烈的偏見。事後證實，斯麥德萊是德國共黨份子若格（Sorge）在東京所組織之間諜網的成員之一；而查爾遜在第二次世界大戰後，策動由共黨份子操縱的〈撤離遠東，讓我們的子弟歸鄉！〉運動。此運動對美國提早自中國撤軍不無影響。

蔣介石與史廸威的關係因史廸威所擁有的權限而更加惡化。蔣氏是二十六國聯軍在中國戰區的最高統帥，而史則是中國戰區聯合參謀長，理應接受蔣的指揮。但史却又兼具美國駐中國、緬甸及印度軍隊司令一職，並負責執行美國貸款租賃法案提供給中國援助的控制及監督。這使得兩人磨擦不斷。即使是一位具親和力的人身兼數職，都要令人不悅，更何況是史廸威。最令蔣不快的事是：身為堂堂的中華民國元首，却無法像他國元首一樣，自行決定如何分配美國貸款租賃法案所提供之軍援，而必須與史廸威

共同會商。很明顯地，美國親共份子促使華盛頓方面通過此特殊
規定，以便中國共產黨能獲得戰備物資。史廸威一直對蔣介石施
加壓力，欲供給中國共產黨物資，却徒勞無功。

　　此類衝突使兩人關係惡劣。而史的言行又極爲不當，稱蔣爲
" the Peanut "（土豆）及" the little rattle snake "（小響尾蛇），
並進出左派記者、外交人員及軍官圈子，向華盛頓報告中國事務
亦採用誣衊、尖刻詞句。蔣介石對跋扈的史廸威雖極盡寬容但史
氏對中國的扭曲報導，却在華盛頓發生了作用。羅斯福以最後通牒
要求蔣氏將統率全中國部隊的大權交給史廸威，否則將中止對中
國之援助。美國人不了解中國局勢，竟要求蔣介石將其掌權的利
器——國民革命軍——交給一位美國將軍，眞是荒謬至極。而蔣
史兩人的衝突也因此達到頂點。蔣介石致華盛頓的唯一答覆是：
要求美國調回史廸威。他說明：中美政策完全一致，而欲執行政
策，首在選擇適當人選。羅斯福亦承認自己的要求不當，於是將
史廸威調回華盛頓，而改派魏德邁（Wedemeyer）將軍接任。

　　史廸威離華前，曾致函當時中國共軍最高指揮官——朱德，
表達未能共事之遺憾，並在紐約時報名記者布魯克斯・艾金生
（Brooks Atkinson），陪同下搭機返回華府。艾金生也是反蔣集團
的一份子，回美後隨即發表一系列不利蔣介石及揭露國民黨缺失
的文章，在美國引起極大的回響，使美國輿論界普遍對蔣及其反
共政策感到不滿。史廸威死於一九四六年，留下一本記載詳盡的
日記。一九四八年，他的友人以《史廸威手稿》爲名，將此日記
公諸於世。內容不外乎國民黨內部的腐敗現象，使美國人對蔣介
石先入爲主的偏見持續多年。眞可謂史在死後仍不放棄對蔣的惡

意攻訐。

華府調回史廸威並不意味著對華政策的基本路線有所改變。羅斯福及其身邊的許多顧問仍堅信共產主義的和平目標，視蔣爲美國整體政策的絆腳石。史廸威離華後，華府仍繼續向蔣施加強大壓力，要求他迎合共黨份子，予共黨在中國境內以更多的活動自由。美國一直認爲，唯有國共和解，中國始能面對西方文明而立於不墜之地。一九四四年，美國派副總統華勒斯（Wallace）訪華，希望能說服蔣介石。很顯然地·華勒斯在短暫停留重慶期間，深受反蔣小集團左右，他認爲蔣介石政權最遲在三個月後即將崩潰。由於美國駐華大使館左袒共黨的立場過於強烈，使得於一九四四年上任的赫爾利（Hurley）將軍不得不將十一位親共使館人員遣送回國。美國左派分子雖加強詆毀國民黨政權的惡意宣傳，但新任駐華大使赫爾利將軍的上任及魏德邁將軍接替史廸威之後，兩人與蔣介石合作無間，使重慶緊張的氣氛稍獲紓解。

雅爾達會議

盟國一致認爲擊敗德國後，對日戰爭會是一場持續多年的硬戰。日軍在爭奪太平洋島嶼諸戰役中表現突出，使盟軍相信日軍在保衞本土時將奮戰到底，不至最後一兵一卒絕不放棄，並估計盟軍死亡人數將達一、二百萬之譜。史達林在開羅會議不久後召開的德黑蘭會議上曾表示，制服德國後，蘇聯願意加入對日戰爭行列。此消息使盟軍感到振奮。然，史達林在會議上並未提及參戰條件，直至雅爾達會議上才全盤托出。蘇聯所提出條件與沙皇時代的帝國主義侵略目標如出一轍，不外乎要求：必須取得旅順港的控制權，恢復中東鐵路管理權以及在大連的特權地位；美國必須保證中國承認蘇聯支持外蒙政權的既成事實。此外，蘇聯並提出整個庫頁島及千島群島的割讓要求。羅斯福和邱吉爾與史達林簽訂雅爾達密約，答應史氏所有條件；三人對此秘密協定守口如瓶，甚至與會的畢爾尼斯（Byrnes）也被蒙在鼓裏，直到七個月後才得知。羅斯福總統更矇騙美國國會，而於一九四五年三月二日宣稱：

> 雅爾達會議當然只討論歐戰及歐洲事務，並未涉及太平洋戰爭。

事實上，雅爾達密約完全違背開羅會議承諾，蔣介石也未接獲任何照會。俟羅斯福死後，杜魯門始於一九四五年六月九日通知蔣介石。

羅斯福並向史達林允諾，將促使中國與蘇聯簽訂條約，以確保史達林的要求能爲中國所接受。雅爾達密約嚴重損及中國利益，但由於中國過分依賴美國，使蔣介石不得不在美蘇壓力下，於一九四五年八月十四日在莫斯科與蘇聯簽訂〈中蘇友好同盟條約〉。中國與蘇聯簽訂此約，旨在促使蘇聯參與對日戰爭。但在簽約當時，日本已經投降，使中國作了無謂的重大犧牲。

日本投降後

　　日本投降消息傳來，中國全國上下欣喜若狂。中國在最艱苦，
有時甚至已達絕望的情況下，與日本堅持了八年戰爭。抗日戰爭
最後一年尤其艱鉅，中國與外界的聯繫被截斷，必須完全仰賴美
國空運援助。而當時中美關係却相當緊張；再加上雅爾達會議後，
由於史達林允諾在戰爭末期加入對日作戰，使中國的重要性大幅
降低，美國也失去對中國的興趣。因此重慶國民政府在戰爭最後
幾個月備受軍事及經濟雙重匱乏所苦。中國軍隊人數不及日本，
士氣亦低落。軍隊糧食補給不繼，更遑論給付軍餉。這導致大批
逃兵，通貨膨脹，經濟因而完全崩潰。走私、黑市交易及貪污應
運而生，人民普遍厭戰，並對政府十分不滿。蔣介石以嚴刑峻法
對應，結果却適得其反。

　　戰爭結束對蔣介石而言是天賜之福，重慶困頓之日終於得以
結束。中國苦盡甘來，受邀前往華盛頓附近的頓巴頓橡樹園(Dum-
barton Oaks) 共同協商組織聯合國事宜 ，並在舊金山聯合國會
議上與列強共同取得聯合國安理會常任理事國的席位，使蔣氏聲
譽如日中天。

　　中國打敗日本後，蔣介石充分表現出以德報怨的胸襟，放棄
對日索求戰爭賠償，並堅決反對蘇聯駐軍日本的要求，力主不分
割日本，使日本免於遭受德國、韓國被分裂的相同命運。蔣並放
棄參加審判日本戰犯的過程。戰爭的結束雖令中國舉國上下欣喜
若狂，但一連串難題所帶來的陰影却也揮之不去，例如經濟的完
全崩潰；中國絕大部分地區遭戰爭摧毀，內陸部分地區也因蔣的
〈堅壁焦土〉戰術而完全夷為平地；百分之六十的鐵公路損毀；
三分之二的工業設施嚴重破壞；民生物資缺乏；國民政府組織完

全瓦解，有待以民主政體模式重新建立；一百萬日本戰俘待遣返；
軍隊待裁減、重組等等不一而足。除此而外，共黨問題的解決更
是迫在眉睫。

中共利用國民黨全力投入抗日之際，大肆擴張勢力；蔣介石
政府獨力承擔戰爭的重擔，參加多次戰役，損傷重大。中共則採
用一貫的游擊戰術，千針戰，元氣耗損不大。毛澤東一向主張避
免大規模戰役，除非有百分之百的勝算在握，否則不發動攻勢；
而且只從事破壞行動，如破壞鐵路，炸毀橋樑，或偷襲日本小部
隊等。日本將作戰主力集中在對付蔣介石上，故戰事以華中華南
爲主。在中國北方的中共勢力範圍內，日本只擁有少數具戰略意
義的重要據點，因此中共可輕易地擴張地盤。迨戰爭結束，中共
所控制的範圍已達一百萬平方公里左右（約相當於法國面積的二
倍），人口約有一億之多。中共不僅以武力佔領，同時也極力宣
傳共產主義思想。共軍雖以第十八集團軍列入國民革命軍編制內，
並受國民政府軍事委員會的統轄，戰爭初期國共並曾協議共軍人
數不得超過四萬，但中共罔顧協議，趁抗日戰爭之際，將軍隊人
數提高到一百萬人。

日本投降之日，蔣介石以全國軍隊最高統帥身份立即電令全
國各部隊，就地駐防待命。第十八集團軍指揮官朱德却違抗命令，
而答覆說：“我們認爲您所下的命令錯誤。這種錯誤很嚴重，使
我們不得不拒絕服從。”朱德同時下令立即佔領日軍所有據點，
並要求日軍繳械。此舉意味中共公然向蔣介石挑戰。國民黨與中
共爭奪日軍撤離地區的競賽從此揭開序幕。蔣介石的顧問魏德邁
將軍建議，利用海空軍所有運輸工具，讓國民黨軍隊佔下東北所

有重要城市、北平、天津、南京及上海，其中以東北地區的控制
最具重要性。東北未受戰爭摧毀，同時自一九三一年以來，日本
一直在東北進行鉅額投資，使東北工業成長達全中國工業成長的
四倍強。而中國其他地區因戰爭而糧食匱乏，正需要物產豐饒
的東北供給糧食。因此欲從瓦礫中重建中國，必須以東北爲基
石。蘇聯軍隊以〈中蘇友好同盟條約〉爲由，在日本投降當日即
行進入東北，而共軍亦漸次向東北推進。蘇聯在國共間扮演雙面
角色，表面上蘇聯依循〈中蘇友好同盟條約〉協議與國民黨合作，
暗地裏則將日軍所有戰爭物資交給中共，共軍因而獲得現代化裝
備。此舉給日後的歷史發展帶來重大影響。

因抗日戰爭的勝利及第二次世界大戰的結束，蔣介石受到舉
國上下熱烈的擁戴。世界各國皆大大地鬆了一口氣，相信中國局
勢從此將漸趨穩定；中國百姓也期望生活情況能在短期內獲得改
善。但事實不然。中國經濟非但未能復甦，反而更加衰退，物價
大幅上漲，以至完全失控。政府要員及公務人員由於在重慶與外
界隔絕多年，道德意識蕩然無存，腐敗貪汚現象嚴重，導致人民
怨聲載道，漸漸轉向素有廉正、守紀及體恤老百姓形象的共產黨。
由於共黨份子閉口不談將中國變成共產國家的眞正目標，因此連
不支持共產主義者也轉而投向共黨陣營。

美蘇蜜月期結束後，美國漸漸認清蘇聯的眞面目，進而擔心
中國大陸的赤化。鑑於中國國民黨無力治理，再加上美國本土的
〈撤離遠東，讓我們的子弟歸鄉！〉運動引起極大廻響，以致美
國不願派兵到中國。美國一直相信中國能統一，並認爲唯一解決
之道在於國共化解敵對關係。爲調停國共關係，美國甚至派赫爾

利將軍前往延安，促使毛澤東與蔣介石晤談。毛爲赫爾利所說服，前往重慶會見蔣氏；此後雙方在四十一天之內，舉行了五次會談，而於一九四五年十月十日國慶日發表〈會談記要〉。毛回到延安後，其同路人却不贊成雙方所達成的協議。

鑑於國共商談再度失敗，美國於一九四五年十一月再度派馬歇爾特使來到中國。馬特使在華前後停留整整一年，全心全力投入調停國共問題。一九四六年一月，國共雙方達成停戰協議，同意召開政治協商會議，由國民黨、中共及其他黨派代表出席參加；共軍與政府軍統一整編，雙方所佔比例相等；並普遍裁減軍備。然此協議却持續不久，同年四月，戰火又再度燃起。很明顯地，國共雙方表面上同意談判，却從未放棄單獨控制中國的最終目標。馬歇爾以無比的耐性居中斡旋數月，最後仍徒勞無功；一九四六年年底，終於放棄所有希望，而於一九四七年一月八日返回華府。在他的調停工作總報告中，馬歇爾將停火協議破裂主因歸咎於國共雙方的激進分子不肯讓步。蔣介石一直堅信能在短時間內殲滅共黨分子，便於一九四七年春天發動攻勢，收復延安。

國民政府雖自美國及聯合國救援組織獲得高達二十億美元的經濟及物資援助，却仍無法整治其紊亂的內部。國民政府不顧中國經濟現況而將外來援助投入軍事作戰中，導致物價持續飛漲，政府官員的貪污大行其道。人民不滿情緒也日益高漲，大大影響軍隊士氣。美國對此發展非常關切，一九四七年派魏德邁將軍前往中國調查。魏德邁一向支持國民黨，却對中國情況感到十分失望。他也認清當初建議國民政府立即控制中國東北及北方是一大錯誤，因爲東北及北方地域遼闊，軍隊過於分散，聯絡線太長，易遭攻擊。魏德邁因此考慮在軍事上先放棄中國東北及整個北方，而將國民黨勢力暫時侷限於中部及南方，先掌握此兩地區情勢，再視進一步發展而行動；中國東北則由美、英、蘇託管。魏德邁也認爲不應如蔣介石所堅持的，以軍事來解決中國問題，而應對政治、經濟作徹底的改革，否則國民黨無法獲得民心支持。

　　魏德邁的建議未被接受，但國民黨表示願意進行政治改革，宣稱孫逸仙所主張的民主化過程第二個階段——訓政時期——已結束，中國將進入第三個階段——憲政時期，並召開國民大會，制定憲法。中共却拒絕參加於一九四六年十一月十二日所召開的國民大會，民主同盟亦拒不出席。國民黨曾對國民大會的召開大加宣傳。但此制憲會議的成效並不大。大會選蔣介石爲總統，李宗仁爲副總統。李宗仁乃國民黨內溫和自由派人士的代表，由他當選副總統可看出國民黨內普遍的不滿情緒。但蔣介石的地位並未因此而動搖；他不贊成魏德邁的看法，仍然堅持軍事解決方案優先於經濟及社會情況改善措施。

　　共軍伺機包圍國民黨駐守在中國東北重要據點的精英部隊，迫其投降，取得國軍的武器;再加上從蘇聯手中獲取的戰備物資，組織戰鬥力強大的軍隊，從此得以放棄游擊戰術，而對國軍進行大規模的攻勢。前後達三個星期的徐州會戰對共軍而言是決定性的一役。國民黨軍隊幾乎全軍覆沒，而中共從此役中也擄掠了許多戰備物資。此後，共軍勢不可當，於一九四八年八月底攻抵長江。國民黨請求美國派軍援助，美方却以一千頁左右的白皮書聲明拒絕蔣的要求。蔣介石便於一九四九年一月二十一日引退，由副總統李宗仁接替其職。李宗仁的聲望與經驗皆不足控制局勢，他希望以華中、華南為籌碼與中共談判和解，不料毛澤東早已看透國民黨弱點，一心一意要盤據整個大陸。

一九四九年四月二十九日，共軍渡過長江，佔領南京及上海。國民黨政權退守廣州。同年夏天，共軍繼續向南推進，攻下江西，亦即毛對抗蔣的最早據點，繼而佔領國民黨的搖籃——廣州。蔣介石帶著剩餘的軍隊，離開中國大陸而轉往臺灣。

一九四九年十月一日，毛澤東於北京天安門廣場宣布建立中華人民共和國。同年五月一日，蔣介石仍表示堅信能戰勝中共。在臺灣，蔣一直不承認失敗，一心一意光復中國大陸。蔣介石卒於一九七五年。

蔣介石執政期分析

歷史的眞相──一段未公諸於世的歷史

因黨派之好惡而改變其個性，使其在歷史上的形象隨之而變。（席勒‧瓦倫史坦）

國際間有關中國的著作，對蔣介石在中國大陸執政時期通常只以寥寥數語帶過，而對其評價大體爲貶詞。自孫逸仙辭世（一九二五年）至中國共產黨接掌中國大陸政權（一九四九年）這段期間，中國歷史的眞相可謂不爲世人所知，理由顯而易見。中國有句俗話：「成者爲王，敗者爲寇」。蔣介石也無法逃過被貶爲寇的命運。事實上，在國共相爭時期及毛澤東掌權初期，早已出現對蔣的惡意詆毀。而後，毛澤東更採巧妙的手段代替攻訐──將蔣的名字從史書中刪去。這位曾與史達林、邱吉爾、羅斯福及戴高樂並稱爲五大巨頭的人物，因此鮮爲國際間撰史者所注意；若提及，亦僅見貶詆評語。史達林被後人批評爲〈非人的惡魔〉，情況與此類似。

蔣介石盡全力剿共，使毛澤東及其同黨恨之入骨，故有計劃地破壞其形象。羅斯福時代及其後數年，美國受反蔣宣傳影響，

使毛的詆毀技倆順利得逞，歐美有關中國的著作也因此一面倒，
同採不利蔣的論調。甚至在七〇年代，美國著名史學家芭芭拉·
杜何曼（Barbara Tuchman）仍以史廸威的偏頗調查報告爲參考資
料，來撰寫美國對華政策史。有關中國的著作因此給世人一種錯
覺，好像中國現代史是始自毛澤東。

本書〈蔣介石的功過——德使墨爾駐華回憶錄〉旨在事過
境遷後，就事實眞相，客觀地對蔣介石進行評論。蔣氏一向以孫
逸仙思想的實踐者自居。當年思想先進的中國人視孫逸仙的三民
主義理念——即先爭取中國的獨立自主，再逐步推行民主制度，
並以非暴力方式實現民生主義社會——爲最高指導原則，不容偏
離。在毛著作中，孫逸仙的姓名出現次數甚至比馬克斯、列寧還
多。

孫逸仙英年早逝，未及說明將以何種方式，何種方法來實現
其理念。蔣介石因此肩負一個世上尙無任何國家領袖能勝任之任
務：將人口最多，幅員廣大，有數千年歷史傳統，對西方文化完
全陌生，分崩離析，內有軍閥割據，外遭列強瓜分，形同半殖民
地的中國，建設成現代化國家。若以和平手段欲達成此任務，則
需耗時數十年。因此若以今日眼光來批評蔣介石的功過，甚至將
其自史册除名，實有失公允，亦難脫惡意詆毀蔣氏之嫌。

對蔣介石的三大責難

有人稱蔣介石不民主，是獨裁者，並批評其政府官員腐敗無
比，未能進行刻不容緩的土地改革，違背孫逸仙計劃。國際間有

關中國的著作完全著眼於此。這三大責難並非毫無根據，空穴來風。但就此借題發揮，誇大其辭，却有失公正。若以西方標準衡量，蔣介石當然稱不上民主。但他竭力遵守孫逸仙計劃，推行中國民主化。一九三六年制憲國民大會經選舉而誕生，原預定於次年制憲，却因戰事阻撓而無法集會。此次選出的委員於一九四六年得以集會，並於十二月二十五日通過中華民國憲法。次年四月，中國史上第一個多黨政府成立；十一月蔣介石當選爲總統，當時只有百分之四十二的委員是國民黨。雖然共黨分子騷擾作亂，一再阻撓民主政策的推行，中國仍克服一切不利因素，而在現實情勢許可的最早時機邁入民主憲政時期。重慶時代，蔣介石政府以國民黨一黨專政，執行訓政時期政策，藉以步入憲政時期。缺乏反對黨制衡的政府，具有獨裁政權性質乃正常現象，重慶時代政權當然也不例外。此外，吾人亦應顧及當時中國外有日本爲患，內部經濟衰敗，民生物資短缺，日本隨時可攻取中國，使蔣介石不得不採取強硬的非常手段。

　　對蔣氏的第二大責難是其政府腐敗，官員貪污。專制政權自然導致腐敗貪污。偉大的自由主義派代表人物亞克敦（Acton）伯爵曾說：「權力使人腐敗，而絕對的權力則使人絕對腐敗。」此話一點不假。再者，吾人不當以西方道德人士的觀點來衡量中國的貪污現象。貪污已成爲中國公共事務中的一部分，甚至是帶動政府行政運作不可或缺的潤滑劑。在一些行政制度闕如的國家，不也難除此弊端？在此必須強調的是：貪污的責難並非針對蔣介石本身，而是指其政府官員。

　　在「農民問題」章節中，我已就孫逸仙的土地改革計劃及蔣介石在土改時所遭遇的阻力加以申論，在此不再贅述。蔣介石在臺灣所推行的土改成果足爲世界典範，其誘因可追溯到大陸時期的經驗。

蔣介石的三大過失

唯有歷史能證明一位國家領袖所犯的過失。而後人藉著歷史，反而比前人更能了解事情的來龍去脈。我們因此也得以分析蔣介石當年的功過。此處所論三大過失涉及孫逸仙理念，共黨份子及日本。

以今日眼光觀之，蔣介石過度僵化地堅守孫逸仙計劃，傾全力達成中國統一及推動現代化建設，却忽略了社會民生問題，解決一般老百姓生活困境的速度也過於緩慢；一九三七年以後解決社會民生問題的計劃已無法實現。反觀毛澤東則以社會改革爲重點，贏得了大多數群衆的支持，給蔣帶來致命的影響。毛的同路人曾說：「群衆是水，軍人是魚，魚無水不能活命。」群衆被毛的社會思想所吸引，使蔣在關鍵時刻失去群衆支持。

蔣介石低估共黨分子及其宣傳伎倆是另一過失。中國共黨分子被逐出南方後，在西北另起爐竈；蔣未及時殲滅殘餘部隊，使之東山再起，乘勢坐大，終致無法控制。西安事變的內幕世人不得而知，但蔣從此擱置剿共計劃，進而與共黨談判抗日統一戰線，使共黨分子活動得以不再侷限於西北而逐漸擴展到全中國。

由於德國大使陶德曼的居中調解，日本曾於一九三七年十月提出一份和平方案，却遭蔣拒絕。這是蔣所犯的另一過失。陶德曼亦曾建議蔣介石與日本談判，却未獲採納。他曾對陶德曼大使表示："日本人若推翻了我，中國必赤化。"此話果然應驗。

結　論

烏爾利希・馮・胡騰（Ulrich von Hutten）曾言："我是一個充滿矛盾與衝突的人。"這句語也適用於蔣介石身上。蔣既為一普通人，又為中國動亂歷史的時代見證人；既是軍人，也是政治家；是儒者，又是基督徒；是革命家，又是守護傳統者；出身農家，却與富豪名媛宋美齡結褵；他是一位在嚴謹教育下成長的中國人，一位民主主義者，却以獨裁手段執政；是一位重視道德者，却又容忍官員貪污。這位身上充滿矛盾與衝突的人物，決定了將近二十五年的中國歷史。儘管在國共鬥爭中，他是輸家，却為中國作了許多貢獻：掃蕩軍閥，完成中國統一；建設現代化中國，為中國的民主奠下基石；達成不平等條約廢除；是聯合國共同創始人之一；建立一支抵抗佔盡優勢的日軍長達八年之久的中國軍隊；改革中國交通體系，經濟、財政、法律及教育制度，使其達到現代化水準；奠立社會改革基礎。

日本侵華阻礙了蔣氏的改革。但從他在臺灣的建設成果來評論，我相信，若非日本阻撓，蔣必能將中國帶上西方標準下的現代化道路。

道別中國

記憶是永遠的樂園

（傑・鮑爾）

　　我於盧溝橋事件爆發前數週離開中國。隨後中國即進入對日抗戰時期。按當時德國外交部規定，凡在中國連續任滿五年者，可返鄉渡假半年。我取道太平洋，開車自三藩市，經墨西哥市抵達紐約，在"不萊梅"號輪船上驚聞日本轟炸南京車站的消息。我在中國所收集的古董當時正暫時存放在該車站的鐵路行李車中，等待運出。我禱告上蒼，切勿讓戰火燒毀我寶貴的收藏。蒙上帝垂憐，我的收藏果真逃過大刼。在我抵達柏林時獲知，所有收集已在運往德國途中。

　　除了在炮火中倖存的寶藏外，尚有在中國的經歷、體驗及友人等其價值無法量化的無形寶藏，畢生牽繫著我與中國。詩人洛德約・基普林（Rudyard Kipling）在其〈東西紋事詩〉中曾言：

　　　　東是東，西是西。東西永不交集。

這話真的有理嗎？用在政治上當然說不通，因為早在基普林生前（卒於一九三六年），日本已接受西方文明。而孫逸仙的繼承人在中國也致力在東西文化間搭起溝通的橋樑。基普林所指應是精神層面。事實上，東西思考方式及感受相去甚遠。中國人的忍讓態度尤其與西方得理不饒人的作法大異其趣。在華期間，我深入涉獵那陌生却偉大的中國精神世界，是我畢生最大的收穫。而對易經、老子道德經、孔子著作、佛教、喇嘛教及回教的探究，對我而言，一直是最大的挑戰。研讀此類經典不僅帶來許多啓示，同時也可有效地矯正以歐洲爲本位的偏頗思想。事實上，東西方皆有許多類似的生活哲理，中國人的智慧諺語、老子或孔子名言在舊約聖經、希臘哲學家斯多亞信徒、法國道德主義派人士或叔本華格言中也可尋著。茲摘錄幾則如下：

> 追求功名，永無寧靜之心。好事不出門，壞事傳千里。
> 世上只有兩種好人：
> 一者已經死亡；一者尚未誕生。

孔子曾言：

> 君子求諸己，小人求諸人。己所不欲，勿施於人。

十九世紀頗富盛譽的德國詩人艾瑪努葉・蓋伯（Emanuel Geibel）曾說：

> 時間宛如一塊馬賽克拼圖，近觀讓人眼花撩亂；欲了解其全盤結構及意義，莫若從遠處觀之。

秉此相同原則，就我在華的任職經驗，我作出以下的結論：

　　置身〈璀燦的遠東〉多年後，我取道宏偉而現代化的美國，及發展中的拉丁美洲離華返國。我也算是殖民時期結束的見證人。無論是在國際貿易大城的上海，外交人員大本營的北平，宛如國際大家庭，令人流連忘返的舊北平，〈新中國人〉及難以數計的國聯顧問及專家集居的南京……，我都曾留下足跡。中國內陸之旅更使我身歷尚停滯在數百年前的中國，並親身體驗中國邁向現代化國家的過程。訪日經驗則使我預見，中國改革若成功，太平洋地區將取代大西洋地區的地位。中國之行使我滿載而歸。碩姆瑟·毛格涵（Somerset Maugham）曾言：

　　東方之行會讓人完全脫胎換骨。

附錄：

自耶穌教會首次至中國傳教迄
蔣介石對德宣戰期間的中德關係

十七世紀至十九世紀中葉

　　為了讓讀者了解中德雙方關係的發展歷史，此章特別就耶穌教會於十七世紀首次到中國傳教至一九四一年蔣介石對德意志第三帝國宣戰期間的中德關係作一總結性的探討。其中無法避免地會重述本書中的某些章節。

　　截至十九世紀中葉以前，中德雙方的接觸極其有限，只侷限於少數傳教人士以及海權國家商人與中國之間的往來。其中最負盛名者為十七世紀的湯若望。湯若望是德國科隆人，屬耶穌教會。十七、十八世紀時，耶穌教會因接受儒家思想，並運用靈活的傳教策略，故而在中國朝廷曾扮演重要的角色。一六二二年，湯若望經多年準備後抵達北平，不久即獲得類似義大利傳教士利瑪竇的地位。利瑪竇於湯若望抵達中國前不久逝世，是耶穌教會到中國的傳教士中影響最大的一位。湯若望曾拜在羅馬伽利略門下研讀天文學，因而能替中國創新曆。中國皇帝祭祀時，必須選擇〈黃道吉日〉，以故曆法的意義十分重大。他曾準確地計算出一六二三年十月八日是日全蝕，使明熹宗大為讚賞，欽命他專司明朝天文事宜。

明亡後，湯若望在清廷中非但未喪失地位，反而贏得順治皇帝的信任，兩人關係親近有如爺孫。順治皇帝並允許他在北平蓋一座教堂，偶而也親自前往參加彌撒。受湯若望的影響，清朝皇帝亦准許傳教士在中國各地傳教。當時教徒人數約達五十萬之譜。順治皇帝早崩，朝廷內的中國天文家因嫉妒而與儒家、佛家的學士聯合，宣稱是湯若望的法術導致順治皇帝早崩。湯若望最後被判死罪。隔日，中國發生大地震，朝廷反湯人士以為激怒了上天，乃將死刑改為軟禁。湯若望卒於一六六六年，享年七十五。日後中國人為湯若望、利瑪竇及比利時籍傳教士南懷仁造墓，石棺前並立了石碑。碑文各以義大利文及中文記載此三位耶穌會傳教士對中國的貢獻。

耶穌會在中國傳教前後約計一百多年，教宗克理門斯(Clemens) 十四世於法國、西班牙及葡萄牙政府壓力下，不得不於一七七三年取消耶穌會。基督教路德派的德籍傳教士郭士立 (Karl Gützlaff) 隨後以不同於耶穌教派的方式來華傳教，在十二個省份傳福音，曾遭遇許多困難；他並出版中文聖經，在中國成立德國基督教中國傳教會，其名因而在德國廣為人知。郭士立於一八五一年卒於香港，享年四十八。由於他曾受一家英國公司之託，為該公司產品尋找銷售市場，英國人為表達對其敬意，特將位於長江口，離上海約八十海浬的一個小島命名為“郭士立島”。截至十九世紀，此小島在海運上仍具重要意義，島上設有燈塔及一座以電纜與上海聯絡的電報站。歐洲船隻經過時，電報站即通知上海，船隻將於幾小時內進港。

郭士立的傳教方式顯現出耶穌會離開後，在中國傳教方式的改變。耶穌會傳教士藉著儒學吸收中國信徒（利瑪竇甚至以儒學學者在中國傳教！）俟耶穌會離華，天主教基督教傳教士却與殖民強國携手合作，使中國人視傳教士爲帝國主義國家的間諜。這也是十九世紀中葉以後，不斷有傳教士遭暗殺，以及一九〇〇年義和團事變中，成千上萬中國信徒喪生的原因。傳教士若堅守耶穌會傳教方式，在中國傳福音的工作必不染上血腥，成果也將更豐碩。

截至十九世紀中葉以前，德國對中國的影響尚微乎其微；相反地，十七、十八世紀中國對歐洲文化的影響，却也連帶波及德國文化。在巴洛克及洛克克時代，中國漆器、紡織品及瓷器等藝術品在歐洲大爲風行，凡爾賽宮喜愛中國藝術的風氣也遍及德國公侯貴族。若稱當時無一公侯不收藏中國藝術品，實在絲毫不誇張。巴發利亞國王路德威希便收集大批中國漆器。在德國公侯中，最熱衷此道者莫過於奧古斯特，他是薩克森選帝侯，也是波蘭國王；由於財力雄厚，收集了數千個中國瓷器；甚至不惜以一隊重騎兵團來交換四十八個中國花瓶。即連最儉樸的菲特烈大帝也受此風尚的影響；一七五〇年，兼併東菲斯蘭之後，他成立了「普魯士皇家亞洲艾姆登中國商業公司」，次年並派船前往中國，兩年後輪船滿載絲綢、茶葉、瓷器及漆器回到艾姆登。這也代表中德船運之始。

十七、十八世紀，中國對歐洲的影響並不止於藝術品的蒐集。由於耶穌教會傳教士大量報導中國，使歐洲人仰慕中國文化。法國伏爾泰及德國萊布尼茲即是最著名的中國文化仰慕者。萊布尼茲與北平耶穌會傳教士一直有書信往來，他特別喜愛儒學，在一六九七年發表的《中國新論》一書中，萊布尼茲提出中國文化是歐洲文化在精神上的對比，且由於儒家道德的規範，而比歐洲文化優越，並指出兩文化應互擷長處的論點。

　　歐洲對中國文化的熱衷却因耶穌會離華、法國大革命以及緊跟著爆發的拿破崙戰爭而冷却下來。十九世紀中葉，歐洲再度將注意力轉向中國時，已不再是為中國高度文化所趨使，而是視中國為歐洲產品的市場。英法以兩次鴉片戰爭強迫中國開放，各國商人隨之湧向中國通商港口，其中也有不少德國人。南京及天津條約保障英法兩國在中國的特權，德國則不曾享有此惠；德國漢撒同盟城市所指派的領事也不為中國官方所承認，因此中德雙方發生糾紛事件時，往往須求助英法兩國的領事館。

普魯士、俾斯麥與中國

　　為解決上述問題，普魯士政府於一八五九年以關稅同盟國家、漢撒同盟城市及梅克林堡（Mecklenburg）大公國的名義派遣特使團到中國、日本及暹邏談判，希望獲得與英法兩國同等的待遇。特使團由奧以連堡（Eulenburg）的菲特烈‧亞伯列希特（Friedrich Albrecht）伯爵以特使身份帶領，團員包括三名年輕外交人員（其中一名是馬可斯‧馮‧布朗特 Max von Brandt，一八七四～一八九三年間以皇家使節身份駐北平），日後極富盛名的地理學家利希侯芬男爵、二名商人、一位繪圖家及一位畫家。特使團於一八六一年一月與日本簽署貿易協定後，同年四月抵達天津。奧以連堡伯爵原計劃前往北平與中國代表談判，却未獲中國朝廷首肯，而必須留在天津與中國皇帝欽命代表們周旋。由於中方代表凡事須徵得皇帝同意，使談判費煞周章。奧以連堡伯爵在給國內的信件中指出個中談判的艱辛，並隨時有破裂的可能。他認為不採恐嚇、要脅與武力，不可能與中國政府達成任何協議。談判到最後只圍繞著一點打轉：普魯士派使節駐北平的問題。中國從未聽過普魯士這個遙遠的小國；經英國使節保證普魯士是一有威望的國家，因通婚而與英國皇室有姻親關係之後，中國雖讓步，却要求十年後普魯士始得派使節駐中國。奧以連堡伯爵極力爭取縮短期限，雙方終於一八六一年九月二日簽訂〈德中貿易船運條約〉。此條約有限期雖僅十年，但至第一次世界大戰爆發前却仍未失效。一八六五年十二月，德國第一位使節古伊多•雷福斯（Guido Rehfuss）向中國政府呈遞到任國書。

普魯士派駐華使節時，北平的外國使節只有寥寥數人；由於中國根本不歡迎洋人，使外國使節處境很尷尬。再加上非使節人員的外國人不准在北平停留，因此除公事外，使節人員與在華外國人毫無接觸。當時中國並無外交部，外國使節若有公事須與中樞恭親王奕訢洽辦。所幸當時鮮有國際事務，到清廷洽公的機會也不多。使節人員雖與外界隔絕，但生活却極愜意；打網球、騎馬、野餐、冬天溜冰，以及一場接一場的宴會是生活的主要內容，而對中國政局的變化却掌握不多。尤其是冬天，冰雪封天，消息更不易獲得。我在中國期間，每位剛上任的外交人員在北平德國俱樂部都可聽到第一位駐華德國使節與外界隔絕的故事。據聞他當時為了解中國動態，特別請了一位年輕的中國人到茶館、餐館及市場打聽人們談話的內容。而這位年輕人向使節報告所見所聞時，須爬到桌上的一張椅子上，坐定後再一五一十地報告。而使節給德國外交部的報告，也總是以〈據一位高層人士報導——〉開頭。

此則笑話雖然荒謬離譜，却也充分說明德國首任駐華使節當年的處境。數十年後，北平的德國人對此仍然記憶鮮明。

中國對普魯士公國的存在幾乎絲毫不感興趣。迨俾斯麥組成德意志帝國，德國形成一新興強權時，中國始正視其重要性。當時中國與列強的關係毫無所謂和諧可言。在十九世紀六〇年代至九〇年代期間，列強逐步奪取中國數百年來所征服的版圖，其中以法國最甚。一八六四年，法國強佔中南半島及柬埔寨；一八八三年佔領安南；次年又奪取越南北部；一八九三年更宣佈寮國由法國保護；一八九六年進而將其在印度北方所有佔領土地統稱爲〈法國印支半島總統治區域〉。俄國侵佔中國的野心亦不減於法國一向覬覦中國北方及西部領土，於一八六〇年強佔黑龍江流域，汲汲以求濱日本海的海參威港；一八九一年進行西伯利亞橫貫鐵路修建工程，以連接海參威港。但俄國並未因此而滿足，更千方百計想奪取中國東北的旅順不凍港；在佔領土耳其斯坦後，由西北進逼蒙古，由西邊威脅新疆。

一八八六年，英國也宣布中國的附庸——緬甸受其保護，並在一八九〇年至一八九三年期間試圖以印度爲據點，佔領西藏，這一直是英國百年來的企圖。一八七六年甫崛起的日本也強迫韓國開放三個港口，並於一八七九年佔領琉球島。

初建立的德意志帝國並未參與中國領土的瓜分。俾斯麥遲遲不願採行殖民政策，起初甚至根本拒絕；他有句名言是：

整個殖民政策對我們而言，就像是無上衣可穿的波蘭沒落貴
族身上的黑色貂皮大衣一樣。

日後他雖迫於興論而讓步，却謹愼地推行殖民政策，以避免引起
其他強國嫉妒，期望強國間因殖民利益而互相衝突時，不致於聯手
對付德國。他認爲德國本身的安危重於殖民利益。德國取得多哥
（Togo）及喀麥隆（Kamerun）之後，他於一八八八年曾對非洲研
究學者歐以根·沃爾伏（Eugen Wolff）說：

我的非洲地圖在歐洲。

俾斯麥的繼承人馮·卡普利維（von Caprivi）將軍在一八九
四年十月卸職前一直遵循俾斯麥的保守殖民政策。德國既不掠奪
中國領土，亦不索求鉅額賠款，很快即贏得中國人的好感；並於
一八七○／七一年的普法戰役中擊敗了勢如中天的法國後，使中
國人對其另眼看待。

第一次世界大戰前德國的中國政策

中國軍隊不堪英法聯軍一擊，於考慮重新整頓時，自然想到
德國。中國軍隊改革長達三十年左右，由德國軍官提供指導，克
魯伯（Krupp）公司提供軍隊所需的最新火炮。至十九世紀九○年
代初，李鴻章認爲中國軍隊已達現代化標準，並表示強敵圖謀中
國日亟，克魯伯的火炮正等候在中國每條河流，每個炮兵連裏，

隨時準備迎向突襲。一八九四／九五年中日甲午戰爭，日本以極
少的軍隊輕易擊敗了中國，始打破中國自認為軍隊改革已收成效，
克魯伯火炮威力無敵的幻象。日軍僅費數小時即攻下由克魯伯大
砲所武裝的旅順港，主要原因是負責中國軍隊改革的官吏認為只
要部份採用德國訓練方式及軍事裝備，中國軍隊威力即可與外國
軍隊實力相抗衡。此外，中國人受儒家倫理觀念及忍讓思想影響，
缺乏日本人的作戰精神，軍隊缺乏領導與紀律，再加上改革經費
不少被中國官吏中飽私囊，使軍隊不堪一擊。

　　中德雙方在軍事方面的合作成果雖不彰，却使兩國經濟關係
愈形密切。德國對中國的出口不再只侷限於軍備產品，而擴展至
民生物資，促使甫建立的德意志帝國工業突飛猛進。十九世紀九
〇年代中期，德國對中國的貿易額僅居英國之後，在中國通商港
口的公司數目及外貿額亦只遜於英國。鑑於中德雙方經濟關係的
加強，德國外交部促請銀行界在中國設立銀行。德國銀行界在中
國一向與英國銀行合作，却無意獨立門戶。一直延宕至一八八
九年，德亞銀行始成立，分別在柏林及上海設總部；並由一個
由大銀行所組成的公會及許多小銀行共同參與其股份。從此德國
資金亦加入原由英法兩國銀行所獨霸的中國貸款業務行列。歐洲
與中國間的輪船航運原亦由英法輪船公司壟斷；一八八六年，德
國始成立〈北德洛依特（Lloyd）郵輪航線〉，與英法兩國競爭。
不久，此航線與〈漢堡——美國航線〉每十四日對開，負責歐洲
與中國間貨物及旅客的運輸。

　　直至十九世紀九〇年代末期，中德雙方關係仍純粹建立於經
濟利益基礎上。迨威廉二世捨棄俾斯麥大陸政策，改採所謂〈新

路線〉，旨在使德國躋身帝國主義強國之林。威廉二世曾說：

德國不該再以狹隘的氣量，對世界事務不聞不問。

其〈新路線〉政策應用在東亞事務的第一步是：加入俄法兩國的
對日陣營，強迫日本政府在下關和平談判中放棄遼東半島及旅順
港。德國加入俄法陣營基本上並無意義，却激怒了日本。日本人
一向尊崇德國，對德國突然介入對本身並無政治利益的地區事務
大惑不解。最讓日本惱火者莫過於：德國使節馮・古特斯密特
（von Gutschmidt）給日本照會是以無謂的恫嚇口氣行文；俄法使
節反而以〈友好委員會〉名義來粉飾對日本的抗議。一九一四年，
日本自青島發動攻擊前曾對德國提出最後通牒，行文語氣完全與
二十年前德國使節致日本政府之照會同出一轍。可見當年日本對
德國態度多麼惱怒。在〈東亞三國聯盟〉行動中，德國以保護中
國姿態出現，深獲中國的感謝。一八九六年慈禧太后的親信李鴻
章在其世界旅行中，特別訪問德國，並前往菲特烈陸爾（Fried-
richsruh）謁見俾斯麥，兩國關係達到空前和睦境界。

　　在前面章節中，我已說明當時德國正在東亞找尋艦隊基地。
德方希望藉由下關和平談判中，對中國的支持而促使中國同意德
國在其領土上建立基地。德國外交部次長馮・比伯斯坦（von
Bieberstein）元帥曾向李鴻章探詢此事宜，却未獲得任何回應。
隨後，德皇事先未與中國政府談判，即逕自命令德國東亞艦隊佔
領膠州灣及青島港。俄、英、法等三國起而仿效，各自在中國強
佔艦隊基地。列強瓜分中國領土激起舉國上下的不滿與憤怒，終

於導致義和團事變發生。若非受攻擊的國家派軍隊援救，所有駐華外交人員可能要全數喪生。德國使節馮・克特勒居中調解，却遭謀害，使德國群情譁然。基於此謀殺事件，德國要求接掌國際抗義和團聯軍的最高指揮權，並派一支特殊任務艦隊前往中國，指揮是瓦得西大元帥。事後，德國並堅持中國須派遣賠罪團前往柏林道歉，並在克特勒使節遇害處設立紀念拱門。此外，中國必須支付受害列強鉅額賠款，並同意列強在北平駐紮軍隊，以保護使節團。

中德雙方關係於當時降至最低點。德國威廉皇帝的新路線政策在東亞不僅激怒了日本，同時也觸犯了中國。義和團事變宛如一帖清醒劑，使列強因而認清以船堅炮利縱可使中國藩屬就範，却無法讓中國屈膝。中國是一古老大國，有著根深蒂固的悠久文化，列強在非洲的殖民政策模式無法適用於此。拿破崙早已說過：

中國若醒過來，全世界都要顫抖。

中國雖未因義和團而完全覺醒，發憤圖強而重振昔日雄風，但事變結局却使慈禧太后意識到中國無法再視西方為蠻夷之邦，自摒於世界之外。一八九八年，慈禧曾極反對康有為的百日維新；義和團事變後，她則聲明捐棄老舊作法與觀念，願意接納改革政策。一九〇八年慈禧死亡，改革計劃停頓，直至辛亥革命中國始步上新路程。

列強在義和團事變中雖未採取暴力報復行動，却死守瓜分中

國的政策，更不願放棄在租界內所享有的關稅權。除此而外，列
強又以租借鐵路、抵押貸款及文化政策等貌似溫和之工具，以掌
握中國的新生代。德國強佔青島後，也與其他帝國主義列強沆瀣
一氣，大肆擴張利益範圍。一八九八年，德國租借膠州灣，取得
有利的發展據點。其他列強亦默許山東省為德國利益範圍的事實。
一八九九年，德國成立山東鐵路公司，用以修築聯絡青島與濟南
間的鐵路；並成立山東礦業公司，以開發山東省的鐵砂及煤礦。
德國積極建設，擴張利益行動達及中國各地；除山東鐵路之外，
亦參與天津與南京間鐵路的修築工作；一八九八年至一九一三年
間投資五種國家債券（其中不包括德國公司提供給中國的貸款），
使中德貿易及航運往來逐年成長。此外，德國亦加入中國海岸線
航行；在原由英國所獨霸的關稅行政中，德籍人員亦日益增加。德
國在中國推展文化政策的腳步相當遲緩，自一九〇九年起，才有計
劃地推動。是年，中德雙方政府簽訂合約，決定在青島成立一所
德中合辦的大學，可容納五百名學生，課程包括德語基礎教學、
醫學、法律、自然科學、農業及林業等專業教學。盎格魯撒克遜
傳教團所建立的教會學校，完全獨自管理；而德國則讓中方在經
費及行政上共同參與。大約在此同時，上海同濟大學亦獲德國工
商業界資助而成立，這在前面章節中已詳述過。德方原計劃在長
江中游的漢口，中國北方的天津以及南方的廣州也成立類似大學，
並在中國重要城市成立中德合辦之中學，與基督教及天主教教會
學校合作，培養中學生德語能力，為將來上大學作準備工作。

　　盎格魯撒克遜文化在中國的擴展工作一直居領首地位，為他
國所不逮，並有獨佔現象；尤其是美國教會，更投下鉅額資金，

專供文化擴張之用。德國希望藉其〈文化輸出〉多少制衡英美文化壟斷。不意第一次世界大戰爆發，迫使德國所有計劃的執行中斷。一九一七年，中國對德宣戰，導致德國在中國的文化、經濟及其他方面的工作完全停頓。

威瑪共和期間中德外交、經濟及軍事關係

第一次世界大戰後，凡爾賽和約使中德雙方關係再度趨於密切。兩國皆支持美國威爾遜總統的民族自決主張，却同為凡爾賽和約所出賣。按此和約規定，德國在山東的權利並未歸還中國，而日本接管；中國希望在會中討論解決不平等條約案也遭擱置。

一九二○年，德意志帝國派遣一訪問團抵華，團長是日後升為德國大使的馮・伯爾希（ von Borch ）。甫成立的威瑪共和國希望在平等原則下，與中國訂定和平條約。直至當時，中國仍一直受列強的頤指氣使；德國以對等關係與中國談判，對中國而言，其意義極為重大。一九二一年五月二十日，雙方簽署協定，德國聲明放棄在華所有治外法權，並尊重中國財政主權及關稅自主。中方則承諾中止沒收德國在華現有財產（戰敗國的賠償責任）。德國深知放棄在華所有特權，而自盤據中國的列強陣營中退出，是一大冒險的決定。而在華的德國人也不免質疑，中國政府日後是否仍尊重在華德人，或將以對待白俄難民的方式來處理他們呢？由於第一次世界大戰後多年，列強對德國仍深懷敵意，其他列強亦可能合力脅迫當時軟弱的中國政府，而對德採取不利手段。中國雖遭凡爾賽和約出賣，政府內部却仍有一派支持同盟國的人士，

顧維鈞即是一例。在決定德國割讓上斯列西亞（ Oberschlesien ）區的表決中，此君即採取對德國十分不友善的態度。北平城內紀念在義和團事變中遇害的德國使節馮・克特勒拱門，在第一次世界大戰停火當日即遭法國士兵破壞拆毀，此舉除受民族思想唆使外，酒醉鬧事也固然是因素之一。但盟軍對德國的憎恨於此可見一斑。

一九二一年十二月，德國戰後首任駐華使節伯業（ Boyé ）博士抵華履新，盟國當然不樂見此事。伯業使節曾任德國外交部次長，在華面臨十分艱鉅的工作。駐華外交人士對他極冷淡；且中國軍閥割據，內戰方興未艾，北京政權並不穩固。但中國百姓，尤其是知識份子，深覺與德國同病相憐，皆爲凡爾賽和約的受害者，使兩國間無形的聯繫愈發深固。一九一七年，由一向支持德國的孫逸仙借助兩廣軍勢而在廣州成立的南方政府竟違背孫氏意願而對德宣戰，孫氏因此辭去總統之職。（編者按：第一次世界大戰期間，中國對德宣戰者，係北洋政府）一九二一年，孫再度被擁戴爲總統；他認爲德國不同於其他帝國主義國家，是中國推動現代化事業最適當的合作夥伴。一九二二年他派遣代表前往柏林，與德國外交部研商合作事宜。孫甚至希望第一次世界大戰的〈受害國〉——中國、德國及俄國，能組成三國同盟。德皇時代駐北平使節馮・希因徹（ von Hintze ）支持孫之構想，但威瑪共和國自顧不暇，在經濟上無力協助中國。再者，德國當時與廣州政府並無外交關係，德國外交部各種評估報告亦一致認爲孫逸仙政權不穩定。礙於此等不利因素，孫之計劃無法付諸實現。孫逸仙本身雖非共產主義信徒，但德國拒絕合作後，他別無選擇而不得不轉向蘇聯尋求支援。由歷史的發展過程吾人得知，孫逸仙逝世後，國民黨仍以鮑羅廷爲顧問，繼續與蘇聯合作；直至蔣介石洞悉共產黨滲透顛覆國民黨的陰謀，始於一九二七年將俄國軍事顧問驅逐出境。

德國對華的外交政策使伯業使節進退維谷。一方面他爲避免損及一九二一年中德簽訂合約後，中國對德國所建立起的信任與支持，而無法與在華其他列強立於同一戰線；另一方面英法兩國一直對德採敵對態度，但基於外交原則，他不應激怒對方。何況威瑪共和國亦與俾斯麥時代一樣，以歐洲政策爲重心，睦鄰政策優先於海外利益。同時在德國國內也有一派人士視失去殖民地爲奇恥大辱，而建議政府應利用中國內亂的大好時機，再度取得殖民據點。然德國政府始終嚴守中立政策，甚至拒絕派戰艦前往東亞作友好訪問，極力避免任何可能令人聯想到德國昔日炮艇政策的決定。

由其他列強關切中國如何對待德國人，可確定德國所採行的政策是明智的。德國人若因放棄治外法權而遭致中國任何不利待遇，列強即有藉口不願放棄其領事裁判權。中國亦洞悉列強的盤算，極力避免製造事端，落人把柄。中國發生任何暴動，不安時，唯獨德國僑民安然無恙，不受毫髮傷害。一九二七年漢口發生暴亂，英國因而喪失在漢口的租借地。當時在漢口的二千五百名日本人只有七百人留在住處；一千一百五十名英國人只有一百一十四人；四百五十名美國人只有八十五人留在住處。反觀二百二十三名的漢口德國人則全數留在當地，不需擔心暴民的騷擾與攻擊。

當然德國亦曾因放棄特權，而經歷差別待遇的情況。例如：一九二七年甫成立的南京國民政府與蘇聯斷絕外交關係時，禁止所有德國船艦航行長江，理由是在一艘德國艦上躲著蘇聯顧問鮑羅廷。但德國政府並未因偶發事件而改變其既定政策。

　　二〇年代中期最困擾西方各國的，莫過於是否以及何時應承認蔣介石的南京政府，而與其建立外交關係。由於德國已放棄在華特權，不受中國廢除不平等條約要求的影響，故無此困擾。南京政府希望德國能發揮帶頭作用，曾派遣一代表團前往柏林討論外交承認問題。代表團由孫逸仙公子孫科帶領。然德國外交部却因顧及英法兩國而遲遲不願作決定。一九二八年蔣介石完成北伐，並收復北京。德國政府旋即決定承認南京國民政府，派接任伯業使節的馮•伯爾希使節前往南京與其簽訂建交協定，使此年成為中德關係的重要里程碑。馮•伯爾希是一九二一年中德談判的德方代表，中方對他並不陌生。伯爾希是首位蒞臨南京的外國使節，國民黨視德國政府的安排為特殊友誼的表現。德國工商業界亦樂見中國局勢日趨穩定，一九三〇年〈德國工業中國研究協會委員會〉抵華，作為期二個月的訪問，其中包括走訪中國東北。此一龐大的訪問團由德國工商界各重要部門代表組成，例如機械、鋼鐵、電子工程、交通、建築、財政和銀行等。孫科於訪問柏林期間拜會德國外交部時，即曾提出邀請德國派團訪華之建議；而此時他以南京政府內閣成員及鐵道部部長身分歡迎抵達上海訪問的德方代表團。孫科並表示德國在科技方面的領先地位為世界各國所公認，而率先放棄在華治外法權特權，更堪為他國的典範；中德關係一向友好，中國尤視德國為特別親密的友邦，在經濟重建時，自然以德國為合作的優先考慮對象。訪問團返德後，公佈一份詳盡、客觀且肯定的總結報告，更加強了德國工商業界投入中國經濟重建工作的意願。以下摘錄此報告的結論：

> 德國與中國的關係立於平等互惠的基礎上。德國品牌及商人
> 在中國享有美譽，德國重建自己國內經濟的成果更爲德國工
> 業作了最佳的宣傳。由於不平等條約的束縛，使大部分中國
> 人深覺與德國同病相憐。這些因素促使中國希望與德國合作，
> 尤其是在經濟方面。

由於全球性的經濟危機，中德雙方貿易並未在接下來幾年中
立即呈現預期的熱絡發展。另一不利因素是德國缺乏外匯，須依
賴以物易物貿易。中國東北黃豆出口佔當時對德貿易總值百分之
六十以上；一九三一年日本佔領此地區後，使中德貿易大受打擊。
中國東北所產黃豆佔當時世界總產量的半數，德國以黃豆爲食用
油原料，是主要購買國。日本強行控制中國東北黃豆的出口後，
亦採以物易物方式與德國進行貿易；日本對德的物品交換要求一
直貪得無厭，據傳聞，日方甚至要求德國以齊伯林飛船交換黃豆。
　　儘管三〇年代初期各種不利因素的阻撓，訪華團對中國正面
且樂觀的報導却給德國經濟界帶來無比的鼓舞。德國重工業界的
龍首企業，如科魯普、萊茵金屬（Rheinmetall）、聯合鋼廠(Ver-
einigte Stahlwerke）、遠景鋼鐵廠（Gute Hoffnungshütte）等在中
國成立一聯合企業。一九三一年德航更成立歐亞德中聯合企業，
其中中國交通部佔三分之二股份，另外三分之一股份由德航持有。
在這同時，著名的科隆奧圖·沃爾伏（Otto Wolff）鋼鐵貿易公司
亦成立銀行集團，提供修築由浙江聯絡華南各省鐵路所需的資金，

德國幾個大銀行及中國中央銀行共同持有其股份。類似例子不勝枚舉。然而，促使中德貿易關係更趨密切的最大原動力是來自德國駐華軍事顧問團。應中國軍隊配備德國軍備之需要，德國成立一特別貿易公司，簡稱為哈伯羅（Hapro），全名是工業產品貿易公司（Handelsgesellschaft für industrielle Produkte），此公司直屬德意志帝國作戰部，日後則由戈林（Göring）直接管轄。

　　起初，德國對派軍事顧問前往中國一事並不十分熱衷。後因德國擴充軍備，與中國進行軍火貿易；而中國軍隊小自鋼盔，大至火炮皆採德製產品，使德國獲利不少，事情發展始出現轉機。但德國對華軍售却招致日本的不悅。在中日戰爭中，日本面對的是其友邦提供給敵人的武器。德國在製造武器上需要銻及鎢礦，而中國這兩種礦產的產量供應全球百分之七十五的需求；況且中國東北的黃豆出口已為日本所霸佔，中國便以鎢銻交換德國軍備。中德雙方經濟關係的加強，使德國對華貿易額超越一向居獨佔地位的英國（不包括香港及其他殖民地）。促使中德關係更趨密切的另一助力是來自同濟大學。由於同濟大學未享有治外法權，行政又由中方負責管理，是中國與強國合作無間的最佳典範。該校畢業生若欲繼續深造，大都選擇德國。然而所修科目幾乎全是工科、醫學、物理及化學等。對政治、歷史有興趣者，則前往美、英或法國深造。德國大使館對此現象頗感遺憾，因為學成的留德科技人員、醫生或藥劑師鮮有擔任重要職務者，而留學其他國家的歸國學人却大都成為政界要角。

　　總而言之，第一次世界大戰結束後，德國明智的政策使中德關係趨於密切，雙方合作無間，德國方面亦獲益匪淺。前後三任的德國駐華大使——伯業（一九二一～一九二八年），馮・伯爾希（一九二八～一九三一年）及陶德曼（一九三一～一九三八年）——共同策劃並執行此政策，表現卓越，而德國政府的三大決定更爲這一切創造了先決條件：

一德國於一九二一年率先放棄在華治外法權；

二德國於一九二八年率先承認蔣介石政府，與之建立外交關係；

三德國於一九三五年率先將大使館由北平遷往南京。

　　威廉二世以武力強佔膠州灣及青島的 " 罪行 " 幾乎已完全爲中國人所淡忘，一方面因德國強佔中國租借地的行爲與其他列強相形之下尚屬溫和；再者德國在山東及青島的建設上，投下鉅額資金，日後中國收回的是一個設施完善的青島港。我何其有幸於一九三二～一九三七年間，親身體驗中德友好關係的巔峰期。可惜，希特勒政權的對華及對日立場互不相容，使中德關係蒙上了陰影。例如日本扶植之滿洲國的承認問題，以及德日於一九三六年簽訂的反共產國際公約，亦影響了對華關係。

中國、日本與希特勒政權的三角關係

　　爲讓讀者了解中國、日本與希特勒政權之間的三角關係，在此先就德國當時的內部政治局勢作如下分析，其中的關鍵人物是希特勒。希特勒對日本所持的態度事實上充滿了矛盾：與其他種族結盟已違背其種族政策，而他却又崇拜〈遠東的普魯士人〉。在《我的奮鬥》中他指出：日本不像亞利安人一樣是創造文化的種族，而只是一接受文化、延續文化的種族。日本則認爲希特勒的種族政策充滿種族歧視色彩,因此德國必須一再說明:德國對其他種族並無偏見,只追求德意志種族的純淨。儘管如此,德日兩國的諸多共同點,却縮短了雙方的距離,例如兩國皆採向外擴張政策;德國因凡爾賽和約,日本則因一九二二年華盛頓協定而同遭國際間不公平的待遇;一九三三年,德日兩國連袂退出國聯。其中的最大關鍵則在於希特勒欲藉德日合作而夾擊蘇聯。

當時擔任〈理賓特羅夫辦事處〉主管的理賓特羅夫本人在德日靠攏的發展中扮演著舉足輕重的角色。一九三六年,他建議希特勒與日本簽訂反共產國際公約。事實上,理賓特羅夫對東亞事務一竅不通。有一回,德國外交部代表艾理希·克爾特(Erich Kordt)向他報告東亞局勢。當克爾特說道:

自從下關和平談判之後,德國除貿易外,與日本無任何聯繫。

理賓特羅夫居然問道:

誰是下關?

儘管他對東亞問題一無所知,却仍孤注一擲地打日本牌。鑑於布爾什維克運動的威脅,以及西班牙受此運動鼓動而發生內戰之事實,理賓特羅夫欲成立一全球性的反共產國際集團,日本是其首要拉攏對象。他認為中國已受布爾什維克主義侵襲,日本是唯一適合維持東亞秩序的強國。歷史證實蔣介石一直堅決反共,若非日本從中阻撓,必定能完全殲滅流竄至中國西北的共黨餘孽。

　　此外，德國駐東京及北平大使亦是德日關係發展上的關鍵性
人物。依己見，德國當年駐東京大使馮・廸爾克森（ von Dirksen）
慣於以任職所在國的立場來判斷國際事務，眼光過於狹隘、短淺；
甫至東京上任，即大力遊說德國承認滿洲國。德國外交部雖未受
其立場所左右，但廸爾克森仍不改其支持日本之偏頗態度。在其
回憶錄中，他甚至辯白說：

　　　　身為道地的普魯士人，當然要偏向日本。

當時德國駐北平公使，日後升爲大使的陶德曼先生則反對廸爾克
森的政策。一九三四年春天，陶德曼在致廸爾克森的一封長信及
給德國外交部的報告中曾指出：德國在東亞既不該探德中合作政
策，也不應探德日合作政策，而應採取東亞政策；德國在東亞雖
有許多重要利益，但不應介入東亞重要事務。他並認爲，德日合
作並無任何利益可得，日本不可能支持德國，而必引起中國的不
悅，更違背下關和平談判精神，並將導致中國抵制德國產品。陶
德曼並建議遵循俾斯麥在其〈理念與回憶〉中有關近東問題所提
出的路線：在東方事務上隨國際各強國的腳步而行。德國外交部、
經濟部及國防部皆贊成陶德曼的看法；而理賓特羅夫及黨內重要
人物卻堅持與日本合作，以制衡蘇聯政策。例如：馮・塞克特將軍
訪華，爲中國軍隊的重組提供建議；國防部部長馮・布洛姆別格
（von Blomberg）對德國出售軍備以換取中國礦產的貿易方式也很
支持。而理賓特羅夫卻致力促成德日反共產國際公約組織的誕生，
導致德國國內形成壁壘分明的對峙局勢。爲迎合日本要求，德國

派基耶普（Kiep）領團前往東亞，訪問中國、日本及滿洲里，並於一九三六年四月簽署德國——滿洲里貿易協定。德國外交部則強調此協定不具官方意義，不等於承認滿洲國。一九三六年十一月，理賓特羅夫以〈德意志帝國全權特使〉身份與日本簽訂德日反共產國際公約。德國外交部則未參與簽署儀式。

日本的黷武擴張政策終於在一九三七年七月七日表露無遺。是日，日本藉口雞毛蒜皮的蘆溝橋事變而發動全面侵華戰爭。蔣介石領導全民抗日，一九四五年日本終於投降。但日本侵華却給予中共以擴展勢力之機會；蔣介石全力投入對日戰爭，無暇應付中共，終致一九四九年中共奪取中國政權，中華民國政府遷臺。日本於一九二八年曾共同簽署克洛格（Kellog）條約，有義務放棄以戰爭為解決國際糾紛的工具，因此一直絕口不提〈戰爭〉一詞，而稱其侵略為〈中日衝突〉，佔領中國東北的行徑亦以〈皇姑屯事件〉掩飾。

〈中日衝突〉期間，德國的東亞政策受到考驗。德國外交部雖努力保持絕對的中立，却仍不免有腳踏兩條船的決定，使得中國抗議德日簽署反共產國際公約及德國——滿洲里貿易協定，而日本亦不滿德國對華軍售及派軍事顧問團駐華，協助中國對日作戰。德國外交部向中國說明：反共產國際公約並非針對中國而簽署，而德國——滿洲里貿易協定也不等於承認滿洲國。中國方面的不滿情緒因之稍事平息。對日方的抗議，德國却感棘手。日本明知德國執政黨黨內重要人物，如理賓特羅夫以及格伯斯(Goebels)，皆支持日本，却仍強硬地向德國外交部、德國駐東京大使馮・廸爾克森以及德國駐東京武官奧特（Ott）提出停止對華軍售，並撤回在華軍事顧問之要求。日本所持理由是德日雙方已共同簽署反共產國際公約。但德國外交部則明確地拒絕日本要求。一九三七年七月二十八日，德國外交部在一份政策性電文中，向馮·廸爾克森大使表明了德國立場：

> 日本企圖以反共產國際公約中所規定的反共原則為由，來粉飾其侵華行徑。此舉純屬強詞奪理。反共產國際公約的精神並不是在他國境內對抗布爾什維克主義。日本在華行徑阻礙中國的重建與復興，將導致共產主義在中國的擴張，最後使中國落入蘇聯手中，是違背反共產國際公約的舉動。日本無權要求德國助長其在華行為；德國反而得要求日本切勿在中國製造動亂。

電文中並指出，日本在中國若得寸進尺，中國人對日本之仇恨情緒必將加深；且德國已善意向日方展示最新武器，日方無意購買，不能責怪德國對華軍售；從中國撤回軍事顧問表示對中國係採敵對態度，德國並不考慮如此作；再者，撤回軍事顧問將導致蘇聯勢力再度進入中國，日本亦不樂見有此結局。

德國顧慮俄國可能取代德國在華軍事顧問勢力並非憑空杜撰，毫無根據。一九三七年八月二十七日，中蘇簽訂互不侵犯協定。中國駐柏林大使曾就此事向德國外交部法律部門部級主管高斯（Gaus）保證：中蘇所簽署的文件，係純粹的互不侵犯協定，並未涉及結盟，旨在全心對抗日本。高斯則向中國大使表明：德國對中蘇簽署互不侵犯協定極感意外，並十分擔憂。高斯認為國際間簽署此類條約，其政治用意與背景往往較條約內容更具意義。

中國駐柏林大使則保證中國將盡一切努力，保持中德雙方的友好關係。在另一場合中，蔣介石亦向陶德曼大使重申中國態度。日後證實，德方的顧慮是有道理的。中蘇雙方簽署互不侵犯協定後不久，陶德曼大使即獲悉中國軍方與蘇聯商談派飛機及飛機駕駛員赴華事宜。在一份電文中，陶德曼表示，中蘇若親密合作，將帶來鉅大影響。

德國外交部的中立政策很顯然已行不通。馮‧廸爾克森大使自東京傳訊：日本總參謀部計劃於三個月內擊敗中國。而自視爲東亞事務專家的理賓特羅夫在與日本駐柏林武官大島晤談後，也於一九三七年九月十九日〈給領袖的備忘錄〉中寫道：

> 謠傳日本發動對華戰爭乃不自量力之舉，現已陷入沼澤。我不認爲有此可能，並堅信日本不久卽可戰勝中國。

馮‧法根豪森則持相反看法，而與陶德曼大使致德國外交部電文中所作的評論不謀而合：

> 戰爭的結局如何，無人能預見，但中國的勝算不小。日本唯有將全國軍力全數投入中國戰場，才能打敗中國。然鑑於蘇聯的立場，日本不可能如此冒然行動。設若日本只投入部分軍隊，則無法全盤擊潰中國，更遑論輕取中國。中國士兵鬥志高昂，奮力抗日，不至最後一兵一卒絕不放棄。

歷史證實法根豪森的判斷正確。日本非但未能在三個月內打敗中國，費時八年也未曾達到目的。出乎日本意料地，某些中國部隊不僅訓練精良，而且頑強抵抗。蔣介石以拿破崙進兵俄國時，俄軍退守內陸爲例，採〈向後方撤退〉政策，將軍隊轉移至中國內陸。首先轉往漢口，接著移駐在長江上游，地勢險要的重慶。日本雖封鎖中國的海岸線，却只在遼闊的中國內陸攻下幾處據點，在偏遠地區更遭到游擊部隊的偷襲。事實證明日本的估計完全錯誤；德國執政黨黨內的重要人物也逐漸認清，日本軍隊若陷於中國戰場的沼澤，企圖與日本雙面夾擊蘇聯的計劃將無法實現。

當日本認清無法以閃電戰制服中國時，便轉而採取談判策略。德國與中日兩國關係友好，在東亞亦無政治企圖，日本視之爲最合適的調解人選。一九三七年十月二十一日，日本外相廣田向德國駐東京大使廸爾克森探詢德國促成南京政府和解的意願。德國外交部通知陶德曼大使，並表示必要時，政府願意居中調停。

德國在中日衝突中的和平調解努力

陶德曼大使接獲德國外交部通知後，立即求見蔣介石，表明德國調停中日衝突的意願。幾天後，馮・廸爾克森大使會晤日本廣田外相，亦表明德國調解的意願。出乎廸爾克森意料地，日本竟提出一系列的停戰條件：內蒙自治，地位相當於外蒙；在中國北方鄰滿洲國邊界設立非軍事區，向南包括北平、天津間的範圍；非軍事區的秩序由配備有中國軍官的警務人員負責維持；中國北方仍屬南京政府管轄，但須任命親日派人士擔任該地區之行政首長；擴大上海四週的非軍事區範圍，並由世界各國警察管理；停止反日政策（如修改教科書等等）；中日共同對抗布爾什維克運動；降低日本產品關稅；日僑在華權益應受到尊重。廸爾克森將日本所提條件整理歸納之後，以電文向德國外交部報告。在報告中，廸爾克森並加上他本人對此事的評論。他說，他和德國駐東京軍事參事皆堅信日本致力尋求和平；南京政府若不接受日方條件，日本必將奮戰到底，不擊潰中國絕不罷休；日方條件很合理，德國政府若能對蔣介石施加適當的壓力，南京政府應能接受而不致損失顏面。他並建議德國在華軍事顧問團應介入此事，向中國政府說明戰爭形勢。德國外交部長馮‧諾伊拉特（von Neurath）也認為日方的停戰條件可接受，指示陶德曼大使照會蔣介石。蔣介石向陶德曼大使表達其對德國居中調解的謝忱，並徵詢陶德曼的意見。陶德曼回答，德國外交部長及其本人皆相信日本所提條件可作為談判基礎，吾人應借鏡第一次世界大戰的歷史教訓，而不當繼續交戰。陶德曼大使並表示，對軍事情勢，他不作任何評論。蔣介石却堅持日本若不歸還已佔領的中國領土，中國無法接受日方任何要求；唯有恢復原狀後，始就各項條件進行談判；德國政府應諒解他若接受日方無理要求，將不見容於國內輿論，中國勢必再發生革命之立場。蔣介石並表示，日本若繼續作戰，中國在軍事上雖無法與日本長期抗衡，但中國將奮戰到底；中國政府若因日本侵華戰爭而垮臺，唯一可預見的結局是共產黨接收中國政權；由於中共不可能投降，日本更無法寄望與中國媾和。

　　陶德曼未達成任務，非常失望。他要求法根豪森向蔣介石、蔣夫人及行政院院長孔祥熙說明中國在軍事力量上的劣勢。除此

之外，法根豪森並指出，中日戰爭的拖延以及中國經濟的凋敗
勢必導致共產勢力在中國大行其道。日方之所以提出尙屬合理的
條件，蔣介石之所以大膽拒絕是因當時中日正在上海交戰，而中
方士氣高昂，頑強抵抗。此役持續三個月之久，雙方死傷不計其
數，損失慘重。日本這才認清對華戰爭並非探囊取物。一九三七
年十一月九日上海失陷，中方抵禦瓦解，日軍長驅直入南京。鑑
於情勢，蔣介石重新考慮日方建議。德國基於在華經濟利益的考
量，且與日本簽訂反共國際公約，而中國可能投向蘇聯懷抱的危
險性也無法排除，故而希望中日衝突早日落幕。德國外交部長馮·
諾伊拉特召見中國駐柏林大使，建議中國政府儘速和談。他認爲，
依實際情況硏判，中國即使再注入更多力量亦無法挽回軍力上的
劣勢，中國應認清事實，愈是拖延，國家將愈紊亂。

　　蔣介石終於決定和談，於一九三七年十二月二日召見陶德曼
大使，表示願意接受德國的調解。當蔣獲知日方所提條件不變時，
曾聲明中國政府絕不接受最後通牒。陶德曼認爲日方所提條件並
非最後通牒，蔣即說明中國政府的立場：

一中國接受日方所提條件爲談判基礎；

二中國北方完整主權不容損害；

三德國應一開始即從事調解；

四中國與第三國所簽訂之條約不受影響。

陶德曼表示同意中國政府的立場，却認爲德國應先居幕後較合宜，
俟日方同意中國聲明後，再公開進行調解。大約在同一時間，廸
爾克森由東京致電德國外交部，認爲中日雙方上談判桌時機已成
熟。德國外交部長馮·諾依拉特同意兩位大使的看法，指示廸爾

克森向日本政府接洽。爲杜絕誤解，德國外長並指示完全按中日
雙方向德方所提的聲明內容對兩邊說明，不加任何詮釋。廸爾克
森將文件交給廣田外相時，廣田聲稱須先聽取軍方意見；他懷疑
日方在取得戰爭優勢後，仍願以原有條件爲談判基礎。日方態度
使廸爾克森大失所望；他說明日方在十一月中旬還保證條件不變。
廣田指出，在過去幾週內情勢完全改觀，軍方的要求又提高了。
日方計劃攻下南京後，再提出其他條件，廣田因此遲遲未作答覆，
待南京陷日軍手中時，始向廸爾克森提出日方的新立場：

一中國須放棄支持共產主義，反日本及反滿洲國之政策，並與日
　本及滿洲國共同推行反共產主義政策。

二在必要地區設立非軍事區及特別行政區。

三日、中及滿洲國應簽訂協定，以期在經濟上密切合作。

四中國須賠償日本損失。

　　廣田並表示中方應於一九三七年年底前向日本政府提出回覆，
而且日本在談判期間仍將繼續軍事行動，迨和約簽訂後雙方敵對
行爲始中止。日方並聲明，藉由第一項條件，滿洲國已受到承認；
除原先所要求的非軍事區外，在長江河谷將增設另一非軍事區；
在此，日、中及滿洲國應簽訂之協定係指有關關稅稅率及一般貿
易等協定；日方雖不要求中俄解除條約，或要求中國加入反共產國
際公約組織，但却極希望中國如此作。廸爾克森指出，日方新條約
與原有條件相去甚遠，中國政府極不可能接受。廣田則表示，由
於戰爭局勢改變，以及日本國內輿論的壓力，日本政府別無他擇。
廸爾克森在致德國外交部電文中指出：日本軍方曾要求中國政府
負起戰爭責任，並提出更嚴苛之條件；政府內部經數週激烈辯爭

始達成妥協，經內閣決議，日皇同意，始作成一兼顧日本各方立場之協議。廸爾克森並表示，日本大部分內閣成員基於軍方及工商界的壓力認為日方要求過於溫和，極希望中國拒絕接受而可繼續對華作戰。

隨著中國政府遷往漢口的陶德曼大使按指示將日方要求通知中國政府。當時，蔣介石身體不適，由行政院孔祥熙院長代為接見，蔣夫人亦在場。兩人對日方新要求驚愕不已。陶德曼嚴守〈信差〉角色的立場，未作任何評論。德國外交部一直擔心中國轉而尋求蘇聯支持，特別指示陶德曼大使向中國政府表明，中蘇若靠攏，德國政府將重新評估對華關係；同時也指示廸爾克森提醒日本政府：中國若赤化，對日本亦是一大威脅，且違背反共產國際公約精神；基於雙方共同利益，即使媾和條件不完全符合日本各方要求，亦應謀求中國安定。德國外長馮・諾依拉特也向日本駐柏林大使表達類似忠告。日本大使的答覆是：日本希望儘速結束雙方敵對行為，但也矢志奮戰到底；日本政府不再視蔣介石為中國中央政府代表，他若不接受日方條件，日本將與中國省長簽訂和戰協定。

中國政府內部無法在短短數天內對日本新要求達成協議，而未能遵守日方所提期限，直到一九三八年元月初仍未作任何答覆。日本政府即通知德國大使館，中國政府若在一月十五日前不作回應，將保留所有談判自由。陶德曼催促孔祥熙院長回覆。中方在倉促中擬出一份聲明，由廸爾克森於一月十四日交給日本外相。文中，中國不對日本所提要求作任何具體的立場說明，使日方無法作出最後決定。廣田對此避重就輕的答覆非常憤怒，表示中方已戰敗，除接受條件外，別無他擇。一九三八年一月十六日，日本外相將日本政府針對中方聲明所作答覆交給德國大使，希望儘速轉知中國政府。日本外相同時亦將一份〈給日本人民的聲明〉交給廸爾克森；是日下午，德國新聞處公佈了此份聲明。文中日本感謝德國在中日" 事務"中所作努力，並指責中方拖延答覆，且答覆內容空無一物；認爲中國政府並無意以日本所提條件爲基礎尋求和平，迫使日方中止談判，重新研判中日" 事務"。

日本中止談判的決定公佈後，各方無法再居中調解。馮·廸爾克森向日本外相表達遺憾之意，並說明外界指責日本須負起中止談判之責；日本若繼續對華作戰，將影響德日關係；同時蘇聯謀華日亟，日軍若完全投入中國戰場，必無暇對付蘇聯威脅。廣田對德國忠告却充耳不聞，認爲中國共產黨勢力早已日益擴張，而中日戰爭不可能持久，無庸顧慮日軍會陷於中國戰爭。

德日靠攏與在華軍事顧問的撤離

德國調解努力失敗後，中德關係急劇惡化。德國在華有鉅額投資，在華經濟活動一直十分活躍，中國亦供給德國工業所需之銻、鎢及錫等重要礦產。一九三八年二月四日理賓特羅夫升任外交部長，使德國對中國的注意力大幅減退。理賓特羅夫甫上任即指示外交部放棄在東亞的中立政策，改採傾日路線。他依然高估日本在德國政策中所扮演的角色。在接任外長之前，他曾於一九三八年一月二日在〈給領袖的備忘錄〉中詳盡地說明德、義、日若成立軸心國在德蘇發生衝突時，可防止英法兩國的侵犯。他建議秘密組織一反英的堅強聯盟，亦即加強與義日兩國的友好關係，並促使此三強外交人員密切合作，以達到關係強化的目標。

理賓特羅夫接任德國外長後，駐日人事亦有易動。馮‧廸爾克森調駐倫敦，原武官奧圖升任駐東京大使。廸爾克森未改其傾日作風，在一九三八年二月二十六日一份分析東亞形勢的報告中，再度大彈支持日本舊調。他稱此報告爲＂配合中日衝突新發展調整德日關係＂；在導論中指出德國政策須因應新局勢而有所改變。他確信日本會贏得最後勝利，中國於無法獲得英美支援之餘，勢必逐漸傾向蘇聯；在調解中日衝突時，德國理所當然須顧及中國，此刻已無此必要。文中廸爾克森並主張撤回嚴重影響德日關係的駐華軍事顧問；況且中國節節失利，有人將此歸咎於德國軍事顧問，因而損及德國聲譽。他指出，馮‧法根豪森將軍與其部屬隨中國政府由蘇州遷往南京，由南京遷往漢口，再由漢口遷往重慶，極可能得再繼續往內地撤退，實有損德國顏面。廸爾克森最具說服之論點莫過於：中國有逐漸傾向蘇聯之跡象，而德軍代表不可能與蘇聯紅軍代表同爲中國共事。他並以義大利已承認滿洲國爲由，力主德國跟進；並停止對華軍售；建議德國政策重點應放在日本所佔領的中國北方，加強與日本軍方及民間機構的聯繫；德國駐北京辦事處並應配備一位熟悉日本事務的人員。廸爾克森報告的結尾語是：

> 在此必須提醒，在中日衝突瞬息萬變的發展中，德國政策已面臨必須配合局勢發展的腳步而採取一系列不同步驟的階段。

由於通訊上的困難，陶德曼於一九三八年三月始接獲此份報告。他雖深知理賓特羅夫與廸爾克森看法如出一轍，仍針對報告內容大加撻伐。首先，他引用一句名言"尼采認為調整只是反應，並非主動行為"來批評報告的標題：〈……調整德日關係〉，進而指出廸爾克森三大論點

一和平談判已告破裂；由於日本政府不承認蔣介石政權，無法再言調停；德國無庸顧慮中國；

二日本勢必贏得戰爭；

三中國日漸傾蘇。

是錯誤的。

　　陶德曼認為，和平談判雖因日本食言，提出更嚴苛無理之要求而告破裂；且日本基於對中國政治局勢的錯誤估計以及激進派的壓力，而必須聲明不再與蔣介石政府談判；但這既不表示蔣介石已垮臺，亦不意味著德國在中國之利益已消失，廸爾克森的報告完全曲解事實。陶德曼也對日本終將贏得中日戰爭之說提出質疑。他認為日軍自攻下南京後，便未再立下特別戰績；日軍照理可乘勝追擊，取下整個華中地區。據英國駐漢口一位海軍上將之見，長江流域水位本允許日軍巡洋艦直驅漢口，無人能擋，而輕取此城。然日軍却在南京進行為期四週的燒殺刧掠，並慶祝新年及戰果。陶德曼並指出，日軍在許多地區行徑惡劣，毫無軍紀可言；在中國其他地區亦將如此，而且戰線愈往內陸延伸，情況將愈惡化；離廣田外相在日本國會所誇稱的〈給中國致命一擊〉似乎還有些遙遠。陶德曼進一步表示，所謂中國日漸傾蘇之說純係日本宣傳，中國境內並無共產主義足跡；而日本之宣傳乃老調重彈，在遠東無人相信；日本總參謀部本身亦認為，日本與蔣介石

政府的關係，並未惡化到一般人所想像之程度；而廸爾克森本人却極盡吹噓之能事，所述違背事實真相；蘇聯軍事顧問團已抵華協助中國之說純屬子虛烏有，蘇聯只不過與其他國家一樣，提供飛機及子彈給中國；吾人無由責怪中國向各國購買軍備，此乃中國合法之權利。陶德曼接著說明中國內政局勢，指出中國共產黨在中國北方以游擊戰對抗日軍，戰績不惡；中國政府雖因此被迫放鬆對中共之限制，但仍掌握著共產黨……在中國，目前共黨並無結社，亦無公開之宣傳；蔣介石在剿共期間並處決十萬名左右的共黨份子，共黨份子對其仍不信任……此外，有一事實顯而易見，即布爾什維克主義在東亞的發展空間，完全由日本政策一手所造成。最後陶德曼針對廸爾克森建議德國政治活動重心應由中國本土轉向中國北方之說提出評論；他認為日本佔領中國北方，企圖壟斷此區產品之出口貿易，並排擠他國參與。德國公司也必然不受日本歡迎；由此可見廸爾克森建議的偏差；日本若佔領中國，必然違背所有明文保證，禁止其他國家的貿易活動，在滿洲國的行徑即為最佳證明……因此德國應避免以中國北方為發展重心，減少向日本挑釁；中國北方雖遭日本侵佔，中國人的愛國情操絲毫未減，德國不應再重蹈覆轍，傷害中國人的自尊。陶德曼的報告咄咄逼人，却令人信服。在結尾時他表示，面對中國應抱持更大的耐心，急切乃政治之大敵；德國缺乏耐心，過度躁進，反利他國；在調解中日衝突的最初階段，德國似乎已贏得重大的政治影響力，却因日本的態度而完全功虧一簣。

廸爾克森生性急躁，在一九三八年二月五日，即理賓特羅夫上任外長的次日，就迫不及待地發了一份電文回德國，並指明電文極機密；由外長親收。文中廸爾克森表示日本廣田外相再度強調日方的要求（承認滿洲國、撤離駐華軍事顧問、中止對華軍售），並已寄出一月二十六日撰成的報告。陶德曼對此份報告雖毫不留情地加以批評，然理賓特羅夫乃軸心國政策的催生者，比廸爾克森的親日態度有過之而無不及；經多方努力，終於取得希特勒對承認滿洲國的承諾。一九三八年二月二十日，希特勒在國會發表演說，宣佈正式承認滿洲國。理賓特羅夫稱此演說具歷史性意義，並指出：

> 德國絲毫無意在東亞取得任何國家之領土，而僅希望在此地區從事貿易與商業活動；因此，德國不須偏袒任何一方。儘管如此，德國也必須指出一個事實，即布爾什維克主義在東亞若得勢，一切希望都將破滅。

希特勒對東亞事務的認識比德國外長更淺薄，他相信日本有關中國共產黨的一切宣傳。陶德曼雖一再指出在遠東無人信任中共，而希特勒却不知——或許也無意承認——正是日本的侵華助長共產主義在中國的擴張。出乎意料地，蔣介石對德國承認滿洲國的反應很鎮定。他雖透過中國駐柏林大使表達抗議，却極力避免影響中德關係，以防止德國完全傾日而中止對華軍售。德國併吞奧地利時，蔣介石由陶德曼大使轉達中國對德奧兩國因應〈一個民族，一個國家〉原則而統合成一國的祝賀之意。由此可見其對維持中德友好關係的殷切。蔣介石對陶德曼大使本人則說明，他很遺憾德國對滿洲國事務改變了立場。

　　日本極力迫使德國撤離在華軍事顧問的要求頗爲棘手。由於日方一再施加壓力，德國在華軍事顧問人數於一九三八年四月已急遽降至二十四名軍官（最高記錄是一九三五年，計有四十三名軍官）。一九三八年四月底，陶德曼大使接獲指示，傳達德國政府希望軍事顧問們立即束裝返國之願望。陶德曼首先通知馮·法根豪森將軍，後者提出許多理由爲其部屬辯護。例如：部分顧問與中國政府獨立簽約，無法單方解約；單方解約係違約，須承擔賠償、放棄返鄉旅費等後果；對絕大多數顧問而言，由於在德國無工作保證，解約將導致其財務困難；不少顧問因戰爭而入不敷出，須舉債爲生，若違約勢必無法償清債務；幾乎所有顧問團成員在南京皆有不動產及工作人員；一旦撤回，德國政府應承擔顧問及其家屬的返鄉費用，以及因解約而產生的所有損失賠償。

　　一九三八年五月十三日，陶德曼大使接獲德國政府對法根豪森之陳情所下達的電報命令：

　　請通知馮·法根豪森將軍遵照德國政府撤回軍事顧問人員之意願，以最快速處理此事。亦請其立刻通知並督促顧問團所有軍官作必要之準備。

　　由於軍事顧問團的撤離牽涉複雜的法律問題，電報中並要求陶德曼大使向中國政府說明，由於中日衝突已升高爲戰爭，德國軍事顧問團已無法繼續在華工作；德國政府願意負擔返鄉費用，並提供給所有受害人合理賠償。電文中並註明 " 極機密：若有人拒絕服從撤離命令，將採取嚴厲措施處理抗命軍官。"

陶德曼大使前往香港與奧圖大使商討撤離事宜，隨後發電文回德國，表達兩人認為逐步撤離較合宜的意見。德國答覆強硬，指出希特勒本人要求顧問團立即返國，否則政府將採取所有可能的嚴厲方法處置；法根豪森將軍若繼續違抗命令，阻撓顧問團返鄉，將遭革職。

蔣介石尊重希特勒的意願，同意德國國民不在中國軍隊中服務，並提出折衷建議：讓大多數顧問返德，只留下四、五位無軍銜顧問在華一段時間，處理必要事務；如此德國的中立性即不致受爭議。陶德曼向德國政府轉達蔣介石建議時，曾指出：讓四、五位顧問暫緩撤離，係涉及顏面的保全；蔣很顯然不願立即屈服德國政府突加之壓力。理賓特羅夫本人對東方人的感受毫無認識，亦不了解〈保全顏面〉的意義，而於一九三八年六月二十日以電報作如下之答覆：

> 中國政府倘於六月二十三日前不批准撤離，請中止大使館館務並離華返德。……顧問若拒絕服從命令，將視同嚴重不忠於國家，並取消德國國籍，沒收財產。

中國過份重視顏面的保全，即使德方讓步所具實質意義不大，也不願立即放棄談判。一九三八年六月二十二日，蔣介石向陶德曼大使提出一份措辭非常友善的長篇備忘錄，表示中國因顧及中德兩國友誼，願意放棄法律途徑，而與所有顧問解除合約，准其離華；唯希望五或六位顧問能暫時留在中國，處理善後事宜；迨事情處理完後，即可返德；中國基於兩國多年來的特殊友誼，故尊重德國政府的意願，希望德國政府亦基於兩國的友好關係，尊重中國政府的意願。在轉呈蔣介石的備忘錄時，陶德曼向德方表示他已向中國行政院院長及副院長說明，德國軍事顧問團的去留純屬顏面問題，即使五位顧問獲准留下，事實上已無法再爲中國作事；陶德曼並提醒中方：當年奧國太子遇刺時，奧地利給塞爾維亞的照會中所提的要求，幾乎已完全被接受，却因幾項小要求無法達成協議而導致第一次世界大戰的爆發；在外交上不應過分執著顏面問題。孔院長及副院長曾將陶德曼大使的看法呈給蔣介石，却未能改變其態度。蔣介石認爲德國政府本身亦採顏面政策，且無意致力排除危機。陶德曼最後向德國政府表達其無法促成此事之遺憾，却指出：中國正處於最危險時刻，面對一強國的侵略，必須爲自身存亡而奮戰，德國應體諒中國處境。

但寬宏大量並非德意志第三帝國的作風。理賓特羅夫聲明中德兩國外交關係的維持完全取決於中國政府是否讓所有德國顧問離華返國。一九三八年六月二十六日，陶德曼大使離開漢口。理賓特羅夫允許其在香港停留，以照顧其病中的夫人；但陶德曼必須向中國政府澄清，他停留在香港並不表示德國政府對召回大使的決定有任何讓步。蔣介石在顧問餞別宴席上曾表示，願意招待顧問們前往風景秀麗的四川及雲南省旅遊，以示慰勞。如此一來，顧問們將遲一週起程返國。對此邀請，理賓特羅夫亦不表贊同，而堅持顧問們必須"立刻、直接且不受任何阻擋地"啓程回國。一九三八年六月二十三日，德國所有軍事顧問搭乘中國政府爲其預備的特別列車離開漢口。

德國政府罔顧中德傳統友誼，爲迎合日本要求，不惜以粗蠻態度對待中國。而在日本要求德國停止對華軍售一事上，也同樣煞費周章。盧溝橋事件爆發後不久，日本駐柏林大使東鄉即向德國馮•諾伊拉特外長提出此要求。事後日方一再援引此次談話，可見德國外長當時曾向東鄉作了一些不甚明確的承諾。馮•廸爾克森似乎亦曾向日本廣田外相有過類似的善意表態。一九三八年七月二十二日，日本大使館參議再度向當時部會總督馮•懷哲克（von Weizsäcker）提出相同要求，並威脅將沒收運抵中國的德國武器。馮•懷哲克不悅地回答，他既非武器貿易商，亦不了解軍售之事，而且德國政府能否干涉德國公司的貿易行為也值得考慮。

日本所提停止軍售的要求，將導致德方鉅額損失，德方很難接受。根據德國經濟部一九三八年四月的統計，德國一九三七年對華軍售高達二億八仟萬帝國馬克，且一九三七年中德雙方已簽訂約值六仟一百萬帝國馬克的新採購合約，採購產品包括槍彈、炮彈、坦克、飛機及空投炸彈。中止對華軍售將使德國經濟蒙受重大損失；此外，在和平時期維持德國工業命脈對希特勒的計劃具有重大意義；況且中國亦以鎢及銻等重要工業原料交換。因此德國一再尋求各種藉口，敷衍日方要求。理賓特羅夫接任外長職務後，致力促成德國停止對華軍售，使情勢急轉直下。德國經濟部認為德國若停止對華軍售，將迫使德國公司毀約；而若解除已簽訂之合約，將使許多德國公司元氣大傷；德國少數公司有解約的跡象，已在國際間傳開，各國競爭對手將趁機打擊德國；例如荷印政府便以德國政府隨時可能以任何藉口禁止德國公司出貨為由，拒絕與德國萊茵金屬公司簽訂一宗高額貿易合約。儘管德國外交部、經濟部及德國工業協會極力反對，德國對華軍售仍因希特勒命令而中止。

由於日本駐柏林武官大島的暗示以及廸爾克森的報告，使理賓特羅夫相信德國若中止對華軍售，日本將在滿洲國及中國北方給予德國特殊待遇，以補償德國損失。理賓特羅夫曾於一九三八年五月就此事與日本駐柏林大使東鄉多次談判，原以爲雙方將以互換照會方式達成協議，但對德國納粹政權毫無善意的東鄉大使於七月二日呈遞的却是一份備忘錄。這令理賓特羅夫極度失望與不悅。日方在備忘錄中雖曾表示日本政府將以特別寬宏及善意的方式處理德日經濟合作，並保護德國對華貿易。但文中又說明，日方的善意待遇並不表示日本不能與第三強國進行合作，使上述對德特別承諾徒具虛文。理賓特羅夫及其職務代理人——外交部經濟部門主管威爾（Wiehl）在日方公佈備忘錄後，曾與日本進行數週的馬拉松式談判，希望日方就此備忘錄提出說明，却徒勞無功。日本政府於七月二十八日發表一份措辭強硬的聲明，表示日方無法以合約方式保證德國將獲得比他國更優渥之待遇。理賓特羅夫所殷切希望的特別待遇最後只以最優惠待遇條款收場，而實際上所有友好國家皆享有此最惠國待遇。事實證明日本所作承諾純屬幌子。德國承認滿洲國、撤離駐華軍事顧問，並中止對華軍售後，日本達到目的，却無意兌現對德承諾。更甚者，日本攻陷南京時，殘暴橫行的日軍同樣對德僑進行燒屋掠奪行爲，並破壞德國傳教機構及學校。在滿洲國及中國北方，德商亦難逃日軍的屈辱。理賓特羅夫一手促成的軸心國也並未發揮其預期功能；歷史證明他對中日衝突所提出的所有預測全未應驗：日本未能閃電擊敗中國；日軍深陷中國戰區，在德蘇衝突中未能牽制蘇聯；德國政府一意迎合日本要求，並未在日本佔領區取得任何特別待遇。

　　一九三七年後，德國納粹政府因歐洲本土事務而自顧不暇，對中國的注意力降低，例如一九三八年九月的茹德騰地區問題，一九三九年三月佔領捷克，一九三九年八月希特勒——史達林協定的簽訂，以及一九三九年九月一日第二次世界大戰的爆發等。德國召回陶德曼大使後，未再派任新駐華大使。德國大使館事務由德國駐上海使領人員費雪以事務負責人名義由上海指揮處理。一九三八年夏天，蔣介石政府退守重慶，德國在北平及重慶只設立辦事處。

　　由德國宣傳部部長格伯茲所操縱的德國媒體雖極盡能事地詆毀中國，但中國政府却仍努力維繫與德國的友好關係。據費雪使節的報告，中國行政院院長一直致力於不讓中德關係觸礁的情況為一般民眾所知曉。一九三八年，德國在紐倫堡召開執政黨黨代表大會前，孔院長曾就德方以言論傷害為國家存亡而孤軍奮鬥的多年老友，向大會表達中方的遺憾，並請大會向柏林方面轉達其希望希特勒至少在言講中避免提及中國的要求。

　　第二次世界大戰爆發後，德國注意力完全集中在歐洲，使中德關係因而停頓，未有任何進展。直至日本在中國戰場上改採定點戰略，集中採用空戰攻擊，情勢始急遽轉變。一九四〇年三月，日本在南京扶植汪精衛政權；同年七月一日，德國政府正式承認此一由日本操縱的政府，蔣介石乃斷絕對德外交關係。但直等到日本偷襲珍珠港後，中國始於一九四一年十二月九日對德宣戰，一向對德國抱持友好態度的中國，也因此才加入德國的敵對陣營中。

國立中央圖書館出版品預行編目資料

蔣介石的功過：德使墨爾駐華回憶錄／墨爾
（Ernst Günther Mohr）著；張采欣譯.
-- 初版，-- 臺北市：臺灣學生，民83
　面；　公分.
譯自：Die unterschlagenon Jahre：China vor Mao Tse-tung
ISBN 957-15-0666-4（精裝）.
-- ISBN 957-15-0667-2（平裝）

1.蔣中正 - 傳記　　2.墨爾(Mohr, Ernst Günther) - 傳記
3.中國 - 歷史 - 民國1-38年(1912-1949)

628　　　　　　　　　　　　　　　　　83011508

蔣 介 石 的 功 過 　（全一冊）

──德使墨爾駐華回憶錄──

著 作 者：墨　爾　（Enst Günther Mohr）
譯　　者：張　　采　　　　欣
出 版 者：臺　灣　學　生　書　局
發 行 人：丁　　文　　　　治
發 行 所：台　灣　學　生　書　局
　　　　　臺北市和平東路一段一九八號
　　　　　郵政劃撥帳號○○○二四六六八號
　　　　　電話：三 六 三 四 一 五 六
　　　　　FAX：三 六 三 六 三 三 四
本書局登
記證字號：行政院新聞局局版臺業字第一一○○號
印 刷 所：常 新 印 刷 有 限 公 司
　　　　　地址：板橋市翠華路八巷一三號
　　　　　電話：九 五 二 四 二 一 九

定價　精裝新臺幣三三○元
　　　平裝新臺幣二七○元

中 華 民 國 八 十 三 年 十 二 月 初 版

62835　版權所有·翻印必究
ISBN　957-15-0666-4（精裝）
ISBN　957-15-0667-2（平裝）